T&P BOOKS

I0168688

ENGELS
WOORDENSCHAT

THEMATISCHE WOORDENLIJST

NEDERLANDS
ENGELS

De meest bruikbare woorden
Om uw woordenschat uit te breiden en
uw taalvaardigheid aan te scherpen

9000 woorden

Thematische woordenschat Nederlands-Brits-Engels - 9000 woorden

Door Andrey Taranov

Woordenlijsten van T&P Books zijn bedoeld om u woorden van een vreemde taal te helpen leren, onthouden, en bestudering. Dit woordenboek is ingedeeld in thema's en behandelt alle belangrijk terreinen van het dagelijkse leven, bedrijven, wetenschap, cultuur, etc.

Het proces van het leren van woorden met behulp van de op thema's gebaseerde aanpak van T&P Books biedt u de volgende voordelen:

- Correct gegroepeerde informatie is bepalend voor succes bij opeenvolgende stadia van het leren van woorden
- De beschikbaarheid van woorden die van dezelfde stam zijn maakt het mogelijk om woord-groepen te onthouden (in plaats van losse woorden)
- Kleine groepen van woorden faciliteren het proces van het aanmaken van associatieve verbin-dingen, die nodig zijn bij het consolideren van de woordenschat
- Het niveau van talenkennis kan worden ingeschat door het aantal geleerde woorden

T&P Books Publishing
www.tpbooks.com

ISBN: 978-1-78492-265-8

Dit boek is ook beschikbaar in e-boek formaat.
Gelieve www.tpbooks.com te bezoeken of de belangrijkste online boekwinkels.

BRITS-ENGELSE WOORDENSCHAT
nieuwe woorden leren

T&P Books woordenlijsten zijn bedoeld om u te helpen vreemde woorden te leren, te onthouden, en te bestuderen. De woordenschat bevat meer dan 9000 veel gebruikte woorden die thematisch geordend zijn.

- De woordenlijst bevat de meest gebruikte woorden
- Aanbevolen als aanvulling bij welke taalcursus dan ook
- Voldoet aan de behoeften van de beginnende en gevorderde student in vreemde talen
- Geschikt voor dagelijks gebruik, bestudering en zelftestactiviteiten
- Maakt het mogelijk om uw woordenschat te evalueren

Bijzondere kenmerken van de woordenschat

- De woorden zijn gerangschikt naar hun betekenis, niet volgens alfabet
- De woorden worden weergegeven in drie kolommen om bestudering en zelftesten te vergemakkelijken
- Woorden in groepen worden verdeeld in kleine blokken om het leerproces te vergemakkelijken
- De woordenschat biedt een handige en eenvoudige beschrijving van elk buitenlands woord

De woordenschat bevat 256 onderwerpen zoals:

Basisconcepten, getallen, kleuren, maanden, seizoenen, meeteenheden, kleding en accessoires, eten & voeding, restaurant, familieleden, verwanten, karakter, gevoelens, emoties, ziekten, stad, dorp, bezienswaardigheden, winkelen, geld, huis, thuis, kantoor, werken op kantoor, import & export, marketing, werk zoeken, sport, onderwijs, computer, internet, gereedschap, natuur, landen, nationaliteiten en meer ...

INHOUDSOPGAVE

UITSPRAAKGIDS

Letter	Engels voorbeeld	T&P fonetisch alfabet	Nederlands voorbeeld

Klinkers

a	age	[eɪ]	Azerbeidzjan
a	bag	[æ]	Nederlands Nedersaksisch - dät, Engels - cat
a	car	[ɑ:]	maart
a	care	[eə]	alinea
e	meat	[i:]	team, portier
e	pen	[e]	delen, spreken
e	verb	[ɜ]	als in urn
e	here	[ɪə]	België, Australië
i	life	[aj]	byte, majoor
i	sick	[ɪ]	iemand, die
i	girl	[ø]	neus, beu
i	fire	[ajə]	bajonet
o	rose	[əʊ]	snowboard
o	shop	[ɒ]	Fries - 'hanne'
o	sport	[ɔ:]	rood, knoop
o	ore	[ɔ:]	rood, knoop
u	to include	[u:]	fuut, uur
u	sun	[ʌ]	acht
u	church	[ɜ]	als in urn
u	pure	[ʊə]	werken, grondwet
y	to cry	[aj]	byte, majoor
y	system	[ɪ]	iemand, die
y	Lyre	[ajə]	bajonet
y	party	[ɪ]	iemand, die

Medeklinkers

b	bar	[b]	hebben
c	city	[s]	spreken, kosten
c	clay	[k]	kennen, kleur
d	day	[d]	Dank u, honderd
f	face	[f]	feestdag, informeren
g	geography	[dʒ]	jeans, jungle
g	glue	[g]	goal, tango
h	home	[h]	het, herhalen
j	joke	[dʒ]	jeans, jungle

11

Letter	Engels voorbeeld	T&P fonetisch alfabet	Nederlands voorbeeld
k	king	[k]	kennen, kleur
l	love	[l]	delen, luchter
m	milk	[m]	morgen, etmaal
n	nose	[n]	nemen, zonder
p	pencil	[p]	parallel, koper
q	queen	[k]	kennen, kleur
r	rose	[r]	roepen, breken
s	sleep	[s]	spreken, kosten
s	please	[z]	zeven, zesde
s	pleasure	[ʒ]	journalist, rouge
t	table	[t]	tomaat, taart
v	velvet	[v]	beloven, schrijven
w	winter	[w]	twee, willen
x	ox	[ks]	links, maximaal
x	exam	[gz]	[g] als in goal + [z]
z	azure	[ʒ]	journalist, rouge
z	zebra	[z]	zeven, zesde

Lettercombinaties

ch	China	[ʧ]	Tsjechië, cello
ch	chemistry	[k]	kennen, kleur
ch	machine	[ʃ]	shampoo, machine
sh	ship	[ʃ]	shampoo, machine
th	weather	[ð]	Stemhebbende dentaal, Engels - there
th	tooth	[θ]	Stemloze dentaal, Engels - thank you
ph	telephone	[f]	feestdag, informeren
ck	black	[k]	kennen, kleur
ng	ring	[ŋ]	optelling, jongeman
ng	English	[ŋ]	optelling, jongeman
wh	white	[w]	twee, willen
wh	whole	[h]	het, herhalen
wr	wrong	[r]	roepen, breken
gh	enough	[f]	feestdag, informeren
gh	sign	[n]	nemen, zonder
kn	knife	[n]	nemen, zonder
qu	question	[kv]	kwaliteit, Ecuador
tch	catch	[ʧ]	Tsjechië, cello
oo+k	book	[ʊ]	hoed, doe
oo+r	door	[ɔ:]	rood, knoop
ee	tree	[i:]	team, portier
ou	house	[aʊ]	blauw
ou+r	our	[aʊə]	blauwe
ay	today	[eɪ]	Azerbeidzjan
ey	they	[eɪ]	Azerbeidzjan

AFKORTINGEN
gebruikt in de woordenschat

Nederlandse afkortingen

mann.	-	mannelijk
vrouw.	-	vrouwelijk
mv.	-	meervoud
on.ww.	-	onovergankelijk werkwoord
ov.ww.	-	overgankelijk werkwoord
bn	-	bijvoeglijk naamwoord
bw	-	bijwoord
abn	-	als bijvoeglijk naamwoord
bijv.	-	bijvoorbeeld
enz.	-	enzovoort
wisk.	-	wiskunde
enk.	-	enkelvoud
ov.	-	over
mil.	-	militair
vn	-	voornaamwoord
telb.	-	telbaar
form.	-	formele taal
ontelb.	-	ontelbaar
inform.	-	informele taal
vw	-	voegwoord
vz	-	voorzetsel
ww	-	werkwoord

Nederlandse artikelen

de	-	gemeenschappelijk geslacht
het	-	onzijdig
de/het	-	onzijdig, gemeenschappelijk geslacht

Engelse afkortingen

sb	-	iemand
v aux	-	hulp werkwoord

vi	-	onovergankelijk werkwoord
vt	-	overgankelijk werkwoord
vi, vt	-	onovergankelijk, overgankelijk werkwoord
sth	-	iets

BASISBEGRIPPEN

Basisbegrippen Deel 1

1. Voornaamwoorden

ik	I, me	[aɪ], [mi:]
jij, je	you	[ju:]
hij	he	[hi:]
zij, ze	she	[ʃi:]
het	it	[ɪt]
wij, we	we	[wi:]
jullie	you	[ju:]
zij, ze	they	[ðeɪ]

2. Begroetingen. Begroetingen. Afscheid

Hallo! Dag!	Hello!	[həˈləʊ]
Hallo!	Hello!	[həˈləʊ]
Goedemorgen!	Good morning!	[gʊd ˈmɔːnɪŋ]
Goedemiddag!	Good afternoon!	[gʊd ˌɑːftəˈnuːn]
Goedenavond!	Good evening!	[gʊd ˈiːvnɪŋ]
gedag zeggen (groeten)	to say hello	[tə seɪ həˈləʊ]
Hoi!	Hi!	[haɪ]
groeten (het)	greeting	[ˈgriːtɪŋ]
verwelkomen (ww)	to greet (vt)	[tə griːt]
Hoe gaat het?	How are you?	[ˌhaʊ ə ˈjuː]
Is er nog nieuws?	What's new?	[ˌwɒts ˈnjuː]
Dag! Tot ziens!	Bye-Bye! Goodbye!	[baɪ-baɪ], [gʊdˈbaɪ]
Tot snel! Tot ziens!	See you soon!	[ˈsiː ju ˌsuːn]
afscheid nemen (ww)	to say goodbye	[tə seɪ gʊdˈbaɪ]
Tot kijk!	Cheers!	[tʃɪəz]
Dank u!	Thank you!	[ˈθæŋk juː]
Dank u wel!	Thank you very much!	[ˈθæŋk ju ˈverɪ mʌtʃ]
Graag gedaan	My pleasure!	[maɪ ˈpleʒə(r)]
Geen dank!	Don't mention it!	[ˌdəʊnt ˈmenʃən ɪt]
Excuseer me, ...	Excuse me, ...	[ɪkˈskjuːz miː]
excuseren (verontschuldigen)	to excuse (vt)	[tə ɪkˈskjuːz]
zich verontschuldigen	to apologize (vi)	[tə əˈpɒlədʒaɪz]
Mijn excuses.	My apologies.	[maɪ əˈpɒlədʒɪz]

Het spijt me!	I'm sorry!	[aɪm 'sɒrɪ]
Maakt niet uit!	It's okay!	[ɪts ˌəʊ'keɪ]
alsjeblieft	please	[pli:z]
Vergeet het niet!	Don't forget!	[ˌdəʊnt fə'get]
Natuurlijk!	Certainly!	['sɜ:tənlɪ]
Natuurlijk niet!	Of course not!	[əv ˌkɔːs 'nɒt]
Akkoord!	Okay!	[ˌəʊ'keɪ]
Zo is het genoeg!	That's enough!	[ðæts ɪ'nʌf]

3. Hoe aan te spreken

meneer	mister, sir	['mɪstə], [sɜ:]
mevrouw	madam	['mædəm]
juffrouw	miss	[mɪs]
jongeman	young man	[jʌŋ mæn]
jongen	young man	[jʌŋ mæn]
meisje	miss	[mɪs]

4. Kardinale getallen. Deel 1

nul	zero	['zɪərəʊ]
een	one	[wʌn]
twee	two	[tu:]
drie	three	[θri:]
vier	four	[fɔ:(r)]
vijf	five	[faɪv]
zes	six	[sɪks]
zeven	seven	['sevən]
acht	eight	[eɪt]
negen	nine	[naɪn]
tien	ten	[ten]
elf	eleven	[ɪ'levən]
twaalf	twelve	[twelv]
dertien	thirteen	[ˌθɜ:'ti:n]
veertien	fourteen	[ˌfɔ:'ti:n]
vijftien	fifteen	[fɪf'ti:n]
zestien	sixteen	[sɪks'ti:n]
zeventien	seventeen	[ˌsevən'ti:n]
achttien	eighteen	[ˌeɪ'ti:n]
negentien	nineteen	[ˌnaɪn'ti:n]
twintig	twenty	['twentɪ]
eenentwintig	twenty-one	['twentɪ ˌwʌn]
tweeëntwintig	twenty-two	['twentɪ ˌtu:]
drieëntwintig	twenty-three	['twentɪ ˌθri:]
dertig	thirty	['θɜ:tɪ]
eenendertig	thirty-one	['θɜ:tɪ ˌwʌn]

| tweeëndertig | thirty-two | ['θɜːtɪ ˌtuː] |
| drieëndertig | thirty-three | ['θɜːtɪ ˌθriː] |

veertig	forty	['fɔːtɪ]
eenenveertig	forty-one	['fɔːtɪ ˌwʌn]
tweeënveertig	forty-two	['fɔːtɪ ˌtuː]
drieënveertig	forty-three	['fɔːtɪ ˌθriː]

vijftig	fifty	['fɪftɪ]
eenenvijftig	fifty-one	['fɪftɪ ˌwʌn]
tweeënvijftig	fifty-two	['fɪftɪ ˌtuː]
drieënvijftig	fifty-three	['fɪftɪ ˌθriː]

zestig	sixty	['sɪkstɪ]
eenenzestig	sixty-one	['sɪkstɪ ˌwʌn]
tweeënzestig	sixty-two	['sɪkstɪ ˌtuː]
drieënzestig	sixty-three	['sɪkstɪ ˌθriː]

zeventig	seventy	['sevəntɪ]
eenenzeventig	seventy-one	['sevəntɪ ˌwʌn]
tweeënzeventig	seventy-two	['sevəntɪ ˌtuː]
drieënzeventig	seventy-three	['sevəntɪ ˌθriː]

tachtig	eighty	['eɪtɪ]
eenentachtig	eighty-one	['eɪtɪ ˌwʌn]
tweeëntachtig	eighty-two	['eɪtɪ ˌtuː]
drieëntachtig	eighty-three	['eɪtɪ ˌθriː]

negentig	ninety	['naɪntɪ]
eenennegentig	ninety-one	['naɪntɪ ˌwʌn]
tweeënnegentig	ninety-two	['naɪntɪ ˌtuː]
drieënnegentig	ninety-three	['naɪntɪ ˌθriː]

5. Kardinale getallen. Deel 2

honderd	one hundred	[ˌwʌn 'hʌndrəd]
tweehonderd	two hundred	[tu 'hʌndrəd]
driehonderd	three hundred	[θriː 'hʌndrəd]
vierhonderd	four hundred	[ˌfɔː 'hʌndrəd]
vijfhonderd	five hundred	[ˌfaɪv 'hʌndrəd]

| zeshonderd | six hundred | [sɪks 'hʌndrəd] |
| zevenhonderd | seven hundred | ['sevən 'hʌndrəd] |

| achthonderd | eight hundred | [eɪt 'hʌndrəd] |
| negenhonderd | nine hundred | [ˌnaɪn 'hʌndrəd] |

duizend	one thousand	[ˌwʌn 'θaʊzənd]
tweeduizend	two thousand	[tu 'θaʊzənd]
drieduizend	three thousand	[θriː 'θaʊzənd]
tienduizend	ten thousand	[ten 'θaʊzənd]
honderdduizend	one hundred thousand	[ˌwʌn 'hʌndrəd 'θaʊzənd]
miljoen (het)	million	['mɪljən]
miljard (het)	billion	['bɪljən]

17

6. Ordinale getallen

eerste (bn)	first	[fɜ:st]
tweede (bn)	second	['sekənd]
derde (bn)	third	[θɜ:d]
vierde (bn)	fourth	[fɔ:θ]
vijfde (bn)	fifth	[fɪfθ]

zesde (bn)	sixth	[sɪksθ]
zevende (bn)	seventh	['sevənθ]
achtste (bn)	eighth	[eɪtθ]
negende (bn)	ninth	[naɪnθ]
tiende (bn)	tenth	[tenθ]

7. Getallen. Breuken

breukgetal (het)	fraction	['frækʃən]
half	one half	[ˌwʌn 'hɑ:f]
een derde	one third	[wʌn θɜ:d]
kwart	one quarter	[wʌn 'kwɔ:tə(r)]

een achtste	one eighth	[wʌn 'eɪtθ]
een tiende	one tenth	[wʌn tenθ]
twee derde	two thirds	[tu θɜ:dz]
driekwart	three quarters	[θri: 'kwɔ:təz]

8. Getallen. Eenvoudige berekeningen

aftrekking (de)	subtraction	[səb'trækʃən]
aftrekken (ww)	to subtract (vi, vt)	[tə səb'trækt]
deling (de)	division	[dɪ'vɪʒən]
delen (ww)	to divide (vt)	[tə dɪ'vaɪd]

optelling (de)	addition	[ə'dɪʃən]
erbij optellen (bij elkaar voegen)	to add up (vt)	[tə æd 'ʌp]
optellen (ww)	to add (vi, vt)	[tə æd]
vermenigvuldiging (de)	multiplication	[ˌmʌltɪplɪ'keɪʃən]
vermenigvuldigen (ww)	to multiply (vt)	[tə 'mʌltɪplaɪ]

9. Getallen. Diversen

cijfer (het)	figure	['fɪgə(r)]
nummer (het)	number	['nʌmbə(r)]
telwoord (het)	numeral	['nju:mərəl]
minteken (het)	minus sign	['maɪnəs saɪn]
plusteken (het)	plus sign	[plʌs saɪn]
formule (de)	formula	['fɔ:mjʊlə]
berekening (de)	calculation	[ˌkælkjʊ'leɪʃən]

tellen (ww)	to count (vi, vt)	[tə kaʊnt]
vergelijken (ww)	to compare (vt)	[tə kəm'peə(r)]

Hoeveel? (ontelb.)	How much?	[ˌhaʊ 'mʌtʃ]
Hoeveel? (telb.)	How many?	[ˌhaʊ 'menɪ]
som (de), totaal (het)	sum, total	[sʌm], ['təʊtəl]
uitkomst (de)	result	[rɪ'zʌlt]
rest (de)	remainder	[rɪ'meɪndə(r)]

enkele (bijv. ~ minuten)	a few ...	[ə fjuː]
weinig (bw)	little	['lɪtəl]
restant (het)	the rest	[ðə rest]
anderhalf	one and a half	['wʌn ənd ə ˌhɑːf]
dozijn (het)	dozen	['dʌzən]

middendoor (bw)	in half	[ɪn 'hɑːf]
even (bw)	equally	['iːkwəlɪ]
helft (de)	half	[hɑːf]
keer (de)	time	[taɪm]

10. De belangrijkste werkwoorden. Deel 1

aanbevelen (ww)	to recommend (vt)	[tə ˌrekə'mend]
aandringen (ww)	to insist (vi, vt)	[tə ɪn'sɪst]
aankomen (per auto, enz.)	to arrive (vi)	[tə ə'raɪv]
aanraken (ww)	to touch (vt)	[tə tʌtʃ]
adviseren (ww)	to advise (vt)	[tə əd'vaɪz]

afdalen (on.ww.)	to come down	[tə kʌm daʊn]
afslaan (naar rechts ~)	to turn (vi)	[tə tɜːn]
antwoorden (ww)	to answer (vi, vt)	[tə 'ɑːnsə(r)]
bang zijn (ww)	to be afraid	[tə bi ə'freɪd]
bedreigen	to threaten (vt)	[tə 'θretən]
(bijv. met een pistool)		

bedriegen (ww)	to deceive (vi, vt)	[tə dɪ'siːv]
beëindigen (ww)	to finish (vt)	[tə 'fɪnɪʃ]
beginnen (ww)	to begin (vt)	[tə bɪ'gɪn]
begrijpen (ww)	to understand (vt)	[tə ˌʌndə'stænd]
beheren (managen)	to run, to manage	[tə rʌn], [tə 'mænɪdʒ]

beledigen	to insult (vt)	[tə ɪn'sʌlt]
(met scheldwoorden)		
beloven (ww)	to promise (vt)	[tə 'prɒmɪs]
bereiden (koken)	to cook (vt)	[tə kʊk]
bespreken (spreken over)	to discuss (vt)	[tə dɪs'kʌs]

bestellen (eten ~)	to order (vt)	[tə 'ɔːdə(r)]
bestraffen (een stout kind ~)	to punish (vt)	[tə 'pʌnɪʃ]
betalen (ww)	to pay (vi, vt)	[tə peɪ]
betekenen (beduiden)	to mean (vt)	[tə miːn]
betreuren (ww)	to regret (vi)	[tə rɪ'gret]
bevallen (prettig vinden)	to fancy (vt)	[tə 'fænsɪ]
bevelen (mil.)	to order (vi, vt)	[tə 'ɔːdə(r)]

bevrijden (stad, enz.)	to liberate (vt)	[tə 'lıbəreıt]
bewaren (ww)	to keep (vt)	[tə ki:p]
bezitten (ww)	to own (vt)	[tə əʊn]
bidden (praten met God)	to pray (vi, vt)	[tə preı]
binnengaan (een kamer ~)	to enter (vt)	[tə 'entə(r)]
breken (ww)	to break (vt)	[tə breık]
controleren (ww)	to control (vt)	[tə kən'trəʊl]
creëren (ww)	to create (vt)	[tə kri:'eıt]
deelnemen (ww)	to participate (vi)	[tə pɑː'tısıpeıt]
denken (ww)	to think (vi, vt)	[tə θıŋk]
doden (ww)	to kill (vt)	[tə kıl]
doen (ww)	to do (vt)	[tə du:]
dorst hebben (ww)	to be thirsty	[tə bi 'θɜ:stı]

11. De belangrijkste werkwoorden. Deel 2

een hint geven	to give a hint	[tə gıv ə hınt]
eisen (met klem vragen)	to demand (vt)	[tə dı'mɑːnd]
excuseren (vergeven)	to excuse (vt)	[tə ık'skju:z]
existeren (bestaan)	to exist (vi)	[tə ıg'zıst]
gaan (te voet)	to go (vi)	[tə gəʊ]
gaan zitten (ww)	to sit down (vi)	[tə sıt daʊn]
gaan zwemmen	to go for a swim	[tə gəʊ fɔrə swım]
geven (ww)	to give (vt)	[tə gıv]
glimlachen (ww)	to smile (vi)	[tə smaıl]
goed raden (ww)	to guess (vt)	[tə ges]
grappen maken (ww)	to joke (vi)	[tə dʒəʊk]
graven (ww)	to dig (vt)	[tə dıg]
hebben (ww)	to have (vt)	[tə hæv]
helpen (ww)	to help (vt)	[tə help]
herhalen (opnieuw zeggen)	to repeat (vt)	[tə rı'pi:t]
honger hebben (ww)	to be hungry	[tə bi 'hʌŋgrı]
hopen (ww)	to hope (vi, vt)	[tə həʊp]
horen	to hear (vt)	[tə hıə(r)]
(waarnemen met het oor)		
huilen (wenen)	to cry (vi)	[tə kraı]
huren (huis, kamer)	to rent (vt)	[tə rent]
informeren (informatie geven)	to inform (vt)	[tə ın'fɔːm]
instemmen (akkoord gaan)	to agree (vi)	[tə ə'gri:]
jagen (ww)	to hunt (vi, vt)	[tə hʌnt]
kennen (kennis hebben van iemand)	to know (vt)	[tə nəʊ]
kiezen (ww)	to choose (vt)	[tə tʃu:z]
klagen (ww)	to complain (vi, vt)	[tə kəm'pleın]
kosten (ww)	to cost (vt)	[tə kɒst]
kunnen (ww)	can (v aux)	[kæn]

lachen (ww)	to laugh (vi)	[tə lɑːf]
laten vallen (ww)	to drop (vt)	[tə drɒp]
lezen (ww)	to read (vi, vt)	[tə riːd]

liefhebben (ww)	to love (vt)	[tə lʌv]
lunchen (ww)	to have lunch	[tə hæv lʌntʃ]
nemen (ww)	to take (vt)	[tə teɪk]
nodig zijn (ww)	to be needed	[tə bi ˈniːdɪd]

12. De belangrijkste werkwoorden. Deel 3

onderschatten (ww)	to underestimate (vt)	[tə ˌʌndəˈrestɪmeɪt]
ondertekenen (ww)	to sign (vt)	[tə saɪn]
ontbijten (ww)	to have breakfast	[tə hæv ˈbrekfəst]
openen (ww)	to open (vt)	[tə ˈəʊpən]
ophouden (ww)	to stop (vt)	[tə stɒp]
opmerken (zien)	to notice (vt)	[tə ˈnəʊtɪs]

opscheppen (ww)	to boast (vi)	[tə bəʊst]
opschrijven (ww)	to write down	[tə ˌraɪt ˈdaʊn]
plannen (ww)	to plan (vt)	[tə plæn]
prefereren (verkiezen)	to prefer (vt)	[tə prɪˈfɜː(r)]
proberen (trachten)	to try (vt)	[tə traɪ]
redden (ww)	to save, to rescue	[tə seɪv], [tə ˈreskjuː]

rekenen op ...	to count on ...	[tə kaʊnt ɒn]
rennen (ww)	to run (vi)	[tə rʌn]
reserveren	to reserve, to book	[tə rɪˈzɜːv], [tə bʊk]
(een hotelkamer ~)		
roepen (om hulp)	to call (vt)	[tə kɔːl]
schieten (ww)	to shoot (vi)	[tə ʃuːt]
schreeuwen (ww)	to shout (vi)	[tə ʃaʊt]

schrijven (ww)	to write (vt)	[tə raɪt]
souperen (ww)	to have dinner	[tə hæv ˈdɪnə(r)]
spelen (kinderen)	to play (vi)	[tə pleɪ]
spreken (ww)	to speak (vi, vt)	[tə spiːk]

| stelen (ww) | to steal (vt) | [tə stiːl] |
| stoppen (pauzeren) | to stop (vi) | [tə stɒp] |

studeren (Nederlands ~)	to study (vt)	[tə ˈstʌdɪ]
sturen (zenden)	to send (vt)	[tə send]
tellen (optellen)	to count (vt)	[tə kaʊnt]
toebehoren ...	to belong to ...	[tə bɪˈlɒŋ tuː]

| toestaan (ww) | to permit (vt) | [tə pəˈmɪt] |
| tonen (ww) | to show (vt) | [tə ʃəʊ] |

twijfelen (onzeker zijn)	to doubt (vi)	[tə daʊt]
uitgaan (ww)	to go out	[tə gəʊ aʊt]
uitnodigen (ww)	to invite (vt)	[tə ɪnˈvaɪt]
uitspreken (ww)	to pronounce (vt)	[tə prəˈnaʊns]
uitvaren tegen (ww)	to scold (vt)	[tə skəʊld]

13. De belangrijkste werkwoorden. Deel 4

vallen (ww)	to fall (vi)	[tə fɔːl]
vangen (ww)	to catch (vt)	[tə kætʃ]
veranderen (anders maken)	to change (vt)	[tə tʃeɪndʒ]
verbaasd zijn (ww)	to be surprised	[tə bi sə'praɪzd]
verbergen (ww)	to hide (vt)	[tə haɪd]

verdedigen (je land ~)	to defend (vt)	[tə dɪ'fend]
verenigen (ww)	to unite (vt)	[tə juː'naɪt]
vergelijken (ww)	to compare (vt)	[tə kəm'peə(r)]
vergeten (ww)	to forget (vi, vt)	[tə fə'get]
vergeven (ww)	to forgive (vt)	[tə fə'gɪv]

verklaren (uitleggen)	to explain (vt)	[tə ɪk'spleɪn]
verkopen (per stuk ~)	to sell (vt)	[tə sel]
vermelden (praten over)	to mention (vt)	[tə 'menʃən]
versieren (decoreren)	to decorate (vt)	[tə 'dekəreɪt]
vertalen (ww)	to translate (vt)	[tə træns'leɪt]

vertrouwen (ww)	to trust (vt)	[tə trʌst]
vervolgen (ww)	to continue (vt)	[tə kən'tɪnjuː]
verwarren (met elkaar ~)	to confuse, to mix up (vt)	[tə kən'fjuːz], [tə mɪks ʌp]
verzoeken (ww)	to ask (vt)	[tə ɑːsk]
verzuimen (school, enz.)	to miss (vt)	[tə mɪs]

vinden (ww)	to find (vt)	[tə faɪnd]
vliegen (ww)	to fly (vi)	[tə flaɪ]
volgen (ww)	to follow ...	[tə 'fɒləʊ]
voorstellen (ww)	to propose (vt)	[tə prə'pəʊz]
voorzien (verwachten)	to expect (vt)	[tə ɪk'spekt]
vragen (ww)	to ask (vt)	[tə ɑːsk]

waarnemen (ww)	to observe (vt)	[tə əb'zɜːv]
waarschuwen (ww)	to warn (vt)	[tə wɔːn]
wachten (ww)	to wait (vt)	[tə weɪt]

| weerspreken (ww) | to object (vi, vt) | [tə əb'dʒekt] |
| weigeren (ww) | to refuse (vi, vt) | [tə rɪ'fjuːz] |

werken (ww)	to work (vi)	[tə wɜːk]
weten (ww)	to know (vt)	[tə nəʊ]
willen (verlangen)	to want (vt)	[tə wɒnt]

| zeggen (ww) | to say (vt) | [tə seɪ] |
| zich haasten (ww) | to hurry (vi) | [tə 'hʌrɪ] |

zich interesseren voor ...	to be interested in ...	[tə bi 'ɪntrestɪd ɪn]
zich vergissen (ww)	to make a mistake	[tə meɪk ə mɪ'steɪk]
zien (ww)	to see (vt)	[tə siː]

zijn (ww)	to be (vi)	[tə biː]
zoeken (ww)	to look for ...	[tə lʊk fɔː(r)]
zwemmen (ww)	to swim (vi)	[tə swɪm]
zwijgen (ww)	to keep silent	[tə kiːp 'saɪlənt]

14. Kleuren

kleur (de)	colour	['kʌlə(r)]
tint (de)	shade	[ʃeɪd]
kleurnuance (de)	hue	[hju:]
regenboog (de)	rainbow	['reɪnbəʊ]
wit (bn)	white	[waɪt]
zwart (bn)	black	[blæk]
grijs (bn)	grey	[greɪ]
groen (bn)	green	[gri:n]
geel (bn)	yellow	['jeləʊ]
rood (bn)	red	[red]
blauw (bn)	blue	[blu:]
lichtblauw (bn)	light blue	[ˌlaɪt 'blu:]
roze (bn)	pink	[pɪŋk]
oranje (bn)	orange	['ɒrɪndʒ]
violet (bn)	violet	['vaɪələt]
bruin (bn)	brown	[braʊn]
goud (bn)	golden	['gəʊldən]
zilverkleurig (bn)	silvery	['sɪlvərɪ]
beige (bn)	beige	[beɪʒ]
roomkleurig (bn)	cream	[kri:m]
turkoois (bn)	turquoise	['tɜ:kwɔɪz]
kersrood (bn)	cherry red	['tʃerɪ red]
lila (bn)	lilac	['laɪlək]
karmijnrood (bn)	crimson	['krɪmzən]
licht (bn)	light	[laɪt]
donker (bn)	dark	[dɑ:k]
fel (bn)	bright	[braɪt]
kleur-, kleurig (bn)	coloured	['kʌləd]
kleuren- (abn)	colour	['kʌlə(r)]
zwart-wit (bn)	black-and-white	[blæk ən waɪt]
eenkleurig (bn)	plain	[pleɪn]
veelkleurig (bn)	multicoloured	['mʌltɪˌkʌləd]

15. Vragen

Wie?	Who?	[hu:]
Wat?	What?	[wɒt]
Waar?	Where?	[weə]
Waarheen?	Where?	[weə]
Waar ... vandaan?	From where?	[frəm weə(r)]
Wanneer?	When?	[wen]
Waarom?	Why?	[waɪ]
Waarvoor dan ook?	What for?	[wɒt fɔ:(r)]
Hoe?	How?	[haʊ]

Welk?	Which?	[wɪtʃ]
Aan wie?	To whom?	[tə huːm]
Over wie?	About whom?	[əˈbaʊt ˌhuːm]
Waarover?	About what?	[əˈbaʊt ˌwɒt]
Met wie?	With whom?	[wɪð ˈhuːm]

Hoeveel? (ontelb.)	How much?	[ˌhaʊ ˈmʌtʃ]
Hoeveel? (telb.)	How many?	[ˌhaʊ ˈmenɪ]
Van wie?	Whose?	[huːz]

16. Voorzetsels

met (bijv. ~ beleg)	with	[wɪð]
zonder (~ accent)	without	[wɪˈðaʊt]
naar (in de richting van)	to	[tuː]
over (praten ~)	about	[əˈbaʊt]
voor (in tijd)	before	[bɪˈfɔː(r)]
voor (aan de voorkant)	in front of ...	[ɪn ˈfrʌnt əv]

onder (lager dan)	under	[ˈʌndə(r)]
boven (hoger dan)	above	[əˈbʌv]
op (bovenop)	on	[ɒn]
van (uit, afkomstig van)	from	[frɒm]
van (gemaakt van)	of	[əv]

| over (bijv. ~ een uur) | in | [ɪn] |
| over (over de bovenkant) | over | [ˈəʊvə(r)] |

17. Functiewoorden. Bijwoorden. Deel 1

Waar?	Where?	[weə]
hier (bw)	here	[hɪə(r)]
daar (bw)	there	[ðeə(r)]

| ergens (bw) | somewhere | [ˈsʌmweə(r)] |
| nergens (bw) | nowhere | [ˈnəʊweə(r)] |

| bij ... (in de buurt) | by | [baɪ] |
| bij het raam | by the window | [baɪ ðə ˈwɪndəʊ] |

Waarheen?	Where?	[weə]
hierheen (bw)	here	[hɪə(r)]
daarheen (bw)	there	[ðeə(r)]
hiervandaan (bw)	from here	[frɒm hɪə(r)]
daarvandaan (bw)	from there	[frɒm ðeə(r)]

| dichtbij (bw) | close | [kləʊs] |
| ver (bw) | far | [fɑː(r)] |

niet ver (bw)	not far	[nɒt fɑː(r)]
linker (bn)	left	[left]
links (bw)	on the left	[ɒn ðə left]

linksaf, naar links (bw)	to the left	[tə ðə left]
rechter (bn)	right	[raɪt]
rechts (bw)	on the right	[ɒn ðə raɪt]
rechtsaf, naar rechts (bw)	to the right	[tə ðə raɪt]

vooraan (bw)	in front	[ɪn frʌnt]
voorste (bn)	front	[frʌnt]
vooruit (bw)	ahead	[ə'hed]

achter (bw)	behind	[bɪ'haɪnd]
van achteren (bw)	from behind	[frɒm bɪ'haɪnd]
achteruit (naar achteren)	back	[bæk]

| midden (het) | middle | ['mɪdəl] |
| in het midden (bw) | in the middle | [ɪn ðə 'mɪdəl] |

opzij (bw)	at the side	[ət ðə saɪd]
overal (bw)	everywhere	['evrɪweə(r)]
omheen (bw)	around	[ə'raʊnd]

binnenuit (bw)	from inside	[frɒm ɪn'saɪd]
naar ergens (bw)	somewhere	['sʌmweə(r)]
rechtdoor (bw)	straight	[streɪt]
terug (bijv. ~ komen)	back	[bæk]

| ergens vandaan (bw) | from anywhere | [frɒm 'enɪweə(r)] |
| ergens vandaan (en dit geld moet ~ komen) | from somewhere | [frɒm 'sʌmweə(r)] |

ten eerste (bw)	firstly	['fɜ:stlɪ]
ten tweede (bw)	secondly	['sekəndlɪ]
ten derde (bw)	thirdly	['θɜ:dlɪ]

plotseling (bw)	suddenly	['sʌdənlɪ]
in het begin (bw)	at first	[ət fɜ:st]
voor de eerste keer (bw)	for the first time	[fɔ: ðə 'fɜ:st ˌtaɪm]
lang voor ... (bw)	long before ...	[lɒŋ bɪ'fɔ:(r)]
voor eeuwig (bw)	for good	[fɔ: 'gʊd]

nooit (bw)	never	['nevə(r)]
weer (bw)	again	[ə'gen]
nu (bw)	now	[naʊ]
vaak (bw)	often	['ɒfən]
toen (bw)	then	[ðen]
urgent (bw)	urgently	['ɜ:dʒəntlɪ]
meestal (bw)	usually	['ju:ʒəlɪ]

trouwens, ... (tussen haakjes)	by the way, ...	[baɪ ðə weɪ]
mogelijk (bw)	possible	['pɒsəbəl]
waarschijnlijk (bw)	probably	['prɒbəblɪ]
misschien (bw)	maybe	['meɪbi:]
trouwens (bw)	besides ...	[bɪ'saɪdz]
daarom ...	that's why ...	[ðæts waɪ]
in weerwil van ...	in spite of ...	[ɪn 'spaɪt əv]
dankzij ...	thanks to ...	['θæŋks tu:]

wat (vn)	what	[wɒt]
dat (vw)	that	[ðæt]
iets (vn)	something	['sʌmθɪŋ]
iets	anything, something	['enɪθɪŋ], ['sʌmθɪŋ]
niets (vn)	nothing	['nʌθɪŋ]

wie (~ is daar?)	who	[hu:]
iemand (een onbekende)	someone	['sʌmwʌn]
iemand	somebody	['sʌmbədɪ]
(een bepaald persoon)		

niemand (vn)	nobody	['nəʊbədɪ]
nergens (bw)	nowhere	['nəʊweə(r)]
niemands (bn)	nobody's	['nəʊbədɪz]
iemands (bn)	somebody's	['sʌmbədɪz]

zo (Ik ben ~ blij)	so	[səʊ]
ook (evenals)	also	['ɔ:lsəʊ]
alsook (eveneens)	too	[tu:]

18. Functiewoorden. Bijwoorden. Deel 2

Waarom?	Why?	[waɪ]
om een bepaalde reden	for some reason	[fɔ: 'sʌm ˌri:zən]
omdat ...	because ...	[bɪ'kɒz]

en (vw)	and	[ænd]
of (vw)	or	[ɔ:(r)]
maar (vw)	but	[bʌt]
voor (vz)	for	[fɔ:r]

te (~ veel mensen)	too	[tu:]
alleen (bw)	only	['əʊnlɪ]
precies (bw)	exactly	[ɪg'zæktlɪ]
ongeveer (~ 10 kg)	about	[ə'baʊt]

omstreeks (bw)	approximately	[ə'prɒksɪmətlɪ]
bij benadering (bn)	approximate	[ə'prɒksɪmət]
bijna (bw)	almost	['ɔ:lməʊst]
rest (de)	the rest	[ðə rest]

de andere (tweede)	the other	[ðə ʌðə(r)]
ander (bn)	other	['ʌðə(r)]
elk (bn)	each	[i:tʃ]
om het even welk	any	['enɪ]
veel (ontelb.)	much	[mʌtʃ]
veel (telb.)	many	['menɪ]
veel mensen	many people	[ˌmenɪ 'pi:pəl]
iedereen (alle personen)	all	[ɔ:l]

in ruil voor ...	in return for ...	[ɪn rɪ'tɜ:n fɔ:]
in ruil (bw)	in exchange	[ɪn ɪks'tʃeɪndʒ]
met de hand (bw)	by hand	[baɪ hænd]
onwaarschijnlijk (bw)	hardly	['hɑ:dlɪ]

waarschijnlijk (bw)	**probably**	['prɒbəblɪ]
met opzet (bw)	**on purpose**	[ɒn 'pɜ:pəs]
toevallig (bw)	**by accident**	[baɪ 'æksɪdənt]
zeer (bw)	**very**	['verɪ]
bijvoorbeeld (bw)	**for example**	[fɔ:r ɪg'zɑ:mpəl]
tussen (~ twee steden)	**between**	[bɪ'twi:n]
tussen (te midden van)	**among**	[ə'mʌŋ]
zoveel (bw)	**so much**	[səʊ mʌtʃ]
vooral (bw)	**especially**	[ɪ'speʃəlɪ]

Basisbegrippen Deel 2

19. Dagen van de week

maandag (de)	**Monday**	['mʌndɪ]
dinsdag (de)	**Tuesday**	['tjuːzdɪ]
woensdag (de)	**Wednesday**	['wenzdɪ]
donderdag (de)	**Thursday**	['θɜːzdɪ]
vrijdag (de)	**Friday**	['fraɪdɪ]
zaterdag (de)	**Saturday**	['sætədɪ]
zondag (de)	**Sunday**	['sʌndɪ]
vandaag (bw)	**today**	[tə'deɪ]
morgen (bw)	**tomorrow**	[tə'mɒrəʊ]
overmorgen (bw)	**the day after tomorrow**	[ðə deɪ 'ɑːftə tə'mɒrəʊ]
gisteren (bw)	**yesterday**	['jestədɪ]
eergisteren (bw)	**the day before yesterday**	[ðə deɪ bɪ'fɔː 'jestədɪ]
dag (de)	**day**	[deɪ]
werkdag (de)	**working day**	['wɜːkɪŋ deɪ]
feestdag (de)	**public holiday**	['pʌblɪk 'hɒlɪdeɪ]
verlofdag (de)	**day off**	[ˌdeɪ'ɒf]
weekend (het)	**weekend**	[ˌwiːk'end]
de hele dag (bw)	**all day long**	[ɔːl 'deɪ ˌlɒŋ]
de volgende dag (bw)	**the next day**	[ðə nekst deɪ]
twee dagen geleden	**two days ago**	[tu deɪz ə'gəʊ]
aan de vooravond (bw)	**the day before**	[ðə deɪ bɪ'fɔː(r)]
dag-, dagelijks (bn)	**daily**	['deɪlɪ]
elke dag (bw)	**every day**	[ˌevrɪ 'deɪ]
week (de)	**week**	[wiːk]
vorige week (bw)	**last week**	[ˌlɑːst 'wiːk]
volgende week (bw)	**next week**	[ˌnekst 'wiːk]
wekelijks (bn)	**weekly**	['wiːklɪ]
elke week (bw)	**every week**	[ˌevrɪ 'wiːk]
twee keer per week	**twice a week**	[ˌtwaɪs ə 'wiːk]
elke dinsdag	**every Tuesday**	['evrɪ 'tjuːzdɪ]

20. Uren. Dag en nacht

morgen (de)	**morning**	['mɔːnɪŋ]
's morgens (bw)	**in the morning**	[ɪn ðə 'mɔːnɪŋ]
middag (de)	**noon, midday**	[nuːn], ['mɪdeɪ]
's middags (bw)	**in the afternoon**	[ɪn ðə ˌɑːftə'nuːn]
avond (de)	**evening**	['iːvnɪŋ]
's avonds (bw)	**in the evening**	[ɪn ðɪ 'iːvnɪŋ]

nacht (de)	night	[naɪt]
's nachts (bw)	at night	[ət naɪt]
middernacht (de)	midnight	['mɪdnaɪt]

seconde (de)	second	['sekənd]
minuut (de)	minute	['mɪnɪt]
uur (het)	hour	['aʊə(r)]
halfuur (het)	half an hour	[ˌhɑːf ən 'aʊə(r)]
kwartier (het)	a quarter-hour	[ə 'kwɔːtər'aʊə(r)]
vijftien minuten	fifteen minutes	[fɪf'tiːn 'mɪnɪts]
etmaal (het)	twenty four hours	['twentɪ fɔːr'aʊəz]

zonsopgang (de)	sunrise	['sʌnraɪz]
dageraad (de)	dawn	[dɔːn]
vroege morgen (de)	early morning	['ɜːlɪ 'mɔːnɪŋ]
zonsondergang (de)	sunset	['sʌnset]

's morgens vroeg (bw)	early in the morning	['ɜːlɪ ɪn ðə 'mɔːnɪŋ]
vanmorgen (bw)	this morning	[ðɪs 'mɔːnɪŋ]
morgenochtend (bw)	tomorrow morning	[tə'mɒrəʊ 'mɔːnɪŋ]

vanmiddag (bw)	this afternoon	[ðɪs ˌɑːftə'nuːn]
's middags (bw)	in the afternoon	[ɪn ðə ˌɑːftə'nuːn]
morgenmiddag (bw)	tomorrow afternoon	[tə'mɒrəʊ ˌɑːftə'nuːn]

| vanavond (bw) | tonight | [tə'naɪt] |
| morgenavond (bw) | tomorrow night | [tə'mɒrəʊ naɪt] |

klokslag drie uur	at 3 o'clock sharp	[ət θriː ə'klɒk ʃɑːp]
ongeveer vier uur	about 4 o'clock	[ə'baʊt ˌfɔːrə'klɒk]
tegen twaalf uur	by 12 o'clock	[baɪ twelv ə'klɒk]

over twintig minuten	in 20 minutes	[ɪn 'twentɪ ˌmɪnɪts]
over een uur	in an hour	[ɪn ən 'aʊə(r)]
op tijd (bw)	on time	[ɒn 'taɪm]

kwart voor …	a quarter to …	[ə 'kwɔːtə tə]
binnen een uur	within an hour	[wɪ'ðɪn æn 'aʊə(r)]
elk kwartier	every 15 minutes	['evrɪ fɪf'tiːn 'mɪnɪts]
de klok rond	round the clock	['raʊnd ðə ˌklɒk]

21. Maanden. Seizoenen

januari (de)	January	['dʒænjʊərɪ]
februari (de)	February	['febrʊərɪ]
maart (de)	March	[mɑːtʃ]
april (de)	April	['eɪprəl]
mei (de)	May	[meɪ]
juni (de)	June	[dʒuːn]

juli (de)	July	[dʒuːˈlaɪ]
augustus (de)	August	['ɔːgəst]
september (de)	September	[sep'tembə(r)]
oktober (de)	October	[ɒk'təʊbə(r)]

november (de)	November	[nəʊˈvembə(r)]
december (de)	December	[dɪˈsembə(r)]

lente (de)	spring	[sprɪŋ]
in de lente (bw)	in spring	[ɪn sprɪŋ]
lente- (abn)	spring	[sprɪŋ]

zomer (de)	summer	[ˈsʌmə(r)]
in de zomer (bw)	in summer	[ɪn ˈsʌmə(r)]
zomer-, zomers (bn)	summer	[ˈsʌmə(r)]

herfst (de)	autumn	[ˈɔːtəm]
in de herfst (bw)	in autumn	[ɪn ˈɔːtəm]
herfst- (abn)	autumn	[ˈɔːtəm]

winter (de)	winter	[ˈwɪntə(r)]
in de winter (bw)	in winter	[ɪn ˈwɪntə(r)]
winter- (abn)	winter	[ˈwɪntə(r)]
maand (de)	month	[mʌnθ]
deze maand (bw)	this month	[ðɪs mʌnθ]
volgende maand (bw)	next month	[ˌnekst ˈmʌnθ]
vorige maand (bw)	last month	[ˌlɑːst ˈmʌnθ]

een maand geleden (bw)	a month ago	[əˌmʌnθ əˈɡəʊ]
over een maand (bw)	in a month	[ɪn ə ˈmʌnθ]
over twee maanden (bw)	in two months	[ɪn ˌtuː ˈmʌnθs]
de hele maand (bw)	the whole month	[ðə ˌhəʊl ˈmʌnθ]
een volle maand (bw)	all month long	[ɔːl ˈmʌnθ ˌlɒŋ]

maand-, maandelijks (bn)	monthly	[ˈmʌnθlɪ]
maandelijks (bw)	monthly	[ˈmʌnθlɪ]
elke maand (bw)	every month	[ˌevrɪ ˈmʌnθ]
twee keer per maand	twice a month	[ˌtwaɪs ə ˈmʌnθ]

jaar (het)	year	[jɪə(r)]
dit jaar (bw)	this year	[ðɪs jɪə(r)]
volgend jaar (bw)	next year	[ˌnekst ˈjɪə(r)]
vorig jaar (bw)	last year	[ˌlɑːst ˈjɪə(r)]

een jaar geleden (bw)	a year ago	[ə jɪərəˈɡəʊ]
over een jaar	in a year	[ɪn ə ˈjɪə(r)]
over twee jaar	in two years	[ɪn ˌtuː ˈjɪəz]
het hele jaar	the whole year	[ðə ˌhəʊl ˈjɪə(r)]
een vol jaar	all year long	[ɔːl ˈjɪə ˌlɒŋ]

elk jaar	every year	[ˌevrɪ ˈjɪə(r)]
jaar-, jaarlijks (bn)	annual	[ˈænjʊəl]
jaarlijks (bw)	annually	[ˈænjʊəlɪ]
4 keer per jaar	4 times a year	[fɔ: taɪmz əjɪər]

datum (de)	date	[deɪt]
datum (de)	date	[deɪt]
kalender (de)	calendar	[ˈkælɪndə(r)]
een half jaar	half a year	[ˌhɑːf ə ˈjɪə(r)]
zes maanden	six months	[sɪks mʌnθs]
seizoen (bijv. lente, zomer)	season	[ˈsiːzən]

22. Tijd. Diversen

tijd (de)	time	[taɪm]
ogenblik (het)	instant	['ɪnstənt]
ogenblikkelijk (bn)	instant	['ɪnstənt]
tijdsbestek (het)	lapse	[læps]
leven (het)	life	[laɪf]
eeuwigheid (de)	eternity	[ɪ'tɜːnətɪ]

epoche (de), tijdperk (het)	epoch	['iːpɒk]
era (de), tijdperk (het)	era	['ɪərə]
cyclus (de)	cycle	['saɪkəl]
periode (de)	period	['pɪərɪəd]
termijn (vastgestelde periode)	term	[tɜːm]

toekomst (de)	the future	[ðə 'fjuːtʃə(r)]
toekomstig (bn)	future	['fjuːtʃə(r)]
de volgende keer	next time	[ˌnekst 'taɪm]
verleden (het)	the past	[ðə pɑːst]
vorig (bn)	past	[pɑːst]
de vorige keer	last time	[ˌlɑːst 'taɪm]

later (bw)	later	['leɪtə(r)]
na (~ het diner)	after	['ɑːftə(r)]
tegenwoordig (bw)	nowadays	['naʊədeɪz]
nu (bw)	now	[naʊ]
onmiddellijk (bw)	immediately	[ɪ'miːdjətlɪ]
snel (bw)	soon	[suːn]
bij voorbaat (bw)	in advance	[ɪn əd'vɑːns]

lang geleden (bw)	a long time ago	[əˌlɒŋ 'taɪm ə'gəʊ]
kort geleden (bw)	recently	['riːsəntlɪ]
noodlot (het)	destiny	['destɪnɪ]
herinneringen (mv.)	memories	['memərɪz]
archief (het)	archives	['ɑːkaɪvz]

tijdens ... (ten tijde van)	during ...	['djʊərɪŋ]
lang (bw)	long, a long time	[lɒŋ], [ə lɒŋ taɪm]
niet lang (bw)	not long	[nɒt lɒŋ]
vroeg (bijv. ~ in de ochtend)	early	['ɜːlɪ]
laat (bw)	late	[leɪt]

voor altijd (bw)	forever	[fə'revə(r)]
beginnen (ww)	to start (vt)	[tə stɑːt]
uitstellen (ww)	to postpone (vt)	[tə ˌpəʊst'pəʊn]

tegelijkertijd (bw)	at the same time	[ət ðə 'seɪm ˌtaɪm]
voortdurend (bw)	permanently	['pɜːmənəntlɪ]

constant (bijv. ~ lawaai)	constant	['kɒnstənt]
tijdelijk (bn)	temporary	['tempərərɪ]

soms (bw)	sometimes	['sʌmtaɪmz]
zelden (bw)	rarely	['reəlɪ]
vaak (bw)	often	['ɒfən]

23. Tegenovergestelden

rijk (bn)	rich	[rɪtʃ]
arm (bn)	poor	[pʊə(r)]
ziek (bn)	ill, sick	[ɪl], [sɪk]
gezond (bn)	well	[wel]
groot (bn)	big	[bɪg]
klein (bn)	small	[smɔːl]
snel (bw)	quickly	['kwɪklɪ]
langzaam (bw)	slowly	['sləʊlɪ]
snel (bn)	fast	[fɑːst]
langzaam (bn)	slow	[sləʊ]
vrolijk (bn)	glad	[glæd]
treurig (bn)	sad	[sæd]
samen (bw)	together	[tə'geðə(r)]
apart (bw)	separately	['sepərətlɪ]
hardop (~ lezen)	aloud	[ə'laʊd]
stil (~ lezen)	silently	['saɪləntlɪ]
hoog (bn)	tall	[tɔːl]
laag (bn)	low	[ləʊ]
diep (bn)	deep	[diːp]
ondiep (bn)	shallow	['ʃæləʊ]
ja	yes	[jes]
nee	no	[nəʊ]
ver (bn)	distant	['dɪstənt]
dicht (bn)	nearby	['nɪəbaɪ]
ver (bw)	far	[fɑː(r)]
dichtbij (bw)	nearby	[ˌnɪə'baɪ]
lang (bn)	long	[lɒŋ]
kort (bn)	short	[ʃɔːt]
vriendelijk (goedhartig)	good	[gʊd]
kwaad (bn)	evil	['iːvəl]
gehuwd (mann.)	married	['mærɪd]
ongehuwd (mann.)	single	['sɪŋgəl]
verbieden (ww)	to forbid (vt)	[tə fə'bɪd]
toestaan (ww)	to permit (vt)	[tə pə'mɪt]
einde (het)	end	[end]
begin (het)	beginning	[bɪ'gɪnɪŋ]

| linker (bn) | left | [left] |
| rechter (bn) | right | [raɪt] |

| eerste (bn) | first | [fɜːst] |
| laatste (bn) | last | [lɑːst] |

| misdaad (de) | crime | [kraɪm] |
| bestraffing (de) | punishment | [ˈpʌnɪʃmənt] |

| bevelen (ww) | to order (vt) | [tə ˈɔːdə(r)] |
| gehoorzamen (ww) | to obey (vi, vt) | [tə əˈbeɪ] |

| recht (bn) | straight | [streɪt] |
| krom (bn) | curved | [kɜːvd] |

| paradijs (het) | paradise | [ˈpærədaɪs] |
| hel (de) | hell | [hel] |

| geboren worden (ww) | to be born | [tə bi bɔːn] |
| sterven (ww) | to die (vi) | [tə daɪ] |

| sterk (bn) | strong | [strɒŋ] |
| zwak (bn) | weak | [wiːk] |

| oud (bn) | old | [əʊld] |
| jong (bn) | young | [jʌŋ] |

| oud (bn) | old | [əʊld] |
| nieuw (bn) | new | [njuː] |

| hard (bn) | hard | [hɑːd] |
| zacht (bn) | soft | [sɒft] |

| warm (bn) | warm | [wɔːm] |
| koud (bn) | cold | [kəʊld] |

| dik (bn) | fat | [fæt] |
| dun (bn) | thin | [θɪn] |

| smal (bn) | narrow | [ˈnærəʊ] |
| breed (bn) | wide | [waɪd] |

| goed (bn) | good | [gʊd] |
| slecht (bn) | bad | [bæd] |

| moedig (bn) | brave | [breɪv] |
| laf (bn) | cowardly | [ˈkaʊədlɪ] |

24. Lijnen en vormen

vierkant (het)	square	[skweə(r)]
vierkant (bn)	square	[skweə(r)]
cirkel (de)	circle	[ˈsɜːkəl]
rond (bn)	round	[raʊnd]

| driehoek (de) | triangle | ['traɪæŋgəl] |
| driehoekig (bn) | triangular | [traɪ'æŋgjʊlə(r)] |

ovaal (het)	oval	['əʊvəl]
ovaal (bn)	oval	['əʊvəl]
rechthoek (de)	rectangle	['rek,tæŋgəl]
rechthoekig (bn)	rectangular	[ˌrek'tæŋgjʊlə(r)]

piramide (de)	pyramid	['pɪrəmɪd]
ruit (de)	rhombus	['rɒmbəs]
trapezium (het)	trapezium	[trə'piːzɪəm]
kubus (de)	cube	[kjuːb]
prisma (het)	prism	['prɪzəm]

omtrek (de)	circumference	[sə'kʌmfərəns]
bol, sfeer (de)	sphere	[sfɪə(r)]
bal (de)	ball	[bɔːl]
diameter (de)	diameter	[daɪ'æmɪtə(r)]
straal (de)	radius	['reɪdɪəs]
omtrek (~ van een cirkel)	perimeter	[pə'rɪmɪtə(r)]
middelpunt (het)	centre	['sentə(r)]

horizontaal (bn)	horizontal	[ˌhɒrɪ'zɒntəl]
verticaal (bn)	vertical	['vɜːtɪkəl]
parallel (de)	parallel	['pærəlel]
parallel (bn)	parallel	['pærəlel]

lijn (de)	line	[laɪn]
streep (de)	stroke	[strəʊk]
rechte lijn (de)	straight line	['streɪt ˌlaɪn]
kromme (de)	curve	[kɜːv]
dun (bn)	thin	[θɪn]
omlijning (de)	contour	['kɒntʊə(r)]

snijpunt (het)	intersection	[ˌɪntə'sekʃən]
rechte hoek (de)	right angle	[raɪt 'æŋgəl]
segment (het)	segment	['segmənt]
sector (de)	sector	['sektə(r)]
zijde (de)	side	[saɪd]
hoek (de)	angle	['æŋgəl]

25. Meeteenheden

gewicht (het)	weight	[weɪt]
lengte (de)	length	[leŋθ]
breedte (de)	width	[wɪdθ]
hoogte (de)	height	[haɪt]
diepte (de)	depth	[depθ]
volume (het)	volume	['vɒljuːm]
oppervlakte (de)	area	['eərɪə]

gram (het)	gram	[græm]
milligram (het)	milligram	['mɪlɪgræm]
kilogram (het)	kilogram	['kɪləˌgræm]

ton (duizend kilo)	ton	[tʌn]
pond (het)	pound	[paʊnd]
ons (het)	ounce	[aʊns]

meter (de)	metre	['mi:tə(r)]
millimeter (de)	millimetre	['mɪlɪˌmi:tə(r)]
centimeter (de)	centimetre	['sentɪˌmi:tə(r)]
kilometer (de)	kilometre	['kɪləˌmi:tə(r)]
mijl (de)	mile	[maɪl]

duim (de)	inch	[ɪntʃ]
voet (de)	foot	[fʊt]
yard (de)	yard	[jɑ:d]

| vierkante meter (de) | square metre | [skweə 'mi:tə(r)] |
| hectare (de) | hectare | ['hekteə(r)] |

liter (de)	litre	['li:tə(r)]
graad (de)	degree	[dɪ'gri:]
volt (de)	volt	[vəʊlt]
ampère (de)	ampere	['æmpeə(r)]
paardenkracht (de)	horsepower	['hɔ:sˌpaʊə(r)]

hoeveelheid (de)	quantity	['kwɒntɪtɪ]
een beetje ...	a little bit of ...	[ə 'lɪtəl bɪt əv]
helft (de)	half	[hɑ:f]
dozijn (het)	dozen	['dʌzən]
stuk (het)	piece	[pi:s]

| afmeting (de) | size | [saɪz] |
| schaal (bijv. ~ van 1 op 50) | scale | [skeɪl] |

minimaal (bn)	minimal	['mɪnɪməl]
minste (bn)	the smallest	[ðə 'smɔ:ləst]
medium (bn)	medium	['mi:dɪəm]
maximaal (bn)	maximal	['mæksɪməl]
grootste (bn)	the largest	[ðə 'lɑ:dʒɪst]

26. Containers

glazen pot (de)	jar	[dʒɑ:(r)]
blik (conserven~)	tin	[tɪn]
emmer (de)	bucket	['bʌkɪt]
ton (bijv. regenton)	barrel	['bærəl]

ronde waterbak (de)	basin	['beɪsən]
tank (bijv. watertank-70-ltr)	tank	[tæŋk]
heupfles (de)	hip flask	[hɪp flɑ:sk]
jerrycan (de)	jerrycan	['dʒerɪkæn]
tank (bijv. ketelwagen)	cistern	['sɪstən]

beker (de)	mug	[mʌg]
kopje (het)	cup	[kʌp]
schoteltje (het)	saucer	['sɔ:sə(r)]

glas (het)	glass	[glɑːs]
wijnglas (het)	glass	[glɑːs]
steelpan (de)	saucepan	[ˈsɔːspən]

| fles (de) | bottle | [ˈbɒtəl] |
| flessenhals (de) | neck | [nek] |

karaf (de)	carafe	[kəˈræf]
kruik (de)	jug	[dʒʌg]
vat (het)	vessel	[ˈvesəl]
pot (de)	pot	[pɒt]
vaas (de)	vase	[vɑːz]

flacon (de)	bottle	[ˈbɒtəl]
flesje (het)	vial, small bottle	[ˈvaɪəl], [smɔːl ˈbɒtəl]
tube (bijv. ~ tandpasta)	tube	[tjuːb]

zak (bijv. ~ aardappelen)	sack	[sæk]
tasje (het)	bag	[bæg]
pakje (~ sigaretten, enz.)	packet	[ˈpækɪt]

doos (de)	box	[bɒks]
kist (de)	box	[bɒks]
mand (de)	basket	[ˈbɑːskɪt]

27. Materialen

materiaal (het)	material	[məˈtɪərɪəl]
hout (het)	wood	[wʊd]
houten (bn)	wooden	[ˈwʊdən]

| glas (het) | glass | [glɑːs] |
| glazen (bn) | glass | [glɑːs] |

| steen (de) | stone | [stəʊn] |
| stenen (bn) | stone | [stəʊn] |

| plastic (het) | plastic | [ˈplæstɪk] |
| plastic (bn) | plastic | [ˈplæstɪk] |

| rubber (het) | rubber | [ˈrʌbə(r)] |
| rubber-, rubberen (bn) | rubber | [ˈrʌbə(r)] |

| stof (de) | material, fabric | [məˈtɪərɪəl], [ˈfæbrɪk] |
| van stof (bn) | fabric | [ˈfæbrɪk] |

| papier (het) | paper | [ˈpeɪpə(r)] |
| papieren (bn) | paper | [ˈpeɪpə(r)] |

| karton (het) | cardboard | [ˈkɑːdbɔːd] |
| kartonnen (bn) | cardboard | [ˈkɑːdbɔːd] |

| polyethyleen (het) | polyethylene | [ˌpɒlɪˈeθɪliːn] |
| cellofaan (het) | cellophane | [ˈseləfeɪn] |

multiplex (het)	plywood	['plaɪwʊd]
porselein (het)	porcelain	['pɔːsəlɪn]
porseleinen (bn)	porcelain	['pɔːsəlɪn]
klei (de)	clay	[kleɪ]
klei-, van klei (bn)	clay	[kleɪ]
keramiek (de)	ceramic	[sɪ'ræmɪk]
keramieken (bn)	ceramic	[sɪ'ræmɪk]

28. Metalen

metaal (het)	metal	['metəl]
metalen (bn)	metal	['metəl]
legering (de)	alloy	['ælɔɪ]

goud (het)	gold	[gəʊld]
gouden (bn)	gold, golden	[gəʊld], ['gəʊldən]
zilver (het)	silver	['sɪlvə(r)]
zilveren (bn)	silver	['sɪlvə(r)]

IJzer (het)	iron	['aɪən]
IJzeren (bn)	iron-, made of iron	['aɪrən], [meɪd əv 'aɪrən]
staal (het)	steel	[stiːl]
stalen (bn)	steel	[stiːl]
koper (het)	copper	['kɒpə(r)]
koperen (bn)	copper	['kɒpə(r)]

aluminium (het)	aluminium	[ˌæljʊ'mɪnɪəm]
aluminium (bn)	aluminium	[ˌæljʊ'mɪnɪəm]
brons (het)	bronze	[brɒnz]
bronzen (bn)	bronze	[brɒnz]

messing (het)	brass	[brɑːs]
nikkel (het)	nickel	['nɪkəl]
platina (het)	platinum	['plætɪnəm]
kwik (het)	mercury	['mɜːkjʊrɪ]
tin (het)	tin	[tɪn]
lood (het)	lead	[led]
zink (het)	zinc	[zɪŋk]

MENS

Mens. Het lichaam

29. Mensen. Basisbegrippen

mens (de)	human being	['hju:mən 'bi:ɪŋ]
man (de)	man	[mæn]
vrouw (de)	woman	['wʊmən]
kind (het)	child	[tʃaɪld]

meisje (het)	girl	[gɜːl]
jongen (de)	boy	[bɔɪ]
tiener, adolescent (de)	teenager	['tiːnˌeɪdʒə(r)]
oude man (de)	old man	['əʊld ˌmæn]
oude vrouw (de)	old woman	['əʊld ˌwʊmən]

30. Menselijke anatomie

organisme (het)	organism	['ɔːgənɪzəm]
hart (het)	heart	[hɑːt]
bloed (het)	blood	[blʌd]
slagader (de)	artery	['ɑːtərɪ]
ader (de)	vein	[veɪn]

hersenen (mv.)	brain	[breɪn]
zenuw (de)	nerve	[nɜːv]
zenuwen (mv.)	nerves	[nɜːvz]
wervel (de)	vertebra	['vɜːtɪbrə]
ruggengraat (de)	spine	[spaɪn]

maag (de)	stomach	['stʌmək]
darmen (mv.)	intestines	[ɪn'testɪnz]
darm (de)	intestine	[ɪn'testɪn]
lever (de)	liver	['lɪvə(r)]
nier (de)	kidney	['kɪdnɪ]

been (deel van het skelet)	bone	[bəʊn]
skelet (het)	skeleton	['skelɪtən]
rib (de)	rib	[rɪb]
schedel (de)	skull	[skʌl]

spier (de)	muscle	['mʌsəl]
biceps (de)	biceps	['baɪseps]
triceps (de)	triceps	['traɪseps]
pees (de)	tendon	['tendən]
gewricht (het)	joint	[dʒɔɪnt]

longen (mv.)	lungs	[lʌŋz]
geslachtsorganen (mv.)	genitals	[ˈdʒenɪtəlz]
huid (de)	skin	[skɪn]

31. Hoofd

hoofd (het)	head	[hed]
gezicht (het)	face	[feɪs]
neus (de)	nose	[nəʊz]
mond (de)	mouth	[maʊθ]

oog (het)	eye	[aɪ]
ogen (mv.)	eyes	[aɪz]
pupil (de)	pupil	[ˈpjuːpəl]
wenkbrauw (de)	eyebrow	[ˈaɪbraʊ]
wimper (de)	eyelash	[ˈaɪlæʃ]
ooglid (het)	eyelid	[ˈaɪlɪd]

tong (de)	tongue	[tʌŋ]
tand (de)	tooth	[tuːθ]
lippen (mv.)	lips	[lɪps]
jukbeenderen (mv.)	cheekbones	[ˈtʃiːkbəʊnz]
tandvlees (het)	gum	[gʌm]
gehemelte (het)	palate	[ˈpælət]

neusgaten (mv.)	nostrils	[ˈnɒstrɪlz]
kin (de)	chin	[tʃɪn]
kaak (de)	jaw	[dʒɔː]
wang (de)	cheek	[tʃiːk]

voorhoofd (het)	forehead	[ˈfɔːhed]
slaap (de)	temple	[ˈtempəl]
oor (het)	ear	[ɪə(r)]
achterhoofd (het)	back of the head	[ˈbæk əv ðə ˌhed]
hals (de)	neck	[nek]
keel (de)	throat	[θrəʊt]

haren (mv.)	hair	[heə(r)]
kapsel (het)	hairstyle	[ˈheəstaɪl]
haarsnit (de)	haircut	[ˈheəkʌt]
pruik (de)	wig	[wɪg]

snor (de)	moustache	[məˈstɑːʃ]
baard (de)	beard	[bɪəd]
dragen (een baard, enz.)	to have (vt)	[tə hæv]
vlecht (de)	plait	[plæt]
bakkebaarden (mv.)	sideboards	[ˈsaɪdbɔːdz]

ros (roodachtig, rossig)	red-haired	[ˈred ˌheəd]
grijs (~ haar)	grey	[greɪ]
kaal (bn)	bald	[bɔːld]
kale plek (de)	bald patch	[bɔːld pætʃ]
paardenstaart (de)	ponytail	[ˈpəʊnɪteɪl]
pony (de)	fringe	[frɪndʒ]

32. Menselijk lichaam

hand (de)	**hand**	[hænd]
arm (de)	**arm**	[ɑːm]

vinger (de)	**finger**	['fɪŋgə(r)]
duim (de)	**thumb**	[θʌm]
pink (de)	**little finger**	[ˌlɪtəl 'fɪŋgə(r)]
nagel (de)	**nail**	[neɪl]

vuist (de)	**fist**	[fɪst]
handpalm (de)	**palm**	[pɑːm]
pols (de)	**wrist**	[rɪst]
voorarm (de)	**forearm**	['fɔːrˌɑːm]
elleboog (de)	**elbow**	['elbəʊ]
schouder (de)	**shoulder**	['ʃəʊldə(r)]

been (rechter ~)	**leg**	[leg]
voet (de)	**foot**	[fʊt]
knie (de)	**knee**	[niː]
kuit (de)	**calf**	[kɑːf]
heup (de)	**hip**	[hɪp]
hiel (de)	**heel**	[hiːl]

lichaam (het)	**body**	['bɒdɪ]
buik (de)	**stomach**	['stʌmək]
borst (de)	**chest**	[tʃest]
borst (de)	**breast**	[brest]
zijde (de)	**flank**	[flæŋk]
rug (de)	**back**	[bæk]
lage rug (de)	**lower back**	['ləʊə bæk]
taille (de)	**waist**	[weɪst]

navel (de)	**navel**	['neɪvəl]
billen (mv.)	**buttocks**	['bʌtəks]
achterwerk (het)	**bottom**	['bɒtəm]

huidvlek (de)	**beauty mark**	['bjuːtɪ mɑːk]
tatoeage (de)	**tattoo**	[təˈtuː]
litteken (het)	**scar**	[skɑː(r)]

Kleding en accessoires

33. Bovenkleding. Jassen

kleren (mv.), kleding (de)	clothes	[kləʊðz]
bovenkleding (de)	outer clothes	['aʊtə kləʊðz]
winterkleding (de)	winter clothes	['wɪntə kləʊðz]
jas (de)	overcoat	['əʊvəkəʊt]
bontjas (de)	fur coat	['fɜː ˌkəʊt]
bontjasje (het)	fur jacket	['fɜː 'dʒækɪt]
donzen jas (de)	down coat	['daʊn ˌkəʊt]
jasje (bijv. een leren ~)	jacket	['dʒækɪt]
regenjas (de)	raincoat	['reɪnkəʊt]
waterdicht (bn)	waterproof	['wɔːtəpruːf]

34. Heren & dames kleding

overhemd (het)	shirt	[ʃɜːt]
broek (de)	trousers	['traʊzəz]
jeans (de)	jeans	[dʒiːnz]
colbert (de)	jacket	['dʒækɪt]
kostuum (het)	suit	[suːt]
jurk (de)	dress	[dres]
rok (de)	skirt	[skɜːt]
blouse (de)	blouse	[blaʊz]
wollen vest (de)	knitted jacket	['nɪtɪd 'dʒækɪt]
blazer (kort jasje)	jacket	['dʒækɪt]
T-shirt (het)	T-shirt	['tiːˌʃɜːt]
shorts (mv.)	shorts	[ʃɔːts]
trainingspak (het)	tracksuit	['træksuːt]
badjas (de)	bathrobe	['bɑːθrəʊb]
pyjama (de)	pyjamas	[pə'dʒɑːməz]
sweater (de)	sweater	['swetə(r)]
pullover (de)	pullover	['pʊlˌəʊvə(r)]
gilet (het)	waistcoat	['weɪskəʊt]
rokkostuum (het)	tailcoat	[ˌteɪl'kəʊt]
smoking (de)	dinner suit	['dɪnə suːt]
uniform (het)	uniform	['juːnɪfɔːm]
werkkleding (de)	workwear	[wɜːkweə(r)]
overall (de)	boiler suit	['bɔɪlə suːt]
doktersjas (de)	coat	[kəʊt]

35. Kleding. Ondergoed

ondergoed (het)	underwear	[ˈʌndəweə(r)]
onderhemd (het)	vest	[vest]
sokken (mv.)	socks	[sɒks]
nachthemd (het)	nightgown	[ˈnaɪtgaʊn]
beha (de)	bra	[brɑ:]
kniekousen (mv.)	knee highs	[ˈni: ˌhaɪs]
panty (de)	tights	[taɪts]
nylonkousen (mv.)	stockings	[ˈstɒkɪŋz]
badpak (het)	swimsuit, bikini	[ˈswɪmsu:t], [bɪˈki:nɪ]

36. Hoofddeksels

hoed (de)	hat	[hæt]
deukhoed (de)	trilby hat	[ˈtrɪlbɪ hæt]
honkbalpet (de)	baseball cap	[ˈbeɪsbɔ:l kæp]
kleppet (de)	flatcap	[flæt kæp]
baret (de)	beret	[ˈbereɪ]
kap (de)	hood	[hʊd]
panamahoed (de)	panama	[ˈpænəmɑ:]
gebreide muts (de)	knitted hat	[ˈnɪtɪdˌhæt]
hoofddoek (de)	headscarf	[ˈhedskɑ:f]
dameshoed (de)	women's hat	[ˈwɪmɪns hæt]
veiligheidshelm (de)	hard hat	[hɑ:d hæt]
veldmuts (de)	forage cap	[ˈfɒrɪdʒ kæp]
helm, valhelm (de)	helmet	[ˈhelmɪt]
bolhoed (de)	bowler	[ˈbəʊlə(r)]
hoge hoed (de)	top hat	[tɒp hæt]

37. Schoeisel

schoeisel (het)	footwear	[ˈfʊtweə(r)]
schoenen (mv.)	ankle boots	[ˈæŋkəl bu:ts]
vrouwenschoenen (mv.)	shoes	[ʃu:z]
laarzen (mv.)	boots	[bu:ts]
pantoffels (mv.)	slippers	[ˈslɪpəz]
sportschoenen (mv.)	trainers	[ˈtreɪnəz]
sneakers (mv.)	plimsolls, pumps	[ˈplɪmsəlz], [pʌmps]
sandalen (mv.)	sandals	[ˈsændəlz]
schoenlapper (de)	cobbler	[ˈkɒblə(r)]
hiel (de)	heel	[hi:l]
paar (een ~ schoenen)	pair	[peə(r)]
veter (de)	shoelace	[ˈʃu:leɪs]

rijgen (schoenen ~)	to lace up (vt)	[tə leɪs ʌp]
schoenlepel (de)	shoehorn	[ˈʃuːhɔːn]
schoensmeer (de/het)	shoe polish	[ʃuː ˈpɒlɪʃ]

38. Textiel. Weefsel

katoen (de/het)	cotton	[ˈkɒtən]
vlas (het)	flax	[flæks]
zijde (de)	silk	[sɪlk]
zijden (bn)	silk	[sɪlk]
wol (de)	wool	[wʊl]
wollen (bn)	woollen	[ˈwʊlən]
fluweel (het)	velvet	[ˈvelvɪt]
suède (de)	suede	[sweɪd]
ribfluweel (het)	corduroy	[ˈkɒːdərɔɪ]
nylon (de/het)	nylon	[ˈnaɪlɒn]
nylon-, van nylon (bn)	nylon	[ˈnaɪlɒn]
polyester (het)	polyester	[ˌpɒlɪˈestə(r)]
polyester- (abn)	polyester	[ˌpɒlɪˈestə(r)]
leer (het)	leather	[ˈleðə(r)]
leren (van leer gemaak)	leather	[ˈleðə(r)]
bont (het)	fur	[fɜː(r)]
bont- (abn)	fur	[fɜː(r)]

39. Persoonlijke accessoires

handschoenen (mv.)	gloves	[glʌvz]
wanten (mv.)	mittens	[ˈmɪtənz]
sjaal (fleece ~)	scarf	[skɑːf]
bril (de)	glasses	[glɑːsɪz]
brilmontuur (het)	frame	[freɪm]
paraplu (de)	umbrella	[ʌmˈbrelə]
wandelstok (de)	walking stick	[ˈwɔːkɪŋ stɪk]
haarborstel (de)	hairbrush	[ˈheəbrʌʃ]
waaier (de)	fan	[fæn]
das (de)	tie	[taɪ]
strikje (het)	bow tie	[bəʊ taɪ]
bretels (mv.)	braces	[ˈbreɪsɪz]
zakdoek (de)	handkerchief	[ˈhæŋkətʃɪf]
kam (de)	comb	[kəʊm]
haarspeldje (het)	hair slide	[ˈheəˌslaɪd]
schuifspeldje (het)	hairpin	[ˈheəpɪn]
gesp (de)	buckle	[ˈbʌkəl]
broekriem (de)	belt	[belt]
draagriem (de)	shoulder strap	[ˈʃəʊldə stræp]

handtas (de)	bag	[bæg]
damestas (de)	handbag	['hændbæg]
rugzak (de)	rucksack	['rʌksæk]

40. Kleding. Diversen

mode (de)	fashion	['fæʃən]
de mode (bn)	in vogue	[ɪn vəʊg]
kledingstilist (de)	fashion designer	['fæʃən dɪ'zaɪnə(r)]

kraag (de)	collar	['kɒlə(r)]
zak (de)	pocket	['pɒkɪt]
zak- (abn)	pocket	['pɒkɪt]
mouw (de)	sleeve	[sliːv]
lusje (het)	hanging loop	['hæŋɪŋ luːp]
gulp (de)	flies	[flaɪz]

rits (de)	zip	[zɪp]
sluiting (de)	fastener	['fɑːsənə(r)]
knoop (de)	button	['bʌtən]
knoopsgat (het)	buttonhole	['bʌtənhəʊl]
losraken (bijv. knopen)	to come off	[tə kʌm ɒf]

naaien (kleren, enz.)	to sew (vi, vt)	[tə səʊ]
borduren (ww)	to embroider (vi, vt)	[tə ɪm'brɔɪdə(r)]
borduursel (het)	embroidery	[ɪm'brɔɪdərɪ]
naald (de)	sewing needle	['niːdəl]
draad (de)	thread	[θred]
naad (de)	seam	[siːm]

vies worden (ww)	to get dirty (vi)	[tə get 'dɜːtɪ]
vlek (de)	stain	[steɪn]
gekreukt raken (ov. kleren)	to crease, crumple (vi)	[tə kriːs], ['krʌmpəl]
scheuren (ov.ww.)	to tear, to rip (vt)	[tə teər], [tə rɪp]
mot (de)	clothes moth	[kləʊðz mɒθ]

41. Persoonlijke verzorging. Schoonheidsmiddelen

tandpasta (de)	toothpaste	['tuːθpeɪst]
tandenborstel (de)	toothbrush	['tuːθbrʌʃ]
tanden poetsen (ww)	to clean one's teeth	[tə kliːn wʌns 'tiːθ]

scheermes (het)	razor	['reɪzə(r)]
scheerschuim (het)	shaving cream	['ʃeɪvɪŋ ˌkriːm]
zich scheren (ww)	to shave (vi)	[tə ʃeɪv]

| zeep (de) | soap | [səʊp] |
| shampoo (de) | shampoo | [ʃæm'puː] |

schaar (de)	scissors	['sɪzəz]
nagelvijl (de)	nail file	['neɪl ˌfaɪl]
nagelknipper (de)	nail clippers	[neɪl 'klɪpərz]

pincet (het)	tweezers	['twiːzəz]
cosmetica (de)	cosmetics	[kɒz'metɪks]
masker (het)	face mask	[feɪs mɑːsk]
manicure (de)	manicure	['mænɪˌkjʊə(r)]
manicure doen	to have a manicure	[tə hævə 'mænɪˌkjʊə]
pedicure (de)	pedicure	['pedɪˌkjʊə(r)]

cosmetica tasje (het)	make-up bag	['meɪk ʌp ˌbæg]
poeder (de/het)	face powder	[feɪs 'paʊdə(r)]
poederdoos (de)	powder compact	['paʊdə 'kɒmpækt]
rouge (de)	blusher	['blʌʃə(r)]

parfum (de/het)	perfume	['pɜːfjuːm]
eau de toilet (de)	toilet water	['tɔɪlɪt 'wɔːtə(r)]
lotion (de)	lotion	['ləʊʃən]
eau de cologne (de)	cologne	[kə'ləʊn]

oogschaduw (de)	eyeshadow	['aɪʃædəʊ]
oogpotlood (het)	eyeliner	['aɪˌlaɪnə(r)]
mascara (de)	mascara	[mæs'kɑːrə]

lippenstift (de)	lipstick	['lɪpstɪk]
nagellak (de)	nail polish	['neɪl ˌpɒlɪʃ]
haarlak (de)	hair spray	['heəspreɪ]
deodorant (de)	deodorant	[diːˈəʊdərənt]

crème (de)	cream	[kriːm]
gezichtscrème (de)	face cream	['feɪs ˌkriːm]
handcrème (de)	hand cream	['hændˌkriːm]
antirimpelcrème (de)	anti-wrinkle cream	['ænti 'rɪŋkəl kriːm]
dagcrème (de)	day cream	['deɪ ˌkriːm]
nachtcrème (de)	night cream	['naɪt ˌkriːm]

tampon (de)	tampon	['tæmpɒn]
toiletpapier (het)	toilet paper	['tɔɪlɪt 'peɪpə(r)]
föhn (de)	hair dryer	['heəˌdraɪə(r)]

42. Juwelen

sieraden (mv.)	jewellery	['dʒuːəlrɪ]
edel (bijv. ~ stenen)	precious	['preʃəs]
keurmerk (het)	hallmark	['hɔːlmɑːk]

ring (de)	ring	[rɪŋ]
trouwring (de)	wedding ring	['wedɪŋ rɪŋ]
armband (de)	bracelet	['breɪslɪt]

oorringen (mv.)	earrings	['ɪərɪŋz]
halssnoer (het)	necklace	['neklɪs]
kroon (de)	crown	[kraʊn]
kralen snoer (het)	bead necklace	[biːd 'neklɪs]

| diamant (de) | diamond | ['daɪəmənd] |
| smaragd (de) | emerald | ['emərəld] |

robijn (de)	ruby	['ru:bɪ]
saffier (de)	sapphire	['sæfaɪə(r)]
parel (de)	pearl	[pɜ:l]
barnsteen (de)	amber	['æmbə(r)]

43. Horloges. Klokken

polshorloge (het)	watch	[wɒtʃ]
wijzerplaat (de)	dial	['daɪəl]
wijzer (de)	hand	[hænd]
metalen horlogeband (de)	bracelet	['breɪslɪt]
horlogebandje (het)	watch strap	[wɒtʃ stræp]

batterij (de)	battery	['bætərɪ]
leeg zijn (ww)	to be flat	[tə bi flæt]
batterij vervangen	to change a battery	[tə tʃeɪndʒ ə 'bætərɪ]
voorlopen (ww)	to run fast	[tə rʌn fɑ:st]
achterlopen (ww)	to run slow	[tə rʌn sləʊ]

wandklok (de)	wall clock	['wɔ:l ˌklɒk]
zandloper (de)	hourglass	['aʊəglɑ:s]
zonnewijzer (de)	sundial	['sʌndaɪəl]
wekker (de)	alarm clock	[ə'lɑ:m klɒk]
horlogemaker (de)	watchmaker	['wɒtʃˌmeɪkə(r)]
repareren (ww)	to repair (vt)	[tə rɪ'peə(r)]

Voedsel. Voeding

44. Voedsel

vlees (het)	meat	[mi:t]
kip (de)	chicken	['tʃɪkɪn]
kuiken (het)	poussin	['pu:sæn]
eend (de)	duck	[dʌk]
gans (de)	goose	[gu:s]
wild (het)	game	[geɪm]
kalkoen (de)	turkey	['tɜ:kɪ]
varkensvlees (het)	pork	[pɔ:k]
kalfsvlees (het)	veal	[vi:l]
schapenvlees (het)	lamb	[læm]
rundvlees (het)	beef	[bi:f]
konijnenvlees (het)	rabbit	['ræbɪt]
worst (de)	sausage	['sɒsɪdʒ]
saucijs (de)	vienna sausage	[vɪ'enə 'sɒsɪdʒ]
spek (het)	bacon	['beɪkən]
ham (de)	ham	[hæm]
gerookte achterham (de)	gammon	['gæmən]
paté, pastei (de)	pâté	['pæteɪ]
lever (de)	liver	['lɪvə(r)]
varkensvet (het)	lard	[lɑ:d]
gehakt (het)	mince	[mɪns]
tong (de)	tongue	[tʌŋ]
ei (het)	egg	[eg]
eieren (mv.)	eggs	[egz]
eiwit (het)	egg white	['eg ˌwaɪt]
eigeel (het)	egg yolk	['eg ˌjəʊk]
vis (de)	fish	[fɪʃ]
zeevruchten (mv.)	seafood	['si:fu:d]
schaaldieren (mv.)	crustaceans	[krʌ'steɪʃənz]
kaviaar (de)	caviar	['kævɪɑ:(r)]
krab (de)	crab	[kræb]
garnaal (de)	prawn	[prɔ:n]
oester (de)	oyster	['ɔɪstə(r)]
langoest (de)	spiny lobster	['spaɪnɪ 'lɒbstə(r)]
octopus (de)	octopus	['ɒktəpəs]
inktvis (de)	squid	[skwɪd]
steur (de)	sturgeon	['stɜ:dʒən]
zalm (de)	salmon	['sæmən]
heilbot (de)	halibut	['hælɪbət]

kabeljauw (de)	cod	[kɒd]
makreel (de)	mackerel	['mækərəl]
tonijn (de)	tuna	['tju:nə]
paling (de)	eel	[i:l]

forel (de)	trout	[traʊt]
sardine (de)	sardine	[sɑ:'di:n]
snoek (de)	pike	[paɪk]
haring (de)	herring	['herɪŋ]

brood (het)	bread	[bred]
kaas (de)	cheese	[tʃi:z]
suiker (de)	sugar	['ʃʊɡə(r)]
zout (het)	salt	[sɔ:lt]

rijst (de)	rice	[raɪs]
pasta (de)	pasta	['pæstə]
noedels (mv.)	noodles	['nu:dəlz]

boter (de)	butter	['bʌtə(r)]
plantaardige olie (de)	vegetable oil	['vedʒtəbəl ɔɪl]
zonnebloemolie (de)	sunflower oil	['sʌn‚flaʊə ɔɪl]
margarine (de)	margarine	[‚mɑ:dʒə'ri:n]

olijven (mv.)	olives	['ɒlɪvz]
olijfolie (de)	olive oil	['ɒlɪv ‚ɔɪl]

melk (de)	milk	[mɪlk]
gecondenseerde melk (de)	condensed milk	[kən'denst mɪlk]
yoghurt (de)	yogurt	['jəʊɡərt]
zure room (de)	sour cream	['saʊə ‚kri:m]
room (de)	cream	[kri:m]

mayonaise (de)	mayonnaise	[‚meɪə'neɪz]
crème (de)	buttercream	['bʌtə‚kri:m]

graan (het)	cereal grain	['sɪərɪəl greɪn]
meel (het), bloem (de)	flour	['flaʊə(r)]
conserven (mv.)	tinned food	['tɪnd fu:d]

maïsvlokken (mv.)	cornflakes	['kɔ:nfleɪks]
honing (de)	honey	['hʌnɪ]
jam (de)	jam	[dʒæm]
kauwgom (de)	chewing gum	['tʃu:ɪŋ ‚gʌm]

45. Drankjes

water (het)	water	['wɔ:tə(r)]
drinkwater (het)	drinking water	['drɪŋkɪŋ ‚wɔ:tə(r)]
mineraalwater (het)	mineral water	['mɪnərəl 'wɔ:tə(r)]

zonder gas	still	[stɪl]
koolzuurhoudend (bn)	carbonated	['kɑ:bəneɪtɪd]
bruisend (bn)	sparkling	['spɑ:klɪŋ]

| IJs (het) | ice | [aɪs] |
| met ijs | with ice | [wɪð aɪs] |

alcohol vrij (bn)	non-alcoholic	[nɒn ˌælkə'hɒlɪk]
alcohol vrije drank (de)	soft drink	[sɒft drɪŋk]
frisdrank (de)	cool soft drink	[ku:l sɒft drɪŋk]
limonade (de)	lemonade	[ˌlemə'neɪd]

alcoholische dranken (mv.)	spirits	['spɪrɪts]
wijn (de)	wine	[waɪn]
witte wijn (de)	white wine	['waɪt ˌwaɪn]
rode wijn (de)	red wine	['red ˌwaɪn]

likeur (de)	liqueur	[lɪ'kjʊə(r)]
champagne (de)	champagne	[ʃæm'peɪn]
vermout (de)	vermouth	[vɜ:'mu:θ]

whisky (de)	whisky	['wɪskɪ]
wodka (de)	vodka	['vɒdkə]
gin (de)	gin	[dʒɪn]
cognac (de)	cognac	['kɒnjæk]
rum (de)	rum	[rʌm]

koffie (de)	coffee	['kɒfɪ]
zwarte koffie (de)	black coffee	[blæk 'kɒfɪ]
koffie (de) met melk	white coffee	[waɪt 'kɒfɪ]
cappuccino (de)	cappuccino	[ˌkæpʊ'tʃi:nəʊ]
oploskoffie (de)	instant coffee	['ɪnstənt 'kɒfɪ]

melk (de)	milk	[mɪlk]
cocktail (de)	cocktail	['kɒkteɪl]
milkshake (de)	milk shake	['mɪlk ʃeɪk]

sap (het)	juice	[dʒu:s]
tomatensap (het)	tomato juice	[tə'mɑ:təʊ dʒu:s]
sinaasappelsap (het)	orange juice	['ɒrɪndʒ ˌdʒu:s]
vers geperst sap (het)	freshly squeezed juice	['freʃlɪ skwi:zd dʒu:s]

bier (het)	beer	[bɪə(r)]
licht bier (het)	lager	['lɑ:gə(r)]
donker bier (het)	bitter	['bɪtə(r)]

thee (de)	tea	[ti:]
zwarte thee (de)	black tea	[blæk ti:]
groene thee (de)	green tea	['gri:nˌti:]

46. Groenten

| groenten (mv.) | vegetables | ['vedʒtəbəlz] |
| verse kruiden (mv.) | greens | [gri:nz] |

tomaat (de)	tomato	[tə'mɑ:təʊ]
augurk (de)	cucumber	['kju:kʌmbə(r)]
wortel (de)	carrot	['kærət]

49

aardappel (de)	potato	[pə'teɪtəʊ]
ui (de)	onion	['ʌnjən]
knoflook (de)	garlic	['gɑːlɪk]
kool (de)	cabbage	['kæbɪdʒ]
bloemkool (de)	cauliflower	['kɒlɪˌflaʊə(r)]
spruitkool (de)	Brussels sprouts	['brʌsəlz ˌspraʊts]
broccoli (de)	broccoli	['brɒkəlɪ]
rode biet (de)	beetroot	['biːtruːt]
aubergine (de)	aubergine	['əʊbəʒiːn]
courgette (de)	courgette	[kɔːˈʒet]
pompoen (de)	pumpkin	['pʌmpkɪn]
raap (de)	turnip	['tɜːnɪp]
peterselie (de)	parsley	['pɑːslɪ]
dille (de)	dill	[dɪl]
sla (de)	lettuce	['letɪs]
selderij (de)	celery	['selərɪ]
asperge (de)	asparagus	[əˈspærəgəs]
spinazie (de)	spinach	['spɪnɪdʒ]
erwt (de)	pea	[piː]
bonen (mv.)	beans	[biːnz]
maïs (de)	maize	[meɪz]
boon (de)	kidney bean	['kɪdnɪ biːn]
peper (de)	pepper	['pepə(r)]
radijs (de)	radish	['rædɪʃ]
artisjok (de)	artichoke	['ɑːtɪtʃəʊk]

47. Vruchten. Noten

vrucht (de)	fruit	[fruːt]
appel (de)	apple	['æpəl]
peer (de)	pear	[peə(r)]
citroen (de)	lemon	['lemən]
sinaasappel (de)	orange	['ɒrɪndʒ]
aardbei (de)	strawberry	['strɔːbərɪ]
mandarijn (de)	tangerine	[ˌtændʒəˈriːn]
pruim (de)	plum	[plʌm]
perzik (de)	peach	[piːtʃ]
abrikoos (de)	apricot	['eɪprɪkɒt]
framboos (de)	raspberry	['rɑːzbərɪ]
ananas (de)	pineapple	['paɪnˌæpəl]
banaan (de)	banana	[bəˈnɑːnə]
watermeloen (de)	watermelon	['wɔːtəˌmelən]
druif (de)	grape	[greɪp]
meloen (de)	melon	['melən]
grapefruit (de)	grapefruit	['greɪpfruːt]
avocado (de)	avocado	[ˌævəˈkɑːdəʊ]

papaja (de)	papaya	[pə'paɪə]
mango (de)	mango	['mæŋɡəʊ]
granaatappel (de)	pomegranate	['pɒmɪˌɡrænɪt]

rode bes (de)	redcurrant	['redkʌrənt]
zwarte bes (de)	blackcurrant	[ˌblæk'kʌrənt]
kruisbes (de)	gooseberry	['ɡʊzbərɪ]
bosbes (de)	bilberry	['bɪlbərɪ]
braambes (de)	blackberry	['blækbərɪ]

rozijn (de)	raisin	['reɪzən]
vijg (de)	fig	[fɪɡ]
dadel (de)	date	[deɪt]

pinda (de)	peanut	['piːnʌt]
amandel (de)	almond	['ɑːmənd]
walnoot (de)	walnut	['wɔːlnʌt]
hazelnoot (de)	hazelnut	['heɪzəlnʌt]
kokosnoot (de)	coconut	['kəʊkənʌt]
pistaches (mv.)	pistachios	[pɪ'stɑːʃɪəʊs]

48. Brood. Snoep

suikerbakkerij (de)	confectionery	[kən'fekʃənərɪ]
brood (het)	bread	[bred]
koekje (het)	biscuits	['bɪskɪts]

chocolade (de)	chocolate	['tʃɒkələt]
chocolade- (abn)	chocolate	['tʃɒkələt]
snoepje (het)	sweet	[swiːt]
cakeje (het)	cake	[keɪk]
taart (bijv. verjaardags~)	cake	[keɪk]

| pastei (de) | pie | [paɪ] |
| vulling (de) | filling | ['fɪlɪŋ] |

confituur (de)	jam	[dʒæm]
marmelade (de)	marmalade	['mɑːməleɪd]
wafel (de)	waffle	['wɒfəl]
IJsje (het)	ice-cream	[aɪs kriːm]
pudding (de)	pudding	['pʊdɪŋ]

49. Bereide gerechten

gerecht (het)	course, dish	[kɔːs], [dɪʃ]
keuken (bijv. Franse ~)	cuisine	[kwɪ'ziːn]
recept (het)	recipe	['resɪpɪ]
portie (de)	portion	['pɔːʃən]

salade (de)	salad	['sæləd]
soep (de)	soup	[suːp]
bouillon (de)	clear soup	[ˌklɪə 'suːp]

| boterham (de) | sandwich | ['sænwɪdʒ] |
| spiegelei (het) | fried eggs | ['fraɪd ˌegz] |

hamburger (de)	cutlet	['kʌtlɪt]
hamburger (de)	hamburger	['hæmbɜːgə(r)]
biefstuk (de)	steak	[steɪk]
hutspot (de)	stew	[stjuː]

garnering (de)	side dish	[saɪd dɪʃ]
spaghetti (de)	spaghetti	[spə'getɪ]
aardappelpuree (de)	mash	[mæʃ]
pizza (de)	pizza	['piːtsə]
pap (de)	porridge	['pɒrɪdʒ]
omelet (de)	omelette	['ɒmlɪt]

gekookt (in water)	boiled	['bɔɪld]
gerookt (bn)	smoked	[sməʊkt]
gebakken (bn)	fried	[fraɪd]
gedroogd (bn)	dried	[draɪd]
diepvries (bn)	frozen	['frəʊzən]
gemarineerd (bn)	pickled	['pɪkəld]

zoet (bn)	sweet	[swiːt]
gezouten (bn)	salty	['sɔːltɪ]
koud (bn)	cold	[kəʊld]
heet (bn)	hot	[hɒt]
bitter (bn)	bitter	['bɪtə(r)]
lekker (bn)	tasty	['teɪstɪ]

koken (in kokend water)	to cook in boiling water	[tə kʊk in 'bɔɪlɪŋ 'wɔːtə]
bereiden (avondmaaltijd ~)	to cook (vt)	[tə kʊk]
bakken (ww)	to fry (vt)	[tə fraɪ]
opwarmen (ww)	to heat up	[tə hiːt ʌp]

zouten (ww)	to salt (vt)	[tə sɔːlt]
peperen (ww)	to pepper (vt)	[tə 'pepə(r)]
raspen (ww)	to grate (vt)	[tə greɪt]
schil (de)	peel	[piːl]
schillen (ww)	to peel (vt)	[tə piːl]

50. Kruiden

zout (het)	salt	[sɔːlt]
gezouten (bn)	salty	['sɔːltɪ]
zouten (ww)	to salt (vt)	[tə sɔːlt]

zwarte peper (de)	black pepper	[blæk 'pepə(r)]
rode peper (de)	red pepper	[red 'pepə(r)]
mosterd (de)	mustard	['mʌstəd]
mierikswortel (de)	horseradish	['hɔːsˌrædɪʃ]

condiment (het)	condiment	['kɒndɪmənt]
specerij , kruiderij (de)	spice	[spaɪs]
saus (de)	sauce	[sɔːs]

azijn (de)	vinegar	['vɪnɪgə(r)]
anijs (de)	anise	['ænɪs]
basilicum (de)	basil	['bæzəl]
kruidnagel (de)	cloves	[kləʊvz]
gember (de)	ginger	['dʒɪndʒə(r)]
koriander (de)	coriander	[ˌkɒrɪ'ændə(r)]
kaneel (de/het)	cinnamon	['sɪnəmən]

sesamzaad (het)	sesame	['sesəmɪ]
laurierblad (het)	bay leaf	[beɪ liːf]
paprika (de)	paprika	['pæprɪkə]
komijn (de)	caraway	['kærəweɪ]
saffraan (de)	saffron	['sæfrən]

51. Maaltijden

| eten (het) | food | [fuːd] |
| eten (ww) | to eat (vi, vt) | [tə iːt] |

ontbijt (het)	breakfast	['brekfəst]
ontbijten (ww)	to have breakfast	[tə hæv 'brekfəst]
lunch (de)	lunch	[lʌntʃ]
lunchen (ww)	to have lunch	[tə hæv lʌntʃ]
avondeten (het)	dinner	['dɪnə(r)]
souperen (ww)	to have dinner	[tə hæv 'dɪnə(r)]

| eetlust (de) | appetite | ['æpɪtaɪt] |
| Eet smakelijk! | Enjoy your meal! | [ɪn'dʒɔɪ jɔː ˌmiːl] |

openen (een fles ~)	to open (vt)	[tə 'əʊpən]
morsen (koffie, enz.)	to spill (vt)	[tə spɪl]
zijn gemorst	to spill out (vi)	[tə spɪl aʊt]
koken (water kookt bij 100°C)	to boil (vi)	[tə bɔɪl]
koken (Hoe om water te ~)	to boil (vt)	[tə bɔɪl]
gekookt (~ water)	boiled	['bɔɪld]
afkoelen (koeler maken)	to chill, cool down (vt)	[tə tʃɪl], [kuːl daʊn]
afkoelen (koeler worden)	to chill (vi)	[tə tʃɪl]

| smaak (de) | taste, flavour | [teɪst], ['fleɪvə(r)] |
| nasmaak (de) | aftertaste | ['ɑːftəteɪst] |

volgen een dieet	to slim down	[tə slɪm daʊn]
dieet (het)	diet	['daɪət]
vitamine (de)	vitamin	['vɪtəmɪn]
calorie (de)	calorie	['kælərɪ]
vegetariër (de)	vegetarian	[ˌvedʒɪ'teərɪən]
vegetarisch (bn)	vegetarian	[ˌvedʒɪ'teərɪən]

vetten (mv.)	fats	[fæts]
eiwitten (mv.)	proteins	['prəʊtiːnz]
koolhydraten (mv.)	carbohydrates	[ˌkɑːbəʊ'haɪdreɪts]
snede (de)	slice	[slaɪs]
stuk (bijv. een ~ taart)	piece	[piːs]
kruimel (de)	crumb	[krʌm]

52. Tafelschikking

lepel (de)	**spoon**	[spu:n]
mes (het)	**knife**	[naɪf]
vork (de)	**fork**	[fɔ:k]
kopje (het)	**cup**	[kʌp]
bord (het)	**plate**	[pleɪt]
schoteltje (het)	**saucer**	['sɔ:sə(r)]
servet (het)	**serviette**	[ˌsɜ:vɪ'et]
tandenstoker (de)	**toothpick**	['tu:θpɪk]

53. Restaurant

restaurant (het)	**restaurant**	['restrɒnt]
koffiehuis (het)	**coffee bar**	['kɒfɪ bɑ:(r)]
bar (de)	**pub**	[pʌb]
tearoom (de)	**tearoom**	['ti:rʊm]
kelner, ober (de)	**waiter**	['weɪtə(r)]
serveerster (de)	**waitress**	['weɪtrɪs]
barman (de)	**barman**	['bɑ:mən]
menu (het)	**menu**	['menju:]
wijnkaart (de)	**wine list**	['waɪn lɪst]
een tafel reserveren	**to book a table**	[tə bʊk ə 'teɪbəl]
gerecht (het)	**course, dish**	[kɔ:s], [dɪʃ]
bestellen (eten ~)	**to order** (vi, vt)	[tə 'ɔ:də(r)]
een bestelling maken	**to make an order**	[tə meɪk ən 'ɔ:də(r)]
aperitief (de/het)	**aperitif**	[əperə'ti:f]
voorgerecht (het)	**starter**	['stɑ:tə(r)]
dessert (het)	**dessert**	[dɪ'zɜ:t]
rekening (de)	**bill**	[bɪl]
de rekening betalen	**to pay the bill**	[tə peɪ ðə bɪl]
wisselgeld teruggeven	**to give change**	[tə gɪv 'tʃeɪndʒ]
fooi (de)	**tip**	[tɪp]

Familie, verwanten en vrienden

54. Persoonlijke informatie. Formulieren

naam (de)	name, first name	[neɪm], ['fɜ:st‚neɪm]
achternaam (de)	family name	['fæmlɪ ‚neɪm]
geboortedatum (de)	date of birth	[deɪt əv bɜ:θ]
geboorteplaats (de)	place of birth	[‚pleɪs əv 'bɜ:θ]
nationaliteit (de)	nationality	[‚næʃə'nælətɪ]
woonplaats (de)	place of residence	[‚pleɪs əv 'rezɪdəns]
land (het)	country	['kʌntrɪ]
beroep (het)	profession	[prə'feʃən]
geslacht (ov. het vrouwelijk ~)	gender, sex	['dʒendə(r)], [seks]
lengte (de)	height	[haɪt]
gewicht (het)	weight	[weɪt]

55. Familieleden. Verwanten

moeder (de)	mother	['mʌðə(r)]
vader (de)	father	['fɑ:ðə(r)]
zoon (de)	son	[sʌn]
dochter (de)	daughter	['dɔ:tə(r)]
jongste dochter (de)	younger daughter	[jʌŋgə 'dɔ:tə(r)]
jongste zoon (de)	younger son	[jʌŋgə 'sʌn]
oudste dochter (de)	eldest daughter	['eldɪst 'dɔ:tə(r)]
oudste zoon (de)	eldest son	['eldɪst sʌn]
broer (de)	brother	['brʌðə(r)]
zuster (de)	sister	['sɪstə(r)]
neef (zoon van oom/tante)	cousin	['kʌzən]
nicht (dochter van oom/tante)	cousin	['kʌzən]
mama (de)	mummy	['mʌmɪ]
papa (de)	dad, daddy	[dæd], ['dædɪ]
ouders (mv.)	parents	['peərənts]
kind (het)	child	[tʃaɪld]
kinderen (mv.)	children	['tʃɪldrən]
oma (de)	grandmother	['græn‚mʌðə(r)]
opa (de)	grandfather	['grænd‚fɑ:ðə(r)]
kleinzoon (de)	grandson	['grænsʌn]
kleindochter (de)	granddaughter	['græn‚dɔ:tə(r)]
kleinkinderen (mv.)	grandchildren	['græn‚tʃɪldrən]
oom (de)	uncle	['ʌŋkəl]

tante (de)	aunt	[ɑːnt]
neef (zoon van broer/zus)	nephew	['nefjuː]
nicht (dochter van broer/zus)	niece	[niːs]

schoonmoeder (de)	mother-in-law	['mʌðər ɪn 'lɔː]
schoonvader (de)	father-in-law	['fɑːðə ɪn ˌlɔː]
schoonzoon (de)	son-in-law	['sʌn ɪn ˌlɔː]
stiefmoeder (de)	stepmother	['stepˌmʌðə(r)]
stiefvader (de)	stepfather	['stepˌfɑːðə(r)]

zuigeling (de)	infant	['ɪnfənt]
wiegenkind (het)	baby	['beɪbɪ]
kleuter (de)	little boy	['lɪtəl ˌbɔɪ]

vrouw (de)	wife	[waɪf]
man (de)	husband	['hʌzbənd]

gehuwd (mann.)	married	['mærɪd]
gehuwd (vrouw.)	married	['mærɪd]
ongehuwd (mann.)	single	['sɪŋgəl]
vrijgezel (de)	bachelor	['bætʃələ(r)]
gescheiden (bn)	divorced	[dɪ'vɔːst]
weduwe (de)	widow	['wɪdəʊ]
weduwnaar (de)	widower	['wɪdəʊə(r)]

familielid (het)	relative	['relətɪv]
dichte familielid (het)	close relative	[ˌkləʊs 'relətɪv]
verre familielid (het)	distant relative	['dɪstənt 'relətɪv]
familieleden (mv.)	relatives	['relətɪvz]

wees (de), weeskind (het)	orphan	['ɔːfən]
voogd (de)	guardian	['gɑːdjən]
adopteren (een jongen te ~)	to adopt (vt)	[tə ə'dɒpt]
adopteren (een meisje te ~)	to adopt (vt)	[tə ə'dɒpt]

56. Vrienden. Collega's

vriend (de)	friend	[frend]
vriendin (de)	friend, girlfriend	[frend], ['gɜːlfrend]
vriendschap (de)	friendship	['frendʃɪp]
bevriend zijn (ww)	to be friends	[tə bi frendz]

makker (de)	pal	[pæl]
vriendin (de)	pal	[pæl]
partner (de)	partner	['pɑːtnə(r)]

chef (de)	chief	[tʃiːf]
baas (de)	boss, superior	[bɒs], [suːˈpɪərɪə(r)]
ondergeschikte (de)	subordinate	[sə'bɔːdɪnət]
collega (de)	colleague	['kɒliːg]

kennis (de)	acquaintance	[ə'kweɪntəns]
medereiziger (de)	fellow traveller	['feləʊ 'trævələ(r)]
klasgenoot (de)	classmate	['klɑːsmeɪt]

buurman (de)	neighbour	['neɪbə(r)]
buurvrouw (de)	neighbour	['neɪbə(r)]
buren (mv.)	neighbours	['neɪbəz]

57. Man. Vrouw

vrouw (de)	woman	['wʊmən]
meisje (het)	girl, young woman	[gɜ:l], [jʌŋ 'wʊmən]
bruid (de)	bride, fiancée	[braɪd], [fɪ'ɒnseɪ]

mooi(e) (vrouw, meisje)	beautiful	['bju:tɪfʊl]
groot, grote (vrouw, meisje)	tall	[tɔ:l]
slank(e) (vrouw, meisje)	slender	['slendə(r)]
korte, kleine (vrouw, meisje)	short	[ʃɔ:t]

| blondine (de) | blonde | [blɒnd] |
| brunette (de) | brunette | [bru:'net] |

dames- (abn)	ladies'	['leɪdɪz]
maagd (de)	virgin	['vɜ:dʒɪn]
zwanger (bn)	pregnant	['pregnənt]

man (de)	man	[mæn]
blonde man (de)	blond haired man	[blɒnd heəd mæn]
bruinharige man (de)	dark haired man	['dɑ:k heəd mæn]
groot (bn)	tall	[tɔ:l]
klein (bn)	short	[ʃɔ:t]

onbeleefd (bn)	rude	[ru:d]
gedrongen (bn)	stocky	['stɒkɪ]
robuust (bn)	robust	[rəʊ'bʌst]
sterk (bn)	strong	[strɒŋ]
sterkte (de)	strength	[streŋθ]

mollig (bn)	stout, fat	[staʊt], [fæt]
getaand (bn)	swarthy	['swɔ:ðɪ]
slank (bn)	well-built	[wel bɪlt]
elegant (bn)	elegant	['elɪgənt]

58. Leeftijd

leeftijd (de)	age	[eɪdʒ]
jeugd (de)	youth	[ju:θ]
jong (bn)	young	[jʌŋ]

| jonger (bn) | younger | ['jʌŋgə(r)] |
| ouder (bn) | older | [əʊldə] |

jongen (de)	young man	[jʌŋ mæn]
kerel (de)	guy, fellow	[gaɪ], ['feləʊ]
oude man (de)	old man	['əʊld ˌmæn]
oude vrouw (de)	old woman	['əʊld ˌwʊmən]

volwassen (bn)	adult	[æd'ʌlt]
van middelbare leeftijd (bn)	middle-aged	[ˌmɪdl 'eɪdʒd]
bejaard (bn)	elderly	['eldəlɪ]
oud (bn)	old	[əʊld]
met pensioen gaan	to retire (vi)	[tə rɪ'taɪə(r)]
gepensioneerde (de)	pensioner	['penʃənə(r)]

59. Kinderen

kind (het)	child	[tʃaɪld]
kinderen (mv.)	children	['tʃɪldrən]
tweeling (de)	twins	[twɪnz]
wieg (de)	cradle	['kreɪdəl]
rammelaar (de)	rattle	['rætəl]
luier (de)	nappy	['næpɪ]
speen (de)	dummy, comforter	['dʌmɪ], ['kʌmfətə(r)]
kinderwagen (de)	pram	[præm]
kleuterschool (de)	nursery	['nɜːsərɪ]
babysitter (de)	babysitter	[ˌbeɪbɪ 'sɪtə(r)]
kindertijd (de)	childhood	['tʃaɪldhʊd]
pop (de)	doll	[dɒl]
speelgoed (het)	toy	[tɔɪ]
bouwspeelgoed (het)	construction set	[kən'strʌkʃən set]
welopgevoed (bn)	well-bred	[wel bred]
onopgevoed (bn)	ill-bred	['ɪlˌbred]
verwend (bn)	spoilt	[spɔɪlt]
stout zijn (ww)	to be naughty	[tə bi 'nɔːtɪ]
stout (bn)	mischievous	['mɪstʃɪvəs]
stoutheid (de)	mischievousness	['mɪstʃɪvəsnɪs]
stouterd (de)	mischievous child	['mɪstʃɪvəs tʃaɪld]
gehoorzaam (bn)	obedient	[ə'biːdjənt]
ongehoorzaam (bn)	disobedient	[ˌdɪsə'biːdjənt]
braaf (bn)	docile	['dəʊsaɪl]
slim (verstandig)	clever	['klevə(r)]
wonderkind (het)	child prodigy	[ˌtʃaɪld 'prɒdɪdʒɪ]

60. Gehuwde paren. Gezinsleven

kussen (een kus geven)	to kiss (vt)	[tə kɪs]
elkaar kussen (ww)	to kiss (vi)	[tə kɪs]
gezin (het)	family	['fæmlɪ]
gezins- (abn)	family	['fæmlɪ]
paar (het)	couple	['kʌpəl]
huwelijk (het)	marriage	['mærɪdʒ]

| thuis (het) | hearth | [hɑ:θ] |
| dynastie (de) | dynasty | ['dɪnəstɪ] |

| date (de) | date | [deɪt] |
| zoen (de) | kiss | [kɪs] |

liefde (de)	love	[lʌv]
liefhebben (ww)	to love (vt)	[tə lʌv]
geliefde (bn)	beloved	[bɪ'lʌvd]

tederheid (de)	tenderness	['tendənɪs]
teder (bn)	tender	['tendə(r)]
trouw (de)	faithfulness	['feɪθfʊlnɪs]
trouw (bn)	faithful	['feɪθfʊl]

jonggehuwden (mv.)	newlyweds	['nju:lɪwedz]
wittebroodsweken (mv.)	honeymoon	['hʌnɪmu:n]
trouwen (vrouw)	to get married	[tə get 'mærɪd]
trouwen (man)	to get married	[tə get 'mærɪd]

bruiloft (de)	wedding	['wedɪŋ]
gouden bruiloft (de)	golden wedding	['gəʊldən 'wedɪŋ]
verjaardag (de)	anniversary	[ænɪ'vɜ:sərɪ]

| minnaar (de) | lover | ['lʌvə(r)] |
| minnares (de) | mistress | ['mɪstrɪs] |

overspel (het)	adultery	[ə'dʌltərɪ]
overspel plegen (ww)	to cheat on ...	[tə tʃi:t ɒn]
jaloers (bn)	jealous	['dʒeləs]
jaloers zijn (echtgenoot, enz.)	to be jealous	[tə bi 'dʒeləs]
echtscheiding (de)	divorce	[dɪ'vɔ:s]
scheiden (ww)	to divorce (vi)	[tə dɪ'vɔ:s]

ruzie hebben (ww)	to quarrel (vi)	[tə 'kwɒrəl]
vrede sluiten (ww)	to be reconciled	[tə bi: 'rekənsaɪld]
samen (bw)	together	[tə'geðə(r)]
seks (de)	sex	[seks]

geluk (het)	happiness	['hæpɪnɪs]
gelukkig (bn)	happy	['hæpɪ]
ongeluk (het)	misfortune	[ˌmɪs'fɔ:tʃu:n]
ongelukkig (bn)	unhappy	[ʌn'hæpɪ]

Karakter. Gevoelens. Emoties

61. Gevoelens. Emoties

gevoel (het)	**feeling**	['fi:lɪŋ]
gevoelens (mv.)	**feelings**	['fi:lɪŋz]
voelen (ww)	**to feel** (vt)	[tə fi:l]
honger (de)	**hunger**	['hʌŋgə(r)]
honger hebben (ww)	**to be hungry**	[tə bi 'hʌŋgrɪ]
dorst (de)	**thirst**	[θɜ:st]
dorst hebben	**to be thirsty**	[tə bi 'θɜ:stɪ]
slaperigheid (de)	**sleepiness**	['sli:pɪnɪs]
willen slapen	**to feel sleepy**	[tə fi:l 'sli:pɪ]
moeheid (de)	**tiredness**	['taɪədnɪs]
moe (bn)	**tired**	['taɪəd]
vermoeid raken (ww)	**to get tired**	[tə get 'taɪəd]
stemming (de)	**mood**	[mu:d]
verveling (de)	**boredom**	['bɔ:dəm]
zich vervelen (ww)	**to be bored**	[tə bi bɔ:d]
afzondering (de)	**seclusion**	[sɪ'klu:ʒən]
zich afzonderen (ww)	**to seclude oneself**	[tə sɪ'klu:d wʌn'self]
bezorgd maken (ww)	**to worry** (vt)	[tə 'wʌrɪ]
zich bezorgd maken	**to be worried**	[tə bi 'wʌrɪd]
zorg (bijv. geld~en)	**anxiety**	[æŋ'zaɪətɪ]
ongerust (bn)	**preoccupied**	[ˌpri:'ɒkjʊpaɪd]
zenuwachtig zijn (ww)	**to be nervous**	[tə bi 'nɜ:vəs]
in paniek raken	**to panic** (vi)	[tə 'pænɪk]
hoop (de)	**hope**	[həʊp]
hopen (ww)	**to hope** (vi, vt)	[tə həʊp]
zekerheid (de)	**certainty**	['sɜ:təntɪ]
zeker (bn)	**certain, sure**	['sɜ:tən], [ʃʊə(r)]
onzekerheid (de)	**uncertainty**	[ˌʌn'sɜ:tənlɪ]
onzeker (bn)	**uncertain**	[ˌʌn'sɜ:tən]
dronken (bn)	**drunk**	[drʌŋk]
nuchter (bn)	**sober**	['səʊbə(r)]
zwak (bn)	**weak**	[wi:k]
gelukkig (bn)	**happy**	['hæpɪ]
doen schrikken (ww)	**to scare** (vt)	[tə skeə(r)]
woede (de)	**rage**	[reɪdʒ]
depressie (de)	**depression**	[dɪ'preʃən]
ongemak (het)	**discomfort**	[dɪs'kʌmfət]
gemak, comfort (het)	**comfort**	['kʌmfət]

spijt hebben (ww)	to regret (vi)	[tə rɪˈgret]
spijt (de)	regret	[rɪˈgret]
pech (de)	bad luck	[bæd lʌk]
bedroefdheid (de)	sadness	[ˈsædnɪs]

schaamte (de)	shame	[ʃeɪm]
pret (de), plezier (het)	gladness	[ˈglædnɪs]
enthousiasme (het)	enthusiasm	[ɪnˈθjuːzɪæzəm]
enthousiasteling (de)	enthusiast	[ɪnˈθjuːzɪæst]
enthousiasme vertonen	to show enthusiasm	[tə ʃəʊ ɪnˈθjuːzɪæzəm]

62. Karakter. Persoonlijkheid

karakter (het)	character	[ˈkærəktə(r)]
karakterfout (de)	character flaw	[ˈkærəktə flɔː]
rede (de)	reason	[ˈriːzən]

geweten (het)	conscience	[ˈkɒnʃəns]
gewoonte (de)	habit	[ˈhæbɪt]
bekwaamheid (de)	ability	[əˈbɪlətɪ]
kunnen (bijv., ~ zwemmen)	can (v aux)	[kæn]

geduldig (bn)	patient	[ˈpeɪʃənt]
ongeduldig (bn)	impatient	[ɪmˈpeɪʃənt]
nieuwsgierig (bn)	curious	[ˈkjʊərɪəs]
nieuwsgierigheid (de)	curiosity	[kjʊərɪˈɒsətɪ]

bescheidenheid (de)	modesty	[ˈmɒdɪstɪ]
bescheiden (bn)	modest	[ˈmɒdɪst]
onbescheiden (bn)	immodest	[ɪˈmɒdɪst]

| lui (bn) | lazy | [ˈleɪzɪ] |
| luiwammes (de) | lazy person | [ˌleɪzɪ ˈpɜːsən] |

sluwheid (de)	cunning	[ˈkʌnɪŋ]
sluw (bn)	cunning	[ˈkʌnɪŋ]
wantrouwen (het)	distrust	[dɪsˈtrʌst]
wantrouwig (bn)	distrustful	[dɪsˈtrʌstfʊl]

gulheid (de)	generosity	[dʒenəˈrɒsətɪ]
gul (bn)	generous	[ˈdʒenərəs]
talentrijk (bn)	talented	[ˈtæləntɪd]
talent (het)	talent	[ˈtælənt]

moedig (bn)	courageous	[kəˈreɪdʒəs]
moed (de)	courage	[ˈkʌrɪdʒ]
eerlijk (bn)	honest	[ˈɒnɪst]
eerlijkheid (de)	honesty	[ˈɒnɪstɪ]

voorzichtig (bn)	careful	[ˈkeəfʊl]
manhaftig (bn)	courageous	[kəˈreɪdʒəs]
ernstig (bn)	serious	[ˈsɪərɪəs]
streng (bn)	strict	[strɪkt]
resoluut (bn)	decisive	[dɪˈsaɪsɪv]

onzeker, irresoluut (bn)	indecisive	[,ɪndɪ'saɪsɪv]
schuchter (bn)	shy, timid	[ʃaɪ], ['tɪmɪd]
schuchterheid (de)	shyness, timidity	[tɪ'mɪdətɪ]

vertrouwen (het)	confidence	['kɒnfɪdəns]
vertrouwen (ww)	to believe	[tə bɪ'li:v]
goedgelovig (bn)	trusting, naïve	['trʌstɪŋ], [naɪ'i:v]

oprecht (bw)	sincerely	[sɪn'sɪəlɪ]
oprecht (bn)	sincere	[sɪn'sɪə(r)]
oprechtheid (de)	sincerity	[sɪn'serətɪ]

rustig (bn)	calm	[kɑ:m]
openhartig (bn)	frank	[fræŋk]
naïef (bn)	naïve, naive	[naɪ'i:v]
verstrooid (bn)	absent-minded	['æbsənt 'maɪndɪd]
leuk, grappig (bn)	funny	['fʌnɪ]

gierigheid (de)	greed	[gri:d]
gierig (bn)	greedy	['gri:dɪ]
kwaad (bn)	evil	['i:vəl]
koppig (bn)	stubborn	['stʌbən]
onaangenaam (bn)	unpleasant	[ʌn'plezənt]

egoïst (de)	selfish person	['selfɪʃ 'pɜ:sən]
egoïstisch (bn)	selfish	['selfɪʃ]
lafaard (de)	coward	['kaʊəd]
laf (bn)	cowardly	['kaʊədlɪ]

63. Slaap. Dromen

slapen (ww)	to sleep (vi)	[tə sli:p]
slaap (in ~ vallen)	sleep, sleeping	[sli:p], [sli:pɪŋ]
droom (de)	dream	[dri:m]
dromen (in de slaap)	to dream (vi)	[tə dri:m]
slaperig (bn)	sleepy	['sli:pɪ]

bed (het)	bed	[bed]
matras (de)	mattress	['mætrɪs]
deken (de)	blanket	['blæŋkɪt]
kussen (het)	pillow	['pɪləʊ]
laken (het)	sheet	[ʃi:t]

slapeloosheid (de)	insomnia	[ɪn'sɒmnɪə]
slapeloos (bn)	sleepless	['sli:plɪs]
slaapmiddel (het)	sleeping pill	['sli:pɪŋ pɪl]
slaapmiddel innemen	to take a sleeping pill	[tə ,teɪk ə 'sli:pɪŋ pɪl]

willen slapen	to feel sleepy	[tə fi:l 'sli:pɪ]
geeuwen (ww)	to yawn (vi)	[tə jɔ:n]
gaan slapen	to go to bed	[tə gəʊ tə bed]
het bed opmaken	to make up the bed	[tə 'meɪk ʌp ðə ,bed]
inslapen (ww)	to fall asleep	[tə fɔ:l ə'sli:p]
nachtmerrie (de)	nightmare	['naɪtmeə(r)]

| gesnurk (het) | snore, snoring | [snɔ:(r)], ['snɔ:rɪŋ] |
| snurken (ww) | to snore (vi) | [tə snɔ:(r)] |

wekker (de)	alarm clock	[ə'lɑ:m klɒk]
wekken (ww)	to wake (vt)	[tə weɪk]
wakker worden (ww)	to wake up	[tə weɪk ʌp]
opstaan (ww)	to get up	[tə get ʌp]
zich wassen (ww)	to have a wash	[tə hæv ə wɒʃ]

64. Humor. Gelach. Blijdschap

humor (de)	humour	['hju:mə(r)]
gevoel (het) voor humor	sense of humour	[sens əv 'hju:mə(r)]
plezier hebben (ww)	to enjoy oneself	[tə ɪn'dʒɔɪ wʌn'self]
vrolijk (bn)	cheerful	['tʃɪəfʊl]
pret (de), plezier (het)	merriment, fun	['merɪmənt], [fʌn]

glimlach (de)	smile	[smaɪl]
glimlachen (ww)	to smile (vi)	[tə smaɪl]
beginnen te lachen (ww)	to start laughing	[tə stɑ:t 'lɑ:fɪŋ]
lachen (ww)	to laugh (vi)	[tə lɑ:f]
lach (de)	laugh, laughter	[lɑ:f], ['lɑ:ftə]

mop (de)	anecdote	['ænɪkdəʊt]
grappig (een ~ verhaal)	funny	['fʌnɪ]
grappig (~e clown)	funny	['fʌnɪ]

grappen maken (ww)	to joke, to be kidding	[tə dʒəʊk], [tə bi 'kɪdɪŋ]
grap (de)	joke	[dʒəʊk]
blijheid (de)	joy	[dʒɔɪ]
blij zijn (ww)	to rejoice (vi)	[tə rɪ'dʒɔɪs]
blij (bn)	joyful	['dʒɔɪfʊl]

65. Discussie, conversatie. Deel 1

| communicatie (de) | communication | [kəˌmju:nɪ'keɪʃən] |
| communiceren (ww) | to communicate (vi) | [tə kə'mju:nɪkeɪt] |

conversatie (de)	conversation	[ˌkɒnvə'seɪʃən]
dialoog (de)	dialogue	['daɪəlɒg]
discussie (de)	discussion	[dɪs'kʌʃən]
debat (het)	debate	[dɪ'beɪt]
debatteren, twisten (ww)	to debate (vi)	[tə dɪ'beɪt]

gesprekspartner (de)	interlocutor	[ˌɪntə'lɒkjʊtə(r)]
thema (het)	topic	['tɒpɪk]
standpunt (het)	point of view	['pɔɪnt əv ˌvju:]
mening (de)	opinion	[ə'pɪnjən]
toespraak (de)	speech	[spi:tʃ]

| bespreking (de) | discussion | [dɪs'kʌʃən] |
| bespreken (spreken over) | to discuss (vt) | [tə dɪs'kʌs] |

gesprek (het)	talk	[tɔːk]
spreken (converseren)	to talk (vi)	[tə 'tɔːk]
ontmoeting (de)	meeting	['miːtɪŋ]
ontmoeten (ww)	to meet (vi, vt)	[tə miːt]

spreekwoord (het)	proverb	['prɒvɜːb]
gezegde (het)	saying	['seɪɪŋ]
raadsel (het)	riddle	['rɪdəl]
een raadsel opgeven	to pose a riddle	[tə pəʊz ə 'rɪdəl]
wachtwoord (het)	password	['pɑːswɜːd]
geheim (het)	secret	['siːkrɪt]

eed (de)	oath	[əʊθ]
zweren (een eed doen)	to swear (vi, vt)	[tə sweə(r)]
belofte (de)	promise	['prɒmɪs]
beloven (ww)	to promise (vt)	[tə 'prɒmɪs]

advies (het)	advice	[əd'vaɪs]
adviseren (ww)	to advise (vt)	[tə əd'vaɪz]
advies volgen (iemands ~)	to follow one's advice	[tə 'fɒləʊ wʌns əd'vaɪs]

nieuws (het)	news	[njuːz]
sensatie (de)	sensation	[sen'seɪʃən]
informatie (de)	information	[ˌɪnfə'meɪʃən]
conclusie (de)	conclusion	[kən'kluːʒən]
stem (de)	voice	[vɔɪs]
compliment (het)	compliment	['kɒmplɪmənt]
vriendelijk (bn)	kind	[kaɪnd]

woord (het)	word	[wɜːd]
zin (de), zinsdeel (het)	phrase	[freɪz]
antwoord (het)	answer	['ɑːnsə(r)]

| waarheid (de) | truth | [truːθ] |
| leugen (de) | lie | [laɪ] |

gedachte (de)	thought	[θɔːt]
idee (de/het)	idea	[aɪ'dɪə]
fantasie (de)	fantasy	['fæntəsɪ]

66. Discussie, conversatie. Deel 2

gerespecteerd (bn)	respected	[rɪ'spektɪd]
respecteren (ww)	to respect (vt)	[tə rɪ'spekt]
respect (het)	respect	[rɪ'spekt]
Geachte ... (brief)	Dear ...	[dɪə(r)]

| voorstellen (Mag ik jullie ~) | to introduce (vt) | [tə ˌɪntrə'djuːs] |
| kennismaken (met ...) | to make acquaintance | [tə meɪk ə'kweɪntəns] |

intentie (de)	intention	[ɪn'tenʃən]
intentie hebben (ww)	to intend (vi)	[tu ɪn'tend]
wens (de)	wish	[wɪʃ]
wensen (ww)	to wish (vt)	[tə wɪʃ]

verbazing (de)	**surprise**	[sə'praɪz]
verbazen (verwonderen)	**to surprise** (vt)	[tə sə'praɪz]
verbaasd zijn (ww)	**to be surprised**	[tə bi sə'praɪzd]

geven (ww)	**to give** (vt)	[tə gɪv]
nemen (ww)	**to take** (vt)	[tə teɪk]
teruggeven (ww)	**to give back**	[tə,gɪv bæk]
retourneren (ww)	**to return** (vt)	[tə rɪ'tɜ:n]

zich verontschuldigen	**to apologize** (vi)	[tə ə'pɒlədʒaɪz]
verontschuldiging (de)	**apology**	[ə'pɒlədʒɪ]
vergeven (ww)	**to forgive** (vt)	[tə fə'gɪv]

spreken (ww)	**to talk** (vi)	[tə 'tɔ:k]
luisteren (ww)	**to listen** (vi)	[tə 'lɪsən]
aanhoren (ww)	**to hear ... out**	[tə hɪər'aʊt]
begrijpen (ww)	**to understand** (vt)	[tə,ʌndə'stænd]

tonen (ww)	**to show** (vt)	[tə ʃəʊ]
kijken naar ...	**to look at ...**	[tə lʊk æt]
roepen (vragen te komen)	**to call** (vt)	[tə kɔ:l]
afleiden (storen)	**to distract** (vt)	[tə dɪ'strækt]
storen (lastigvallen)	**to disturb** (vt)	[tə dɪ'stɜ:b]
doorgeven (ww)	**to pass** (vt)	[tə pɑ:s]

verzoek (het)	**demand**	[dɪ'mɑ:nd]
verzoeken (ww)	**to request** (vt)	[tə rɪ'kwest]

eis (de)	**demand**	[dɪ'mɑ:nd]
eisen (met klem vragen)	**to demand** (vt)	[tə dɪ'mɑ:nd]

beledigen	**to tease** (vt)	[tə ti:z]
(beledigende namen geven)		
uitlachen (ww)	**to mock** (vi, vt)	[tə mɒk]

spot (de)	**mockery, derision**	['mɒkərɪ], [dɪ'rɪʒən]
bijnaam (de)	**nickname**	['nɪkneɪm]

zinspeling (de)	**insinuation**	[ɪn,sɪnjʊ'eɪʃən]
zinspelen (ww)	**to insinuate** (vt)	[tə ɪn'sɪnjʊeɪt]
impliceren (duiden op)	**to mean** (vt)	[tə mi:n]

beschrijving (de)	**description**	[dɪ'skrɪpʃən]
beschrijven (ww)	**to describe** (vt)	[tə dɪ'skraɪb]

lof (de)	**praise**	[preɪz]
loven (ww)	**to praise** (vt)	[tə preɪz]

teleurstelling (de)	**disappointment**	[,dɪsə'pɔɪntmənt]
teleurstellen (ww)	**to disappoint** (vt)	[tə ,dɪsə'pɔɪnt]
teleurgesteld zijn (ww)	**to be disappointed**	[tə bi ,dɪsə'pɔɪntɪd]

veronderstelling (de)	**supposition**	[,sʌpə'zɪʃən]
veronderstellen (ww)	**to suppose** (vt)	[tə sə'pəʊz]
waarschuwing (de)	**warning, caution**	['wɔ:nɪŋ], ['kɔ:ʃən]
waarschuwen (ww)	**to warn** (vt)	[tə wɔ:n]

67. Discussie, conversatie. Deel 3

aanpraten (ww)	to talk into	[tə ˈtɔːk ˈɪntʊ]
kalmeren (kalm maken)	to calm down (vt)	[tə kɑːm daʊn]
stilte (de)	silence	[ˈsaɪləns]
zwijgen (ww)	to be silent	[tə bi ˈsaɪlənt]
fluisteren (ww)	to whisper (vi, vt)	[tə ˈwɪspə(r)]
gefluister (het)	whisper	[ˈwɪspə(r)]
open, eerlijk (bw)	frankly	[ˈfræŋklɪ]
volgens mij ...	in my opinion ...	[ɪn ˈmaɪ əˌpɪnjən]
detail (het)	detail	[ˈdiːteɪl]
gedetailleerd (bn)	detailed	[ˈdiːteɪld]
gedetailleerd (bw)	in detail	[ɪn ˈdiːteɪl]
hint (de)	hint, clue	[hɪnt], [kluː]
een hint geven	to give a hint	[tə ɡɪv ə hɪnt]
blik (de)	look	[lʊk]
een kijkje nemen	to have a look	[tə ˌhæv ə ˈlʊk]
strak (een ~ke blik)	fixed	[fɪkst]
knipperen (ww)	to blink (vi)	[tə blɪŋk]
knipogen (ww)	to wink (vi)	[tə wɪŋk]
knikken (ww)	to nod (vi)	[tə nɒd]
zucht (de)	sigh	[saɪ]
zuchten (ww)	to sigh (vi)	[tə saɪ]
huiveren (ww)	to shudder (vi)	[tə ˈʃʌdə(r)]
gebaar (het)	gesture	[ˈdʒestʃə(r)]
aanraken (ww)	to touch (vt)	[tə tʌtʃ]
grijpen (ww)	to seize (vt)	[tə siːz]
een schouderklopje geven	to tap (vt)	[tə tæp]
Kijk uit!	Look out!	[lʊk ˈaʊt]
Echt?	Really?	[ˈrɪəlɪ]
Succes!	Good luck!	[ˌɡʊd ˈlʌk]
Juist, ja!	I see!	[aɪ siː]
Wat jammer!	What a pity!	[wɒt ə ˈpɪtɪ]

68. Overeenstemming. Weigering

instemming (het)	consent	[kənˈsent]
instemmen (akkoord gaan)	to consent (vi)	[tə kənˈsent]
goedkeuring (de)	approval	[əˈpruːvəl]
goedkeuren (ww)	to approve (vt)	[tə əˈpruːv]
weigering (de)	refusal	[rɪˈfjuːzəl]
weigeren (ww)	to refuse (vi, vt)	[tə rɪˈfjuːz]
Geweldig!	Great!	[ɡreɪt]
Goed!	All right!	[ˌɔːl ˈraɪt]
Akkoord!	Okay!	[ˌəʊˈkeɪ]

verboden (bn)	forbidden	[fə'bɪdən]
het is verboden	it's forbidden	[ɪts fə'bɪdən]
onjuist (bn)	incorrect	[ˌɪnkə'rekt]

afwijzen (ww)	to reject (vt)	[tə rɪ'dʒekt]
steunen	to support (vt)	[tə sə'pɔːt]
(een goed doel, enz.)		
aanvaarden (excuses ~)	to accept (vt)	[tə ək'sept]

bevestigen (ww)	to confirm (vt)	[tə kən'fɜːm]
bevestiging (de)	confirmation	[ˌkɒnfə'meɪʃən]
toestemming (de)	permission	[pə'mɪʃən]
toestaan (ww)	to permit (vt)	[tə pə'mɪt]
beslissing (de)	decision	[dɪ'sɪʒən]
z'n mond houden (ww)	to say nothing	[tə seɪ 'nʌθɪŋ]

voorwaarde (de)	condition	[kən'dɪʃən]
smoes (de)	excuse	[ɪk'skjuːs]
lof (de)	praise	[preɪz]
loven (ww)	to praise (vt)	[tə preɪz]

69. Succes. Veel geluk. Mislukking

succes (het)	success	[sək'ses]
succesvol (bw)	successfully	[sək'sesfʊlɪ]
succesvol (bn)	successful	[sək'sesfʊl]
geluk (het)	good luck	[ˌgʊd 'lʌk]
Succes!	Good luck!	[ˌgʊd 'lʌk]
geluks- (bn)	lucky	['lʌkɪ]
gelukkig (fortuinlijk)	lucky	['lʌkɪ]

mislukking (de)	failure	['feɪljə(r)]
tegenslag (de)	misfortune	[ˌmɪs'fɔːtʃuːn]
pech (de)	bad luck	[bæd lʌk]
zonder succes (bn)	unsuccessful	[ˌʌnsək'sesfʊl]
catastrofe (de)	catastrophe	[kə'tæstrəfɪ]

fierheid (de)	pride	[praɪd]
fier (bn)	proud	[praʊd]
fier zijn (ww)	to be proud	[tə bi praʊd]

winnaar (de)	winner	['wɪnə(r)]
winnen (ww)	to win (vi)	[tə wɪn]
verliezen (ww)	to lose (vi)	[tə luːz]
poging (de)	try	[traɪ]
pogen, proberen (ww)	to try (vi)	[tə traɪ]
kans (de)	chance	[tʃɑːns]

70. Ruzies. Negatieve emoties

schreeuw (de)	shout	[ʃaʊt]
schreeuwen (ww)	to shout (vi)	[tə ʃaʊt]

beginnen te schreeuwen	to start to cry out	[tə stɑːt tə kraɪ aʊt]
ruzie (de)	quarrel	[ˈkwɒrəl]
ruzie hebben (ww)	to quarrel (vi)	[tə ˈkwɒrəl]
schandaal (het)	fight	[faɪt]
schandaal maken (ww)	to have a fight	[tə hæv ə ˈfaɪt]
conflict (het)	conflict	[ˈkɒnflɪkt]
misverstand (het)	misunderstanding	[ˌmɪsʌndəˈstændɪŋ]
belediging (de)	insult	[ˈɪnsʌlt]
beledigen	to insult (vt)	[tə ɪnˈsʌlt]
(met scheldwoorden)		
beledigd (bn)	insulted	[ɪnˈsʌltɪd]
krenking (de)	resentment	[rɪˈzentmənt]
krenken (beledigen)	to offend (vt)	[tə əˈfend]
gekwetst worden (ww)	to take offence	[tə ˌteɪk əˈfens]
verontwaardiging (de)	indignation	[ˌɪndɪgˈneɪʃən]
verontwaardigd zijn (ww)	to be indignant	[tə bi ɪnˈdɪgnənt]
klacht (de)	complaint	[kəmˈpleɪnt]
klagen (ww)	to complain (vi, vt)	[tə kəmˈpleɪn]
verontschuldiging (de)	apology	[əˈpɒlədʒɪ]
zich verontschuldigen	to apologize (vi)	[tə əˈpɒlədʒaɪz]
excuus vragen	to beg pardon	[tə beg ˈpɑːdən]
kritiek (de)	criticism	[ˈkrɪtɪsɪzəm]
bekritiseren (ww)	to criticize (vt)	[tə ˈkrɪtɪsaɪz]
beschuldiging (de)	accusation	[ˌækjuːˈzeɪʃən]
beschuldigen (ww)	to accuse (vt)	[tə əˈkjuːz]
wraak (de)	revenge	[rɪˈvendʒ]
wreken (ww)	to avenge (vt)	[tə əˈvendʒ]
minachting (de)	disdain	[dɪsˈdeɪn]
minachten (ww)	to despise (vt)	[tə dɪˈspaɪz]
haat (de)	hatred, hate	[ˈheɪtrɪd], [heɪt]
haten (ww)	to hate (vt)	[tə heɪt]
zenuwachtig (bn)	nervous	[ˈnɜːvəs]
zenuwachtig zijn (ww)	to be nervous	[tə bi ˈnɜːvəs]
boos (bn)	angry	[ˈæŋgrɪ]
boos maken (ww)	to make angry	[tə meɪk ˈæŋgrɪ]
vernedering (de)	humiliation	[hjuːˌmɪlɪˈeɪʃən]
vernederen (ww)	to humiliate (vt)	[tə hjuːˈmɪlɪeɪt]
zich vernederen (ww)	to humiliate oneself	[tə hjuːˈmɪlɪeɪt wʌnˈself]
schok (de)	shock	[ʃɒk]
schokken (ww)	to shock (vt)	[tə ʃɒk]
onaangenaamheid (de)	trouble	[ˈtrʌbəl]
onaangenaam (bn)	unpleasant	[ʌnˈplezənt]
vrees (de)	fear	[fɪə(r)]
vreselijk (bijv. ~ onweer)	terrible	[ˈterəbəl]
eng (bn)	scary	[ˈskeərɪ]

| gruwel (de) | horror | ['hɒrə(r)] |
| vreselijk (~ nieuws) | awful | ['ɔːfʊl] |

beginnen te beven	to begin to tremble	[tə bɪ'gɪn tə 'trembəl]
huilen (wenen)	to cry (vi)	[tə kraɪ]
beginnen te huilen (wenen)	to start crying	[tə stɑːt 'kraɪɪŋ]
traan (de)	tear	[tɪə(r)]

schuld (~ geven aan)	fault	['fɔːlt]
schuldgevoel (het)	guilt	[gɪlt]
schande (de)	dishonour	[dɪs'ɒnə(r)]
protest (het)	protest	['prəʊtest]
stress (de)	stress	[stres]

storen (lastigvallen)	to disturb (vt)	[tə dɪ'stɜːb]
kwaad zijn (ww)	to be furious	[tə bi 'fjʊərɪəs]
kwaad (bn)	angry	['æŋgrɪ]
beëindigen (een relatie ~)	to end (vt)	[tə end]

schrikken (schrik krijgen)	to scare (vi)	[tə skeə(r)]
slaan (iemand ~)	to hit (vt)	[tə hɪt]
vechten (ww)	to fight (vi)	[tə faɪt]

regelen (conflict)	to settle (vt)	[tə 'setəl]
ontevreden (bn)	discontented	[ˌdɪskən'tentɪd]
woedend (bn)	furious	['fjʊərɪəs]

| Dat is niet goed! | It's not good! | [ɪts 'nɒt ˌgʊd] |
| Dat is slecht! | It's bad! | [ɪts bæd] |

Geneeskunde

71. Ziekten

ziekte (de)	illness	['ɪlnɪs]
ziek zijn (ww)	to be ill	[tə bi ɪl]
gezondheid (de)	health	[helθ]
snotneus (de)	runny nose	[ˌrʌnɪ 'nəʊz]
angina (de)	angina	[æn'dʒaɪnə]
verkoudheid (de)	cold	[kəʊld]
verkouden raken (ww)	to catch a cold	[tə kætʃ ə 'kəʊld]
bronchitis (de)	bronchitis	[brɒŋ'kaɪtɪs]
longontsteking (de)	pneumonia	[nju:'məʊnɪə]
griep (de)	flu	[flu:]
bijziend (bn)	short-sighted	[ʃɔ:t 'saɪtɪd]
verziend (bn)	long-sighted	[ˌlɒŋ'saɪtɪd]
scheelheid (de)	squint	[skwɪnt]
scheel (bn)	squint-eyed	[skwɪnt aɪd]
grauwe staar (de)	cataract	['kætərækt]
glaucoom (het)	glaucoma	[glɔ:'kəʊmə]
beroerte (de)	stroke	[strəʊk]
hartinfarct (het)	heart attack	['hɑːt əˌtæk]
myocardiaal infarct (het)	myocardial infarction	[ˌmaɪəʊ'kɑːdɪəl ɪn'fɑːkʃən]
verlamming (de)	paralysis	[pə'rælɪsɪs]
verlammen (ww)	to paralyse (vt)	[tə 'pærəlaɪz]
allergie (de)	allergy	['ælədʒɪ]
astma (de/het)	asthma	['æsmə]
diabetes (de)	diabetes	[ˌdaɪə'biːtiːz]
tandpijn (de)	toothache	['tuːθeɪk]
tandbederf (het)	caries	['keəriːz]
diarree (de)	diarrhoea	[ˌdaɪə'rɪə]
constipatie (de)	constipation	[ˌkɒnstɪ'peɪʃən]
maagstoornis (de)	stomach upset	['stʌmək ʌpset]
voedselvergiftiging (de)	food poisoning	[fuːd 'pɔɪzənɪŋ]
artritis (de)	arthritis	[ɑː'θraɪtɪs]
rachitis (de)	rickets	['rɪkɪts]
reuma (het)	rheumatism	['ruːmətɪzəm]
arteriosclerose (de)	atherosclerosis	[ˌæθərəʊsklɪ'rəʊsɪs]
gastritis (de)	gastritis	[gæs'traɪtɪs]
blindedarmontsteking (de)	appendicitis	[əˌpendɪ'saɪtɪs]
galblaasontsteking (de)	cholecystitis	[ˌkɒlɪsɪs'taɪtɪs]

zweer (de)	ulcer	['ʌlsə(r)]
mazelen (mv.)	measles	['miːzəlz]
rodehond (de)	German measles	['dʒɜːmən 'miːzəlz]
geelzucht (de)	jaundice	['dʒɔːndɪs]
leverontsteking (de)	hepatitis	[ˌhepə'taɪtɪs]

schizofrenie (de)	schizophrenia	[ˌskɪtsə'friːnɪə]
dolheid (de)	rabies	['reɪbiːz]
neurose (de)	neurosis	[ˌnjʊə'rəʊsɪs]
hersenschudding (de)	concussion	[kən'kʌʃən]

kanker (de)	cancer	['kænsə(r)]
sclerose (de)	sclerosis	[sklə'rəʊsɪs]
multiple sclerose (de)	multiple sclerosis	['mʌltɪpəl sklə'rəʊsɪs]

alcoholisme (het)	alcoholism	['ælkəhɒlɪzəm]
alcoholicus (de)	alcoholic	[ˌælkə'hɒlɪk]
syfilis (de)	syphilis	['sɪfɪlɪs]
AIDS (de)	AIDS	[eɪdz]

tumor (de)	tumour	['tjuːmə(r)]
koorts (de)	fever	['fiːvə(r)]
malaria (de)	malaria	[mə'leərɪə]
gangreen (het)	gangrene	['gæŋgriːn]
zeeziekte (de)	seasickness	['siːsɪknɪs]
epilepsie (de)	epilepsy	['epɪlepsɪ]

epidemie (de)	epidemic	[ˌepɪ'demɪk]
tyfus (de)	typhus	['taɪfəs]
tuberculose (de)	tuberculosis	[tjuːˌbɜːkjʊ'ləʊsɪs]
cholera (de)	cholera	['kɒlərə]
pest (de)	plague	[pleɪg]

72. Symptomen. Behandelingen. Deel 1

symptoom (het)	symptom	['sɪmptəm]
temperatuur (de)	temperature	['temprətʃə(r)]
verhoogde temperatuur (de)	high temperature	[haɪ 'temprətʃə(r)]
polsslag (de)	pulse	[pʌls]

duizeling (de)	giddiness	['gɪdɪnɪs]
heet (erg warm)	hot	[hɒt]
koude rillingen (mv.)	shivering	['ʃɪvərɪŋ]
bleek (bn)	pale	[peɪl]

hoest (de)	cough	[kɒf]
hoesten (ww)	to cough (vi)	[tə kɒf]
niezen (ww)	to sneeze (vi)	[tə sniːz]
flauwte (de)	faint	[feɪnt]
flauwvallen (ww)	to faint (vi)	[tə feɪnt]

blauwe plek (de)	bruise	[bruːz]
buil (de)	bump	[bʌmp]
zich stoten (ww)	to bang (vi)	[tə bæŋ]

kneuzing (de)	**bruise**	[bru:z]
kneuzen (gekneusd zijn)	**to get a bruise**	[tə get ə bru:z]

hinken (ww)	**to limp** (vi)	[tə lɪmp]
verstuiking (de)	**dislocation**	[ˌdɪslə'keɪʃən]
verstuiken (enkel, enz.)	**to dislocate** (vt)	[tə 'dɪsləkeɪt]
breuk (de)	**fracture**	['fræktʃə(r)]
een breuk oplopen	**to have a fracture**	[tə hæv ə 'fræktʃə(r)]

snijwond (de)	**cut**	[kʌt]
zich snijden (ww)	**to cut oneself**	[tə kʌt wʌn'self]
bloeding (de)	**bleeding**	['bli:dɪŋ]

brandwond (de)	**burn**	[bɜ:n]
zich branden (ww)	**to get burned**	[tə get 'bɜ:nd]

prikken (ww)	**to prick** (vt)	[tə prɪk]
zich prikken (ww)	**to prick oneself**	[tə prɪk wʌn'self]
blesseren (ww)	**to injure** (vt)	[tə 'ɪndʒə(r)]
blessure (letsel)	**injury**	['ɪndʒərɪ]
wond (de)	**wound**	[wu:nd]
trauma (het)	**trauma**	['trɔ:mə]

IJlen (ww)	**to be delirious**	[tə bi dɪ'lɪrɪəs]
stotteren (ww)	**to stutter** (vi)	[tə 'stʌtə(r)]
zonnesteek (de)	**sunstroke**	['sʌnstrəʊk]

73. Symptomen. Behandelingen. Deel 2

pijn (de)	**pain**	[peɪn]
splinter (de)	**splinter**	['splɪntə(r)]

zweet (het)	**sweat**	[swet]
zweten (ww)	**to sweat** (vi)	[tə swet]
braking (de)	**vomiting**	['vɒmɪtɪŋ]
stuiptrekkingen (mv.)	**convulsions**	[kən'vʌlʃənz]

zwanger (bn)	**pregnant**	['pregnənt]
geboren worden (ww)	**to be born**	[tə bi bɔ:n]
geboorte (de)	**delivery, labour**	[dɪ'lɪvərɪ], ['leɪbə(r)]
baren (ww)	**to deliver** (vt)	[tə dɪ'lɪvə(r)]
abortus (de)	**abortion**	[ə'bɔ:ʃən]

ademhaling (de)	**breathing, respiration**	['bri:ðɪŋ], [ˌrespə'reɪʃən]
inademing (de)	**inhalation**	[ˌɪnhə'leɪʃən]
uitademing (de)	**exhalation**	[ˌeksə'leɪʃən]
uitademen (ww)	**to exhale** (vi)	[tə eks'heɪl]
inademen (ww)	**to inhale** (vi)	[tə ɪn'heɪl]

invalide (de)	**disabled person**	[dɪs'eɪbəld 'pɜ:sən]
gehandicapte (de)	**cripple**	['krɪpəl]
drugsverslaafde (de)	**drug addict**	['drʌg,ædɪkt]
doof (bn)	**deaf**	[def]
stom (bn)	**dumb**	[dʌm]

doofstom (bn)	deaf-and-dumb	[ˌdef ənd ˈdʌm]
krankzinnig (bn)	mad, insane	[mæd], [ɪnˈseɪn]
krankzinnige (man)	madman	[ˈmædmən]
krankzinnige (vrouw)	madwoman	[ˈmædˌwʊmən]
krankzinnig worden	to go insane	[tə gəʊ ɪnˈseɪn]

gen (het)	gene	[dʒiːn]
immuniteit (de)	immunity	[ɪˈmjuːnətɪ]
erfelijk (bn)	hereditary	[hɪˈredɪtərɪ]
aangeboren (bn)	congenital	[kənˈdʒenɪtəl]

virus (het)	virus	[ˈvaɪrəs]
microbe (de)	microbe	[ˈmaɪkrəʊb]
bacterie (de)	bacterium	[bækˈtɪərɪəm]
infectie (de)	infection	[ɪnˈfekʃən]

74. Symptomen. Behandelingen. Deel 3

| ziekenhuis (het) | hospital | [ˈhɒspɪtəl] |
| patiënt (de) | patient | [ˈpeɪʃənt] |

diagnose (de)	diagnosis	[ˌdaɪəgˈnəʊsɪs]
genezing (de)	cure	[kjʊə]
medische behandeling (de)	treatment	[ˈtriːtmənt]
onder behandeling zijn	to get treatment	[tə get ˈtriːtmənt]
behandelen (ww)	to treat (vt)	[tə triːt]
zorgen (zieken ~)	to nurse (vt)	[tə nɜːs]
ziekenzorg (de)	care	[keə(r)]

operatie (de)	operation, surgery	[ˌɒpəˈreɪʃən], [ˈsɜːdʒərɪ]
verbinden (een arm ~)	to bandage (vt)	[tə ˈbændɪdʒ]
verband (het)	bandaging	[ˈbændɪdʒɪŋ]
vaccin (het)	vaccination	[ˌvæksɪˈneɪʃən]
inenten (vaccineren)	to vaccinate (vt)	[tə ˈvæksɪneɪt]
injectie (de)	injection, shot	[ɪnˈdʒekʃən], [ʃɒt]
een injectie geven	to give an injection	[təˌgɪv ən ɪnˈdʒekʃən]

aanval (de)	attack	[əˈtæk]
amputatie (de)	amputation	[ˌæmpjʊˈteɪʃən]
amputeren (ww)	to amputate (vt)	[tə ˈæmpjʊteɪt]
coma (het)	coma	[ˈkəʊmə]
in coma liggen	to be in a coma	[tə bi ɪn ə ˈkəʊmə]
intensieve zorg, ICU (de)	intensive care	[ɪnˈtensɪv ˌkeə(r)]

zich herstellen (ww)	to recover (vi)	[tə rɪˈkʌvə(r)]
toestand (de)	state	[steɪt]
bewustzijn (het)	consciousness	[ˈkɒnʃəsnɪs]
geheugen (het)	memory	[ˈmemərɪ]

trekken (een kies ~)	to pull out	[tə ˌpʊl ˈaʊt]
vulling (de)	filling	[ˈfɪlɪŋ]
vullen (ww)	to fill (vt)	[tə fɪl]
hypnose (de)	hypnosis	[hɪpˈnəʊsɪs]
hypnotiseren (ww)	to hypnotize (vt)	[tə ˈhɪpnətaɪz]

75. Artsen

dokter, arts (de)	doctor	['dɒktə(r)]
ziekenzuster (de)	nurse	[nɜːs]
lijfarts (de)	private physician	['praɪvɪt fɪ'zɪʃən]

tandarts (de)	dentist	['dentɪst]
oogarts (de)	ophthalmologist	[ˌɒfθæl'mɒlədʒɪst]
therapeut (de)	general practitioner	['dʒenərəl præk'tɪʃənə]
chirurg (de)	surgeon	['sɜːdʒən]

psychiater (de)	psychiatrist	[saɪ'kaɪətrɪst]
pediater (de)	paediatrician	[ˌpiːdɪə'trɪʃən]
psycholoog (de)	psychologist	[saɪ'kɒlədʒɪst]
gynaecoloog (de)	gynaecologist	[ˌgaɪnɪ'kɒlədʒɪst]
cardioloog (de)	cardiologist	[ˌkɑːdɪ'ɒlədʒɪst]

76. Geneeskunde. Medicijnen. Accessoires

| geneesmiddel (het) | medicine, drug | ['medsɪn], [drʌg] |
| middel (het) | remedy | ['remədɪ] |

| voorschrijven (ww) | to prescribe (vt) | [tə prɪ'skraɪb] |
| recept (het) | prescription | [prɪ'skrɪpʃən] |

tablet (de/het)	tablet, pill	['tæblɪt], [pɪl]
zalf (de)	ointment	['ɔɪntmənt]
ampul (de)	ampoule	['æmpuːl]
drank (de)	mixture	['mɪkstʃə(r)]
siroop (de)	syrup	['sɪrəp]

| pil (de) | pill | [pɪl] |
| poeder (de/het) | powder | ['paʊdə(r)] |

verband (het)	bandage	['bændɪdʒ]
watten (mv.)	cotton wool	['kɒtən ˌwʊl]
jodium (het)	iodine	['aɪədiːn]

| pleister (de) | plaster | ['plɑːstə(r)] |
| pipet (de) | eyedropper | [aɪ 'drɒpə(r)] |

| thermometer (de) | thermometer | [θə'mɒmɪtə(r)] |
| spuit (de) | syringe | [sɪ'rɪndʒ] |

| rolstoel (de) | wheelchair | ['wiːlˌtʃeə(r)] |
| krukken (mv.) | crutches | [krʌtʃɪz] |

| pijnstiller (de) | painkiller | ['peɪnˌkɪlə(r)] |
| laxeermiddel (het) | laxative | ['læksətɪv] |

spiritus (de)	spirit, ethanol	['spɪrɪt], ['eθənɒl]
medicinale kruiden (mv.)	medicinal herbs	[mə'dɪsɪnəl hɜːbz]
kruiden- (abn)	herbal	['hɜːbəl]

77. Roken. Tabaksproducten

tabak (de)	tobacco	[tə'bækəʊ]
sigaret (de)	cigarette	[ˌsɪgə'ret]
sigaar (de)	cigar	[sɪ'gɑ:(r)]
pijp (de)	pipe	[paɪp]
pakje (~ sigaretten)	packet	['pækɪt]
lucifers (mv.)	matches	[mætʃɪz]
luciferdoosje (het)	matchbox	['mætʃbɒks]
aansteker (de)	lighter	['laɪtə(r)]
asbak (de)	ashtray	['æʃtreɪ]
sigarettendoosje (het)	cigarette case	[ˌsɪgə'ret keɪs]
sigarettenpijpje (het)	cigarette holder	[ˌsɪgə'ret 'həʊldə(r)]
filter (de/het)	filter	['fɪltə(r)]
roken (ww)	to smoke (vi, vt)	[tə sməʊk]
een sigaret opsteken	to light a cigarette	[tə ˌlaɪt ə ˌsɪgə'ret]
roken (het)	smoking	['sməʊkɪŋ]
roker (de)	smoker	['sməʊkə(r)]
peuk (de)	cigarette end	[ˌsɪgə'ret end]
rook (de)	smoke	[sməʊk]
as (de)	ash	[æʃ]

HET MENSELIJKE LEEFGEBIED

Stad

78. Stad. Het leven in de stad

stad (de)	city, town	['sɪtɪ], [taʊn]
hoofdstad (de)	capital	['kæpɪtəl]
dorp (het)	village	['vɪlɪdʒ]
plattegrond (de)	city map	['sɪtɪˌmæp]
centrum (ov. een stad)	city centre	['sɪtɪ ˌsentə(r)]
voorstad (de)	suburb	['sʌbɜ:b]
voorstads- (abn)	suburban	[sə'bɜ:bən]
randgemeente (de)	outskirts	['aʊtskɜ:ts]
omgeving (de)	environs	[ɪn'vaɪərənz]
blok (huizenblok)	city block	['sɪtɪ blɒk]
woonwijk (de)	residential quarter	[ˌrezɪ'denʃəl 'kwɔ:tə(r)]
verkeer (het)	traffic	['træfɪk]
verkeerslicht (het)	traffic lights	['træfɪk laɪts]
openbaar vervoer (het)	public transport	['pʌblɪk 'trænspɔ:t]
kruispunt (het)	crossroads	['krɒsrəʊdz]
zebrapad (oversteekplaats)	zebra crossing	['zebrə ˌkrɒsɪŋ]
onderdoorgang (de)	pedestrian subway	[pɪ'destrɪən 'sʌbweɪ]
oversteken (de straat ~)	to cross (vt)	[tə krɒs]
voetganger (de)	pedestrian	[pɪ'destrɪən]
trottoir (het)	pavement	['peɪvmənt]
brug (de)	bridge	[brɪdʒ]
dijk (de)	embankment	[ɪm'bæŋkmənt]
allee (de)	allée	[ale]
park (het)	park	[pɑ:k]
boulevard (de)	boulevard	['bu:ləvɑ:d]
plein (het)	square	[skweə(r)]
laan (de)	avenue	['ævənju:]
straat (de)	street	[stri:t]
zijstraat (de)	side street	[saɪd stri:t]
doodlopende straat (de)	dead end	[ˌded 'end]
huis (het)	house	[haʊs]
gebouw (het)	building	['bɪldɪŋ]
wolkenkrabber (de)	skyscraper	['skaɪˌskreɪpə(r)]
gevel (de)	facade	[fə'sɑ:d]
dak (het)	roof	[ru:f]

venster (het)	window	['wɪndəʊ]
boog (de)	arch	[ɑːtʃ]
pilaar (de)	column	['kɒləm]
hoek (ov. een gebouw)	corner	['kɔːnə(r)]

vitrine (de)	shop window	[ʃɒp 'wɪndəʊ]
gevelreclame (de)	shop sign	[ʃɒp saɪn]
affiche (de/het)	poster	['pəʊstə(r)]
reclameposter (de)	advertising poster	['ædvətaɪzɪŋ 'pəʊstə(r)]
aanplakbord (het)	hoarding	['hɔːdɪŋ]

vuilnis (de/het)	rubbish	['rʌbɪʃ]
vuilnisbak (de)	rubbish bin	['rʌbɪʃ bɪn]
afval weggooien (ww)	to litter (vi)	[tə 'lɪtə(r)]
stortplaats (de)	rubbish dump	['rʌbɪʃ dʌmp]

telefooncel (de)	phone box	['fəʊn ˌbɒks]
straatlicht (het)	street light	['striːt laɪt]
bank (de)	bench	[bentʃ]

politieagent (de)	police officer	[pə'liːs 'ɒfɪsə(r)]
politie (de)	police	[pə'liːs]
zwerver (de)	beggar	['begə(r)]
dakloze (de)	homeless	['həʊmlɪs]

79. Stedelijke instellingen

winkel (de)	shop	[ʃɒp]
apotheek (de)	chemist	['kemɪst]
optiek (de)	optician	[ɒp'tɪʃən]
winkelcentrum (het)	shopping centre	['ʃɒpɪŋ 'sentə(r)]
supermarkt (de)	supermarket	['suːpəˌmɑːkɪt]

bakkerij (de)	bakery	['beɪkərɪ]
bakker (de)	baker	['beɪkə(r)]
banketbakkerij (de)	sweet shop	[swiːt ʃɒp]
kruidenier (de)	grocery shop	['grəʊsərɪ ʃɒp]
slagerij (de)	butcher shop	['bʊtʃəzʃɒp]

| groentewinkel (de) | greengrocer | ['griːnˌgrəʊsə] |
| markt (de) | market | ['mɑːkɪt] |

koffiehuis (het)	coffee bar	['kɒfɪ bɑː(r)]
restaurant (het)	restaurant	['restrɒnt]
bar (de)	pub	[pʌb]
pizzeria (de)	pizzeria	[ˌpiːtsə'rɪə]

kapperssalon (de/het)	hairdresser	['heəˌdresə(r)]
postkantoor (het)	post office	[pəʊst 'ɒfɪs]
stomerij (de)	dry cleaners	[ˌdraɪ 'kliːnəz]
fotostudio (de)	photo studio	['fəʊtəʊ 'stjuːdɪəʊ]

| schoenwinkel (de) | shoe shop | ['ʃuː ʃɒp] |
| boekhandel (de) | bookshop | ['bʊkʃɒp] |

sportwinkel (de)	**sports shop**	[ˈspɔːts ʃɒp]
kledingreparatie (de)	**clothing repair**	[ˈkləʊðɪŋ rɪˈpeə(r)]
kledingverhuur (de)	**formal wear hire**	[ˈfɔːməl weə ˈhaɪə(r)]
videotheek (de)	**DVD rental shop**	[ˌdiːviːˈdiː ˈrentəl ʃɒp]

circus (de/het)	**circus**	[ˈsɜːkəs]
dierentuin (de)	**zoo**	[zuː]
bioscoop (de)	**cinema**	[ˈsɪnəmə]
museum (het)	**museum**	[mjuːˈziːəm]
bibliotheek (de)	**library**	[ˈlaɪbrərɪ]

theater (het)	**theatre**	[ˈθɪətə(r)]
opera (de)	**opera**	[ˈɒpərə]
nachtclub (de)	**nightclub**	[naɪt klʌb]
casino (het)	**casino**	[kəˈsiːnəʊ]

moskee (de)	**mosque**	[mɒsk]
synagoge (de)	**synagogue**	[ˈsɪnəgɒg]
kathedraal (de)	**cathedral**	[kəˈθiːdrəl]
tempel (de)	**temple**	[ˈtempəl]
kerk (de)	**church**	[tʃɜːtʃ]

instituut (het)	**college**	[ˈkɒlɪdʒ]
universiteit (de)	**university**	[ˌjuːnɪˈvɜːsətɪ]
school (de)	**school**	[skuːl]

gemeentehuis (het)	**prefecture**	[ˈpriːfekˌtjʊə(r)]
stadhuis (het)	**city hall**	[ˈsɪtɪ ˌhɔːl]
hotel (het)	**hotel**	[həʊˈtel]
bank (de)	**bank**	[bæŋk]

ambassade (de)	**embassy**	[ˈembəsɪ]
reisbureau (het)	**travel agency**	[ˈtrævəl ˈeɪdʒənsɪ]
informatieloket (het)	**information office**	[ˌɪnfəˈmeɪʃən ˈɒfɪs]
wisselkantoor (het)	**money exchange**	[ˈmʌnɪ ɪksˈtʃeɪndʒ]

metro (de)	**underground, tube**	[ˈʌndəgraʊnd], [tjuːb]
ziekenhuis (het)	**hospital**	[ˈhɒspɪtəl]

benzinestation (het)	**petrol station**	[ˈpetrəl ˈsteɪʃən]
parking (de)	**car park**	[kɑː pɑːk]

80. Borden

gevelreclame (de)	**shop sign**	[ʃɒp saɪn]
opschrift (het)	**notice**	[ˈnəʊtɪs]
poster (de)	**poster**	[ˈpəʊstə(r)]
wegwijzer (de)	**direction sign**	[dɪˈrekʃən saɪn]
pijl (de)	**arrow**	[ˈærəʊ]

waarschuwingsbord (het)	**warning sign**	[ˈwɔːnɪŋ saɪn]
waarschuwen (ww)	**to warn** (vt)	[tə wɔːn]
vrije dag (de)	**day off**	[ˌdeɪ ˈɒf]
dienstregeling (de)	**timetable**	[ˈtaɪmˌteɪbəl]

openingsuren (mv.)	opening hours	['əʊpənɪŋ ˌaʊəz]
WELKOM!	WELCOME!	['welkəm]
INGANG	ENTRANCE	['entrəns]
UITGANG	WAY OUT	[ˌweɪ'aʊt]
DUWEN	PUSH	[pʊʃ]
TREKKEN	PULL	[pʊl]
OPEN	OPEN	['əʊpən]
GESLOTEN	CLOSED	[kləʊzd]
DAMES	WOMEN	['wɪmɪn]
HEREN	MEN	['men]
KORTING	DISCOUNTS	['dɪskaʊnts]
UITVERKOOP	SALE	[seɪl]
NIEUW!	NEW!	[njuː]
GRATIS	FREE	[friː]
PAS OP!	ATTENTION!	[ə'tenʃən]
VOLGEBOEKT	NO VACANCIES	[nəʊ 'veɪkənsɪz]
GERESERVEERD	RESERVED	[rɪ'zɜːvd]
ADMINISTRATIE	ADMINISTRATION	[ədˌmɪnɪ'streɪʃən]
ALLEEN VOOR PERSONEEL	STAFF ONLY	[staːf 'əʊnlɪ]
GEVAARLIJKE HOND	BEWARE OF THE DOG!	[bɪ'weə əv ðə ˌdɒg]
VERBODEN TE ROKEN!	NO SMOKING	[nəʊ 'sməʊkɪŋ]
NIET AANRAKEN!	DO NOT TOUCH!	[ˌdəʊnt 'tʌtʃ]
GEVAARLIJK	DANGEROUS	['deɪndʒərəs]
GEVAAR	DANGER	['deɪndʒə(r)]
HOOGSPANNING	HIGH TENSION	[haɪ 'tenʃən]
VERBODEN TE ZWEMMEN	NO SWIMMING!	[nəʊ 'swɪmɪŋ]
BUITEN GEBRUIK	OUT OF ORDER	[ˌaʊt əv 'ɔːdə(r)]
ONTVLAMBAAR	FLAMMABLE	['flæməbəl]
VERBODEN	FORBIDDEN	[fə'bɪdən]
DOORGANG VERBODEN	NO TRESPASSING!	[nəʊ 'trespəsɪŋ]
OPGELET PAS GEVERFD	WET PAINT	[wet peɪnt]

81. Stedelijk vervoer

bus, autobus (de)	bus, coach	[bʌs], [kəʊtʃ]
tram (de)	tram	[træm]
trolleybus (de)	trolleybus	['trɒlibʌs]
route (de)	route	[ruːt]
nummer (busnummer, enz.)	number	['nʌmbə(r)]
rijden met ...	to go by ...	[tə gəʊ baɪ]
stappen (in de bus ~)	to get on	[tə get ɒn]
afstappen (ww)	to get off ...	[tə get ɒf]
halte (de)	stop	[stɒp]
volgende halte (de)	next stop	[ˌnekst 'stɒp]

eindpunt (het)	**terminus**	['tɜːmɪnəs]
dienstregeling (de)	**timetable**	['taɪmˌteɪbəl]
wachten (ww)	**to wait** (vt)	[tə weɪt]

kaartje (het)	**ticket**	['tɪkɪt]
reiskosten (de)	**fare**	[feə(r)]

kassier (de)	**cashier**	[kæ'ʃɪə(r)]
kaartcontrole (de)	**ticket inspection**	['tɪkɪt ɪn'spekʃən]
controleur (de)	**inspector**	[ɪn'spektə(r)]

te laat zijn (ww)	**to be late**	[tə bi 'leɪt]
zich haasten (ww)	**to be in a hurry**	[tə bi ɪn ə 'hʌrɪ]

taxi (de)	**taxi, cab**	['tæksɪ], [kæb]
taxichauffeur (de)	**taxi driver**	['tæksɪ 'draɪvə(r)]
met de taxi (bw)	**by taxi**	[baɪ 'tæksɪ]
taxistandplaats (de)	**taxi rank**	['tæksɪ ræŋk]
een taxi bestellen	**to call a taxi**	[tə kɔːl ə 'tæksɪ]
een taxi nemen	**to take a taxi**	[tə ˌteɪk ə 'tæksɪ]

verkeer (het)	**traffic**	['træfɪk]
file (de)	**traffic jam**	['træfɪk dʒæm]
spitsuur (het)	**rush hour**	['rʌʃ ˌaʊə(r)]
parkeren (on.ww.)	**to park** (vi)	[tə pɑːk]
parkeren (ov.ww.)	**to park** (vt)	[tə pɑːk]
parking (de)	**car park**	[kɑː pɑːk]

metro (de)	**underground, tube**	['ʌndəgraʊnd], [tjuːb]
halte (bijv. kleine treinhalte)	**station**	['steɪʃən]
de metro nemen	**to take the tube**	[tə ˌteɪk ðə tjuːb]
trein (de)	**train**	[treɪn]
station (treinstation)	**train station**	[treɪn 'steɪʃən]

82. Bezienswaardigheden

monument (het)	**monument**	['mɒnjʊmənt]
vesting (de)	**fortress**	['fɔːtrɪs]
paleis (het)	**palace**	['pælɪs]
kasteel (het)	**castle**	['kɑːsəl]
toren (de)	**tower**	['taʊə(r)]
mausoleum (het)	**mausoleum**	[ˌmɔːzə'lɪəm]

architectuur (de)	**architecture**	['ɑːkɪtektʃə(r)]
middeleeuws (bn)	**medieval**	[ˌmedɪ'iːvəl]
oud (bn)	**ancient**	['eɪnʃənt]
nationaal (bn)	**national**	['næʃənəl]
bekend (bn)	**well-known**	[wel'nəʊn]

toerist (de)	**tourist**	['tʊərɪst]
gids (de)	**guide**	[gaɪd]
rondleiding (de)	**excursion**	[ɪk'skɜːʃən]
tonen (ww)	**to show** (vt)	[tə ʃəʊ]
vertellen (ww)	**to tell** (vt)	[tə tel]

vinden (ww)	to find (vt)	[tə faɪnd]
verdwalen (de weg kwijt zijn)	to get lost	[tə get lɒst]
plattegrond (~ van de metro)	map	[mæp]
plattegrond (~ van de stad)	map	[mæp]
souvenir (het)	souvenir, gift	[ˌsuːvəˈnɪə], [gɪft]
souvenirwinkel (de)	gift shop	[ˈgɪftˌʃɒp]
een foto maken (ww)	to take pictures	[tə ˌteɪk ˈpɪktʃəz]

83. Winkelen

kopen (ww)	to buy (vt)	[tə baɪ]
aankoop (de)	purchase	[ˈpɜːtʃəs]
winkelen (ww)	to go shopping	[tə gəʊ ˈʃɒpɪŋ]
winkelen (het)	shopping	[ˈʃɒpɪŋ]
open zijn	to be open	[tə bi ˈəʊpən]
(ov. een winkel, enz.)		
gesloten zijn (ww)	to be closed	[tə bi kləʊzd]
schoeisel (het)	footwear	[ˈfʊtweə(r)]
kleren (mv.)	clothes, clothing	[kləʊðz], [ˈkləʊðɪŋ]
cosmetica (de)	cosmetics	[kɒzˈmetɪks]
voedingswaren (mv.)	food products	[fuːd ˈprɒdʌkts]
geschenk (het)	gift, present	[gɪft], [ˈprezənt]
verkoper (de)	shop assistant	[ʃɒp əˈsɪstənt]
verkoopster (de)	shop assistant	[ʃɒp əˈsɪstənt]
kassa (de)	cash desk	[kæʃ desk]
spiegel (de)	mirror	[ˈmɪrə(r)]
toonbank (de)	counter	[ˈkaʊntə(r)]
paskamer (de)	fitting room	[ˈfɪtɪŋ ˌrum]
aanpassen (ww)	to try on (vt)	[tə ˌtraɪ ˈɒn]
passen (ov. kleren)	to fit (vt)	[tə fɪt]
bevallen (prettig vinden)	to fancy (vt)	[tə ˈfænsɪ]
prijs (de)	price	[praɪs]
prijskaartje (het)	price tag	[ˈpraɪs tæg]
kosten (ww)	to cost (vt)	[tə kɒst]
Hoeveel?	How much?	[ˌhaʊ ˈmʌtʃ]
korting (de)	discount	[ˈdɪskaʊnt]
niet duur (bn)	inexpensive	[ˌɪnɪkˈspensɪv]
goedkoop (bn)	cheap	[tʃiːp]
duur (bn)	expensive	[ɪkˈspensɪv]
Dat is duur.	It's expensive	[ɪts ɪkˈspensɪv]
verhuur (de)	hire	[ˈhaɪə(r)]
huren (smoking, enz.)	to hire (vt)	[tə ˈhaɪə(r)]
krediet (het)	credit	[ˈkredɪt]
op krediet (bw)	on credit	[ɒn ˈkredɪt]

84. Geld

geld (het)	money	['mʌnɪ]
ruil (de)	currency exchange	['kʌrənsɪ ɪks'tʃeɪndʒ]
koers (de)	exchange rate	[ɪks'tʃeɪndʒ reɪt]
geldautomaat (de)	cashpoint	['kæʃpɔɪnt]
muntstuk (de)	coin	[kɔɪn]
dollar (de)	dollar	['dɒlə(r)]
euro (de)	euro	['juərəu]
lire (de)	lira	['lɪərə]
Duitse mark (de)	Deutschmark	['dɔɪtʃmɑːk]
frank (de)	franc	[fræŋk]
pond sterling (het)	pound sterling	[paʊnd 'stɜːlɪŋ]
yen (de)	yen	[jen]
schuld (geldbedrag)	debt	[det]
schuldenaar (de)	debtor	['detə(r)]
uitlenen (ww)	to lend (vt)	[tə lend]
lenen (geld ~)	to borrow (vt)	[tə 'bɒrəu]
bank (de)	bank	[bæŋk]
bankrekening (de)	account	[ə'kaʊnt]
storten (ww)	to deposit (vt)	[tə dɪ'pɒzɪt]
kredietkaart (de)	credit card	['kredɪt kɑːd]
baar geld (het)	cash	[kæʃ]
cheque (de)	cheque	[tʃek]
een cheque uitschrijven	to write a cheque	[tə ˌraɪt ə 'tʃek]
chequeboekje (het)	chequebook	['tʃekˌbʊk]
portefeuille (de)	wallet	['wɒlɪt]
geldbeugel (de)	purse	[pɜːs]
safe (de)	safe	[seɪf]
erfgenaam (de)	heir	[eə(r)]
erfenis (de)	inheritance	[ɪn'herɪtəns]
fortuin (het)	fortune	['fɔːtʃuːn]
huur (de)	lease, let	[liːs], [let]
huurprijs (de)	rent	[rent]
huren (huis, kamer)	to rent (vt)	[tə rent]
prijs (de)	price	[praɪs]
kostprijs (de)	cost	[kɒst]
som (de)	sum	[sʌm]
kosten (mv.)	expenses	[ɪk'spensɪz]
bezuinigen (ww)	to economize (vi, vt)	[tə ɪ'kɒnəmaɪz]
zuinig (bn)	economical	[ˌiːkə'nɒmɪkəl]
betalen (ww)	to pay (vi, vt)	[tə peɪ]
betaling (de)	payment	['peɪmənt]
wisselgeld (het)	change	[tʃeɪndʒ]

belasting (de)	tax	[tæks]
boete (de)	fine	[faɪn]
beboeten (bekeuren)	to fine (vt)	[tə faɪn]

85. Post. Postkantoor

postkantoor (het)	post office	[pəʊst 'ɒfɪs]
post (de)	post	[pəʊst]
postbode (de)	postman	[pəʊstmən]
openingsuren (mv.)	opening hours	['əʊpənɪŋ ˌaʊəz]

brief (de)	letter	['letə(r)]
aangetekende brief (de)	registered letter	['redʒɪstəd 'letə(r)]
briefkaart (de)	postcard	['pəʊstkɑːd]
telegram (het)	telegram	['telɪɡræm]
postpakket (het)	parcel	['pɑːsəl]
overschrijving (de)	money transfer	['mʌnɪ trænsˈfɜː(r)]

ontvangen (ww)	to receive (vt)	[tə rɪ'siːv]
sturen (zenden)	to send (vt)	[tə send]
verzending (de)	sending	['sendɪŋ]

adres (het)	address	[ə'dres]
postcode (de)	postcode	['pəʊstkəʊd]
verzender (de)	sender	['sendə(r)]
ontvanger (de)	receiver	[rɪ'siːvə(r)]

| naam (de) | name | [neɪm] |
| achternaam (de) | family name | ['fæmlɪ ˌneɪm] |

tarief (het)	rate	[reɪt]
standaard (bn)	standard	['stændəd]
zuinig (bn)	economical	[ˌiːkə'nɒmɪkəl]

gewicht (het)	weight	[weɪt]
afwegen (op de weegschaal)	to weigh up (vt)	[tə weɪt ʌp]
envelop (de)	envelope	['envələʊp]
postzegel (de)	postage stamp	['pəʊstɪdʒ ˌstæmp]
een postzegel plakken op	to stamp an envelope	[tə stæmp ən 'envələʊp]

Woning. Huis. Thuis

86. Huis. Woning

huis (het)	house	[haʊs]
thuis (bw)	at home	[ət həʊm]
cour (de)	courtyard	[ˈkɔːtjɑːd]
omheining (de)	fence	[fens]
baksteen (de)	brick	[brɪk]
van bakstenen	brick	[brɪk]
steen (de)	stone	[stəʊn]
stenen (bn)	stone	[stəʊn]
beton (het)	concrete	[ˈkɒŋkriːt]
van beton	concrete	[ˈkɒŋkriːt]
nieuw (bn)	new	[njuː]
oud (bn)	old	[əʊld]
vervallen (bn)	decrepit	[dɪˈkrepɪt]
modern (bn)	modern	[ˈmɒdən]
met veel verdiepingen	multistorey	[ˌmʌltɪˈstɔːrɪ]
hoog (bn)	high	[haɪ]
verdieping (de)	floor, storey	[flɔː(r)], [ˈstɔːrɪ]
met een verdieping	single-storey	[ˈsɪŋɡəl ˈstɔːrɪ]
laagste verdieping (de)	ground floor	[graʊnd flɔː(r)]
bovenverdieping (de)	top floor	[tɒp flɔː(r)]
dak (het)	roof	[ruːf]
schoorsteen (de)	chimney	[ˈtʃɪmnɪ]
dakpan (de)	roof tiles	[ruːf taɪlz]
pannen- (abn)	tiled	[taɪld]
zolder (de)	loft, attic	[lɒft], [ˈætɪk]
venster (het)	window	[ˈwɪndəʊ]
glas (het)	glass	[glɑːs]
vensterbank (de)	window ledge	[ˈwɪndəʊ ledʒ]
luiken (mv.)	shutters	[ˈʃʌtəz]
muur (de)	wall	[wɔːl]
balkon (het)	balcony	[ˈbælkənɪ]
regenpijp (de)	downpipe	[ˈdaʊnpaɪp]
boven (bw)	upstairs	[ˌʌpˈsteəz]
naar boven gaan (ww)	to go upstairs	[tə gəʊ ˌʌpˈsteəz]
afdalen (on.ww.)	to come down	[tə kʌm daʊn]
verhuizen (ww)	to move (vi)	[tə muːv]

84

87. Huis. Ingang. Lift

ingang (de)	entrance	['entrəns]
trap (de)	stairs	[steəz]
treden (mv.)	steps	[steps]
trapleuning (de)	banisters	['bænɪstə(r)z]
hal (de)	lobby	['lɒbɪ]
postbus (de)	postbox	['pəustbɒks]
vuilnisbak (de)	rubbish container	['rʌbɪʃ kən'teɪnə(r)]
vuilniskoker (de)	refuse chute	['refju:s ʃu:t]
lift (de)	lift	[lɪft]
goederenlift (de)	goods lift	['gʊdz lɪft]
liftcabine (de)	lift cage	[lɪft keɪdʒ]
de lift nemen	to take the lift	[tə ˌteɪk ðə 'lɪft]
appartement (het)	flat	[flæt]
bewoners (mv.)	residents	['rezɪdənts]
buren (mv.)	neighbours	['neɪbəz]

88. Huis. Elektriciteit

elektriciteit (de)	electricity	[ˌɪlek'trɪsətɪ]
lamp (de)	light bulb	['laɪt ˌbʌlb]
schakelaar (de)	switch	[swɪtʃ]
zekering (de)	fuse	[fju:z]
draad (de)	cable, wire	['keɪbəl], ['waɪə]
bedrading (de)	wiring	['waɪərɪŋ]
elektriciteitsmeter (de)	electricity meter	[ˌɪlek'trɪsətɪ 'mi:tə(r)]
gegevens (mv.)	readings	['ri:dɪŋz]

89. Huis. Deuren. Sloten

deur (de)	door	[dɔ:(r)]
toegangspoort (de)	vehicle gate	['vi:ɪkəl geɪt]
deurkruk (de)	handle	['hændəl]
ontsluiten (ontgrendelen)	to unlock (vt)	[tə ˌʌn'lɒk]
openen (ww)	to open (vt)	[tə 'əupən]
sluiten (ww)	to close (vt)	[tə kləuz]
sleutel (de)	key	[ki:]
sleutelbos (de)	bunch	[bʌntʃ]
knarsen (bijv. scharnier)	to creak (vi)	[tə kri:k]
knarsgeluid (het)	creak	[kri:k]
scharnier (het)	hinge	[hɪndʒ]
deurmat (de)	doormat	['dɔ:mæt]
slot (het)	lock	[lɒk]
sleutelgat (het)	keyhole	['ki:həul]

grendel (de)	bolt	[bəʊlt]
schuif (de)	latch	[lætʃ]
hangslot (het)	padlock	['pædlɒk]

aanbellen (ww)	to ring (vt)	[tə rɪŋ]
bel (geluid)	ringing	['rɪŋɪŋ]
deurbel (de)	doorbell	['dɔ:bel]
belknop (de)	button	['bʌtən]
geklop (het)	knock	[nɒk]
kloppen (ww)	to knock (vi)	[tə nɒk]

code (de)	code	[kəʊd]
cijferslot (het)	code lock	[kəʊd ˌlɒk]
parlofoon (de)	intercom	['ɪntəkɒm]
nummer (het)	number	['nʌmbə(r)]
naambordje (het)	doorplate	['dɔ:pleɪt]
deurspion (de)	peephole	['pi:phəʊl]

90. Huis op het platteland

dorp (het)	village	['vɪlɪdʒ]
moestuin (de)	vegetable garden	['vedʒtəbəl 'gɑ:dən]
hek (het)	fence	[fens]
houten hekwerk (het)	picket fence	['pɪkɪt fens]
tuinpoortje (het)	wicket gate	['wɪkɪt geɪt]

graanschuur (de)	granary	['grænərɪ]
wortelkelder (de)	root cellar	[ru:t 'selə(r)]
schuur (de)	shed	[ʃed]
waterput (de)	well	[wel]

kachel (de)	stove	[stəʊv]
de kachel stoken	to heat the stove	[tə hi:t ðə stəʊv]
brandhout (het)	firewood	['faɪəwʊd]
houtblok (het)	log	[lɒg]

veranda (de)	veranda	[və'rændə]
terras (het)	terrace	['terəs]
bordes (het)	front steps	['frʌnt ˌsteps]
schommel (de)	swing	[swɪŋ]

91. Villa. Herenhuis

landhuisje (het)	country house	['kʌntrɪ haʊs]
villa (de)	villa	['vɪlə]
vleugel (de)	wing	[wɪŋ]

tuin (de)	garden	['gɑ:dən]
park (het)	park	[pɑ:k]
oranjerie (de)	tropical glasshouse	['trɒpɪkəl 'glɑ:shaʊs]
onderhouden (tuin, enz.)	to look after	[tə lʊk 'ɑ:ftə]
zwembad (het)	swimming pool	['swɪmɪŋ pu:l]

gym (het)	**gym**	[dʒɪm]
tennisveld (het)	**tennis court**	['tenɪs kɔ:t]
bioscoopkamer (de)	**home cinema room**	[həʊm 'sɪnəmə rʊm]
garage (de)	**garage**	[gə'rɑ:ʒ]
privé-eigendom (het)	**private property**	['praɪvɪt 'prɒpətɪ]
eigen terrein (het)	**private land**	['praɪvɪt lænd]
waarschuwing (de)	**warning**	['wɔ:nɪŋ]
waarschuwingsbord (het)	**warning sign**	['wɔ:nɪŋ saɪn]
bewaking (de)	**security**	[sɪ'kjʊərətɪ]
bewaker (de)	**security guard**	[sɪ'kjʊərətɪ gɑ:d]
inbraakalarm (het)	**burglar alarm**	['bɜːglə ə'lɑːm]

92. Kasteel. Paleis

kasteel (het)	**castle**	['kɑːsəl]
paleis (het)	**palace**	['pælɪs]
vesting (de)	**fortress**	['fɔːtrɪs]
ringmuur (de)	**wall**	[wɔːl]
toren (de)	**tower**	['taʊə(r)]
donjon (de)	**keep, donjon**	[kiːp], ['dɒndʒən]
valhek (het)	**portcullis**	[ˌpɔːt'kʌlɪs]
onderaardse gang (de)	**subterranean passage**	[ˌsʌbtə'reɪnɪən 'pæsɪdʒ]
slotgracht (de)	**moat**	[məʊt]
ketting (de)	**chain**	[tʃeɪn]
schietgat (het)	**arrow loop**	['ærəʊ luːp]
prachtig (bn)	**magnificent**	[mæg'nɪfɪsənt]
majestueus (bn)	**majestic**	[mə'dʒestɪk]
onneembaar (bn)	**impregnable**	[ɪm'pregnəbəl]
middeleeuws (bn)	**medieval**	[ˌmedɪ'iːvəl]

93. Appartement

appartement (het)	**flat**	[flæt]
kamer (de)	**room**	[rʊːm]
slaapkamer (de)	**bedroom**	['bedrʊm]
eetkamer (de)	**dining room**	['daɪnɪŋ rʊm]
salon (de)	**living room**	['lɪvɪŋ ruːm]
studeerkamer (de)	**study**	['stʌdɪ]
gang (de)	**entry room**	['entrɪ ruːm]
badkamer (de)	**bathroom**	['bɑːθrʊm]
toilet (het)	**water closet**	['wɔːtə 'klɒzɪt]
plafond (het)	**ceiling**	['siːlɪŋ]
vloer (de)	**floor**	[flɔː(r)]
hoek (de)	**corner**	['kɔːnə(r)]

94. Appartement. Schoonmaken

schoonmaken (ww)	to clean (vi, vt)	[tə kliːn]
stof (het)	dust	[dʌst]
stoffig (bn)	dusty	['dʌstɪ]
stoffen (ww)	to dust (vt)	[tə dʌst]
stofzuiger (de)	vacuum cleaner	['vækjuəm 'kliːnə(r)]
stofzuigen (ww)	to vacuum (vt)	[tə 'vækjuəm]
vegen (de vloer ~)	to sweep (vi, vt)	[tə swiːp]
veegsel (het)	sweepings	['swiːpɪŋz]
orde (de)	order	['ɔːdə(r)]
wanorde (de)	disorder	[dɪs'ɔːdə(r)]
zwabber (de)	mop	[mɒp]
poetsdoek (de)	duster	['dʌstə(r)]
veger (de)	broom	[bruːm]
stofblik (het)	dustpan	['dʌstpæn]

95. Meubels. Interieur

meubels (mv.)	furniture	['fɜːnɪtʃə(r)]
tafel (de)	table	['teɪbəl]
stoel (de)	chair	[tʃeə(r)]
bed (het)	bed	[bed]
bankstel (het)	sofa, settee	['səufə], [se'tiː]
fauteuil (de)	armchair	['ɑːmtʃeə(r)]
boekenkast (de)	bookcase	['bukkeɪs]
boekenrek (het)	shelf	[ʃelf]
stellingkast (de)	set of shelves	[set əv ʃelvz]
kledingkast (de)	wardrobe	['wɔːdrəub]
kapstok (de)	coat rack	['kəut ‚ræk]
staande kapstok (de)	coat stand	['kəut stænd]
commode (de)	chest of drawers	[‚tʃest əv 'drɔːz]
salontafeltje (het)	coffee table	['kɒfɪ 'teɪbəl]
spiegel (de)	mirror	['mɪrə(r)]
tapijt (het)	carpet	['kɑːpɪt]
tapijtje (het)	small carpet	[smɔːl 'kɑːpɪt]
haard (de)	fireplace	['faɪəpleɪs]
kaars (de)	candle	['kændəl]
kandelaar (de)	candlestick	['kændəlstɪk]
gordijnen (mv.)	drapes	[dreɪps]
behang (het)	wallpaper	['wɔːl‚peɪpə(r)]
jaloezie (de)	blinds	[blaɪndz]
bureaulamp (de)	table lamp	['teɪbəl læmp]
staande lamp (de)	standard lamp	['stændəd læmp]

luchter (de)	chandelier	[ˌʃændəˈlɪə(r)]
poot (ov. een tafel, enz.)	leg	[leg]
armleuning (de)	armrest	[ˈɑːmrest]
rugleuning (de)	back	[bæk]
la (de)	drawer	[drɔː(r)]

96. Beddengoed

beddengoed (het)	bedclothes	[ˈbedkləʊðz]
kussen (het)	pillow	[ˈpɪləʊ]
kussenovertrek (de)	pillowslip	[ˈpɪləʊslɪp]
deken (de)	blanket	[ˈblæŋkɪt]
laken (het)	sheet	[ʃiːt]
sprei (de)	bedspread	[ˈbedspred]

97. Keuken

keuken (de)	kitchen	[ˈkɪtʃɪn]
gas (het)	gas	[gæs]
gasfornuis (het)	gas stove	[ˈgæs stəʊv]
elektrisch fornuis (het)	electric stove	[ɪˈlektrɪk stəʊv]
oven (de)	oven	[ˈʌvən]
magnetronoven (de)	microwave oven	[ˈmaɪkrəweɪv ˈʌvən]

koelkast (de)	refrigerator	[rɪˈfrɪdʒəreɪtə(r)]
diepvriezer (de)	freezer	[ˈfriːzə(r)]
vaatwasmachine (de)	dishwasher	[ˈdɪʃwɒʃə(r)]

vleesmolen (de)	mincer	[ˈmɪnsə(r)]
vruchtenpers (de)	juicer	[ˈdʒuːsə]
toaster (de)	toaster	[ˈtəʊstə(r)]
mixer (de)	mixer	[ˈmɪksə(r)]

koffiemachine (de)	coffee maker	[ˈkɒfɪ ˈmeɪkə(r)]
koffiepot (de)	coffee pot	[ˈkɒfɪ pɒt]
koffiemolen (de)	coffee grinder	[ˈkɒfɪ ˈgraɪndə(r)]

fluitketel (de)	kettle	[ˈketəl]
theepot (de)	teapot	[ˈtiːpɒt]
deksel (de/het)	lid	[lɪd]
theezeefje (het)	tea strainer	[tiː ˈstreɪnə(r)]

lepel (de)	spoon	[spuːn]
theelepeltje (het)	teaspoon	[ˈtiːspuːn]
eetlepel (de)	tablespoon	[ˈteɪbəlspuːn]
vork (de)	fork	[fɔːk]
mes (het)	knife	[naɪf]

vaatwerk (het)	tableware	[ˈteɪbəlweə(r)]
bord (het)	plate	[pleɪt]
schoteltje (het)	saucer	[ˈsɔːsə(r)]
likeurglas (het)	shot glass	[ʃɒt glɑːs]

| glas (het) | glass | [glɑ:s] |
| kopje (het) | cup | [kʌp] |

suikerpot (de)	sugar bowl	[ˈʃugə ˌbəʊl]
zoutvat (het)	salt shaker	[sɒlt ˈʃeɪkə]
pepervat (het)	pepper shaker	[ˈpepə ˈʃeɪkə]
boterschaaltje (het)	butter dish	[ˈbʌtə dɪʃ]

steelpan (de)	saucepan	[ˈsɔ:spən]
bakpan (de)	frying pan	[ˈfraɪɪŋ pæn]
pollepel (de)	ladle	[ˈleɪdəl]
vergiet (de/het)	colander	[ˈkʌləndə(r)]
dienblad (het)	tray	[treɪ]

fles (de)	bottle	[ˈbɒtəl]
glazen pot (de)	jar	[dʒɑ:(r)]
blik (conserven~)	tin	[tɪn]

flesopener (de)	bottle opener	[ˈbɒtəl ˈəʊpənə(r)]
blikopener (de)	tin opener	[tɪn ˈəʊpənə(r)]
kurkentrekker (de)	corkscrew	[ˈkɔ:kskru:]
filter (de/het)	filter	[ˈfɪltə(r)]
filteren (ww)	to filter (vt)	[tə ˈfɪltə(r)]

| huisvuil (het) | rubbish | [ˈrʌbɪʃ] |
| vuilnisemmer (de) | rubbish bin | [ˈrʌbɪʃ bɪn] |

98. Badkamer

badkamer (de)	bathroom	[ˈbɑ:θrʊm]
water (het)	water	[ˈwɔ:tə(r)]
kraan (de)	tap	[tæp]
warm water (het)	hot water	[hɒt ˈwɔ:tə(r)]
koud water (het)	cold water	[ˌkəʊld ˈwɔ:tə(r)]

| tandpasta (de) | toothpaste | [ˈtu:θpeɪst] |
| tanden poetsen (ww) | to clean one's teeth | [tə kli:n wʌns ˈti:θ] |

zich scheren (ww)	to shave (vi)	[tə ʃeɪv]
scheercrème (de)	shaving foam	[ˈʃeɪvɪŋ fəʊm]
scheermes (het)	razor	[ˈreɪzə(r)]

wassen (ww)	to wash (vt)	[tə wɒʃ]
een bad nemen	to have a bath	[tə hæv ə bɑ:θ]
douche (de)	shower	[ˈʃaʊə(r)]
een douche nemen	to have a shower	[tə hæv ə ˈʃaʊə(r)]

bad (het)	bath	[bɑ:θ]
toiletpot (de)	toilet	[ˈtɔɪlɪt]
wastafel (de)	sink, washbasin	[sɪŋk], [ˈwɒʃˌbeɪsən]

zeep (de)	soap	[səʊp]
zeepbakje (het)	soap dish	[ˈsəʊpdɪʃ]
spons (de)	sponge	[spʌndʒ]

shampoo (de)	shampoo	[ʃæm'puː]
handdoek (de)	towel	['taʊəl]
badjas (de)	bathrobe	['bɑːθrəʊb]

was (bijv. handwas)	laundry	['lɔːndrɪ]
wasmachine (de)	washing machine	['wɒʃɪŋ mə'ʃiːn]
de was doen	to do the laundry	[tə duː ðə 'lɔːndrɪ]
waspoeder (de)	washing powder	['wɒʃɪŋ 'paʊdə(r)]

99. Huishoudelijke apparaten

televisie (de)	TV, telly	[ˌtiːˈviː], ['telɪ]
cassettespeler (de)	tape recorder	[teɪp rɪ'kɔːdə(r)]
videorecorder (de)	video	['vɪdɪəʊ]
radio (de)	radio	['reɪdɪəʊ]
speler (de)	player	['pleɪə(r)]

videoprojector (de)	video projector	['vɪdɪəʊ prə'dʒektə(r)]
home theater systeem (het)	home cinema	[həʊm 'sɪnəmə]
DVD-speler (de)	DVD player	[ˌdiːviːˈdiː 'pleɪə(r)]
versterker (de)	amplifier	['æmplɪfaɪə]
spelconsole (de)	video game console	['vɪdɪəʊ geɪm 'kɒnsəʊl]

videocamera (de)	video camera	['vɪdɪəʊ 'kæmərə]
fotocamera (de)	camera	['kæmərə]
digitale camera (de)	digital camera	['dɪdʒɪtəl 'kæmərə]

stofzuiger (de)	vacuum cleaner	['vækjʊəm 'kliːnə(r)]
strijkijzer (het)	iron	['aɪən]
strijkplank (de)	ironing board	['aɪrənɪŋ bɔːd]

telefoon (de)	telephone	['telɪfəʊn]
mobieltje (het)	mobile phone	['məʊbaɪl fəʊn]
schrijfmachine (de)	typewriter	['taɪpˌraɪtə(r)]
naaimachine (de)	sewing machine	['səʊɪŋ mə'ʃiːn]

microfoon (de)	microphone	['maɪkrəfəʊn]
koptelefoon (de)	headphones	['hedfəʊnz]
afstandsbediening (de)	remote control	[rɪ'məʊt kən'trəʊl]

CD (de)	CD, compact disc	[ˌsiːˈdiː], [kəm'pækt dɪsk]
cassette (de)	cassette	[kæ'set]
vinylplaat (de)	vinyl record	['vaɪnɪl 'rekɔːd]

100. Reparaties. Renovatie

renovatie (de)	renovations	[ˌrenə'veɪʃənz]
renoveren (ww)	to renovate (vt)	[tə 'renəveɪt]
repareren (ww)	to repair (vt)	[tə rɪ'peə(r)]
op orde brengen	to put in order	[tə pʊt ɪn 'ɔːdə(r)]
overdoen (ww)	to redo (vt)	[tə ˌriːˈduː]
verf (de)	paint	[peɪnt]

verven (muur ~)	to paint (vt)	[tə peɪnt]
schilder (de)	house painter	[haʊs 'peɪntə(r)]
kwast (de)	brush	[brʌʃ]

kalk (de)	whitewash	['waɪtwɒʃ]
kalken (ww)	to whitewash (vt)	[tə 'waɪtwɒʃ]

behang (het)	wallpaper	['wɔːl‚peɪpə(r)]
behangen (ww)	to wallpaper (vt)	[tə 'wɔːl‚peɪpə]
lak (de/het)	varnish	['vɑːnɪʃ]
lakken (ww)	to varnish (vt)	[tə 'vɑːnɪʃ]

101. Loodgieterswerk

water (het)	water	['wɔːtə(r)]
warm water (het)	hot water	[hɒt 'wɔːtə(r)]
koud water (het)	cold water	[‚kəʊld 'wɔːtə(r)]
kraan (de)	tap	[tæp]

druppel (de)	drop	[drɒp]
druppelen (ww)	to drip (vi)	[tə drɪp]
lekken (een lek hebben)	to leak (vi)	[tə liːk]
lekkage (de)	leak	[liːk]
plasje (het)	puddle	['pʌdəl]

buis, leiding (de)	pipe	[paɪp]
stopkraan (de)	stop valve	[stɒp vælv]
verstopt raken (ww)	to be clogged up	[tə biː ‚klɒgd ʌp]

gereedschap (het)	tools	[tuːlz]
Engelse sleutel (de)	adjustable spanner	[ə'dʒʌstəbəl 'spænə(r)]
losschroeven (ww)	to unscrew (vt)	[tə ‚ʌn'skruː]
aanschroeven (ww)	to screw (vt)	[tə skruː]

ontstoppen (riool, enz.)	to unclog (vt)	[tə ‚ʌn'klɒg]
loodgieter (de)	plumber	['plʌmə(r)]
kelder (de)	basement	['beɪsmənt]
riolering (de)	sewerage	['sʊərɪdʒ]

102. Brand. Vuurzee

vuur (het)	fire	['faɪə(r)]
vlam (de)	flame	[fleɪm]
vonk (de)	spark	[spɑːk]
rook (de)	smoke	[sməʊk]
fakkel (de)	torch	[tɔːtʃ]
kampvuur (het)	campfire	['kæmp‚faɪə(r)]

benzine (de)	petrol	['petrəl]
kerosine (de)	paraffin	['pærəfɪn]
brandbaar (bn)	flammable	['flæməbəl]
ontplofbaar (bn)	explosive	[ɪk'spləʊsɪv]

VERBODEN TE ROKEN!	NO SMOKING	[nəʊ 'sməʊkɪŋ]
veiligheid (de)	safety	['seɪftɪ]
gevaar (het)	danger	['deɪndʒə(r)]
gevaarlijk (bn)	dangerous	['deɪndʒərəs]

in brand vliegen (ww)	to catch fire	[tə kætʃ 'faɪə(r)]
explosie (de)	explosion	[ɪk'spləʊʒən]
in brand steken (ww)	to set fire	[tə set 'faɪə(r)]
brandstichter (de)	arsonist	['ɑːsənɪst]
brandstichting (de)	arson	['ɑːsən]

vlammen (ww)	to blaze (vi)	[tə bleɪz]
branden (ww)	to burn (vi)	[tə bɜːn]
afbranden (ww)	to burn down (vi)	[tə bɜːn daʊn]

de brandweer bellen	to call the fire brigade	[tə kɔːl ðə 'faɪə brɪ'geɪd]
brandweerman (de)	firefighter	['faɪəfaɪtə]
brandweerwagen (de)	fire engine	['faɪər 'endʒɪn]
brandweer (de)	fire brigade	['faɪə brɪ'geɪd]
uitschuifbare ladder (de)	fire engine ladder	['faɪər 'endʒɪn 'lædə]

brandslang (de)	fire hose	[ˌfaɪə 'həʊz]
brandblusser (de)	fire extinguisher	['faɪər ɪk'stɪŋgwɪʃə(r)]
helm (de)	helmet	['helmɪt]
sirene (de)	siren	['saɪərən]

roepen (ww)	to cry (vi)	[tə kraɪ]
hulp roepen	to call for help	[tə kɔːl fɔː help]
redder (de)	rescuer	['reskjʊə(r)]
redden (ww)	to rescue (vt)	[tə 'reskju:]

aankomen (per auto, enz.)	to arrive (vi)	[tə ə'raɪv]
blussen (ww)	to extinguish (vt)	[tə ɪk'stɪŋgwɪʃ]
water (het)	water	['wɔːtə(r)]
zand (het)	sand	[sænd]

ruïnes (mv.)	ruins	['ru:ɪnz]
instorten (gebouw, enz.)	to collapse (vi)	[tə kə'læps]
ineenstorten (ww)	to fall down (vi)	[tə fɔːl daʊn]
inzakken (ww)	to cave in	[tə keɪv ɪn]

| brokstuk (het) | piece of wreckage | [pi:s əv 'rekɪdʒ] |
| as (de) | ash | [æʃ] |

| verstikken (ww) | to suffocate (vi) | [tə 'sʌfəkeɪt] |
| omkomen (ww) | to be killed | [tə bi: 'kɪld] |

MENSELIJKE ACTIVITEITEN

Baan. Business. Deel 1

103. Kantoor. Op kantoor werken

kantoor (het)	office	['ɒfɪs]
kamer (de)	office	['ɒfɪs]
secretaris (de)	secretary	['sekrətərɪ]
directeur (de)	director	[dɪ'rektə(r)]
manager (de)	manager	['mænɪdʒə(r)]
boekhouder (de)	accountant	[ə'kaʊntənt]
werknemer (de)	employee	[ɪm'plɔɪi:]
meubilair (het)	furniture	['fɜːnɪtʃə(r)]
tafel (de)	desk	[desk]
bureaustoel (de)	desk chair	[desk ʃeə(r)]
ladeblok (het)	chest of drawers	[ˌtʃest əv 'drɔːz]
kapstok (de)	coat stand	['kəʊt stænd]
computer (de)	computer	[kəm'pju:tə(r)]
printer (de)	printer	['prɪntə(r)]
fax (de)	fax machine	[fæks mə'ʃi:n]
kopieerapparaat (het)	photocopier	['fəʊtəʊˌkɒpɪə]
papier (het)	paper	['peɪpə(r)]
kantoorartikelen (mv.)	office supplies	['ɒfɪs sə'plaɪs]
muismat (de)	mouse mat	['maʊs mæt]
blad (het)	sheet of paper	[ʃi:t əv 'peɪpə]
catalogus (de)	catalogue	['kætəlɒg]
telefoongids (de)	directory	[dɪ'rektərɪ]
documentatie (de)	documentation	[ˌdɒkjʊmen'teɪʃən]
brochure (de)	brochure	['brəʊʃə(r)]
flyer (de)	leaflet	['li:flɪt]
monster (het), staal (de)	sample	['sɑːmpəl]
training (de)	training meeting	['treɪnɪŋ 'mi:tɪŋ]
vergadering (de)	meeting	['mi:tɪŋ]
lunchpauze (de)	lunch time	['lʌntʃ ˌtaɪm]
een kopie maken	to make a copy	[tə meɪk ə 'kɒpɪ]
de kopieën maken	to make multiple copies	[tə meɪk 'mʌltɪpəl 'kɒpɪs]
een fax ontvangen	to receive a fax	[tə rɪ'si:v ə 'fæks]
een fax versturen	to send a fax	[tə ˌsend ə 'fæks]
opbellen (ww)	to ring (vi, vt)	[tə rɪŋ]
antwoorden (ww)	to answer (vi, vt)	[tə 'ɑ:nsə(r)]

doorverbinden (ww)	to put through	[tə pʊt θru:]
afspreken (ww)	to arrange (vt)	[tə əˈreɪndʒ]
demonstreren (ww)	to demonstrate (vt)	[tə ˈdemənstreɪt]
absent zijn (ww)	to be absent	[tə bi ˈæbsənt]
afwezigheid (de)	absence	[ˈæbsəns]

104. Bedrijfsprocessen. Deel 1

bedrijf (business)	business	[ˈbɪznɪs]
firma (de)	firm	[fɜ:m]
bedrijf (maatschap)	company	[ˈkʌmpənɪ]
corporatie (de)	corporation	[ˌkɔ:pəˈreɪʃən]
onderneming (de)	enterprise	[ˈentəpraɪz]
agentschap (het)	agency	[ˈeɪdʒənsɪ]

overeenkomst (de)	agreement	[əˈgri:mənt]
contract (het)	contract	[ˈkɒntrækt]
transactie (de)	deal	[di:l]
bestelling (de)	order, command	[ˈɔ:də(r)], [kəˈmɑ:nd]
voorwaarde (de)	term	[tɜ:m]

in het groot (bw)	wholesale	[ˈhəʊlseɪl]
groothandels- (abn)	wholesale	[ˈhəʊlseɪl]
groothandel (de)	wholesale	[ˈhəʊlseɪl]
kleinhandels- (abn)	retail	[ˈri:teɪl]
kleinhandel (de)	retail	[ˈri:teɪl]

concurrent (de)	competitor	[kəmˈpetɪtə(r)]
concurrentie (de)	competition	[ˌkɒmpɪˈtɪʃən]
concurreren (ww)	to compete (vi)	[tə kəmˈpi:t]

| partner (de) | partner, associate | [ˈpɑ:tnə(r)], [əˈsəʊʃɪət] |
| partnerschap (het) | partnership | [ˈpɑ:tnəʃɪp] |

crisis (de)	crisis	[ˈkraɪsɪs]
bankroet (het)	bankruptcy	[ˈbæŋkrʌptsɪ]
bankroet gaan (ww)	to go bankrupt	[tə gəʊ ˈbæŋkrʌpt]
moeilijkheid (de)	difficulty	[ˈdɪfɪkəltɪ]
probleem (het)	problem	[ˈprɒbləm]
catastrofe (de)	catastrophe	[kəˈtæstrəfɪ]

economie (de)	economy	[ɪˈkɒnəmɪ]
economisch (bn)	economic	[ˌi:kəˈnɒmɪk]
economische recessie (de)	economic recession	[ˌi:kəˈnɒmɪk rɪˈseʃən]

| doel (het) | goal, purpose | [gəʊl], [ˈpɜ:pəs] |
| taak (de) | task | [tɑ:sk] |

handelen (handel drijven)	to trade (vi)	[tə treɪd]
netwerk (het)	network	[ˈnetwɜ:k]
voorraad (de)	inventory	[ˈɪnvəntərɪ]
assortiment (het)	assortment	[əˈsɔ:tmənt]
leider (de)	leader	[ˈli:də(r)]
groot (bn)	big, large	[bɪg], [lɑ:dʒ]

monopolie (het)	monopoly	[mə'nɒpəlɪ]
theorie (de)	theory	['θɪərɪ]
praktijk (de)	practice	['præktɪs]
ervaring (de)	experience	[ɪk'spɪərɪəns]
tendentie (de)	trend	[trend]
ontwikkeling (de)	development	[dɪ'veləpmənt]

105. Bedrijfsprocessen. Deel 2

voordeel (het)	benefit, profit	['benɪfɪt], ['prɒfɪt]
voordelig (bn)	profitable	['prɒfɪtəbəl]

delegatie (de)	delegation	[ˌdelɪ'geɪʃən]
salaris (het)	salary	['sælərɪ]
corrigeren (fouten ~)	to correct (vt)	[tə kə'rekt]
zakenreis (de)	business trip	['bɪznɪs trɪp]
commissie (de)	commission	[kə'mɪʃən]

controleren (ww)	to control (vt)	[tə kən'trəʊl]
conferentie (de)	conference	['kɒnfərəns]
licentie (de)	licence	['laɪsəns]
betrouwbaar (partner, enz.)	reliable	[rɪ'laɪəbəl]

aanzet (de)	initiative	[ɪ'nɪʃətɪv]
norm (bijv. ~ stellen)	norm	[nɔ:m]
omstandigheid (de)	circumstance	['sɜ:kəmstəns]
taak, plicht (de)	duty	['dju:tɪ]

organisatie (bedrijf, zaak)	organization	[ˌɔ:gənaɪ'zeɪʃən]
organisatie (proces)	organization	[ˌɔ:gənaɪ'zeɪʃən]
georganiseerd (bn)	organized	['ɔ:gənaɪzd]
afzegging (de)	cancellation	[ˌkænsə'leɪʃən]
afzeggen (ww)	to cancel (vt)	[tə 'kænsəl]
verslag (het)	report	[rɪ'pɔ:t]

patent (het)	patent	['peɪtənt]
patenteren (ww)	to patent (vt)	[tə peɪtənt]
plannen (ww)	to plan (vt)	[tə plæn]

premie (de)	bonus	['bəʊnəs]
professioneel (bn)	professional	[prə'feʃənəl]
procedure (de)	procedure	[prə'si:dʒə(r)]

onderzoeken (contract, enz.)	to examine (vt)	[tə ɪg'zæmɪn]
berekening (de)	calculation	[ˌkælkjʊ'leɪʃən]
reputatie (de)	reputation	[ˌrepjʊ'teɪʃən]
risico (het)	risk	[rɪsk]

beheren (managen)	to manage (vt)	[tə 'mænɪdʒ]
informatie (de)	information	[ˌɪnfə'meɪʃən]
eigendom (bezit)	property	['prɒpətɪ]
unie (de)	union	['ju:nɪən]
levensverzekering (de)	life insurance	[laɪf ɪn'ʃɔ:rəns]
verzekeren (ww)	to insure (vt)	[tu ɪn'ʃɔ:(r)]

verzekering (de)	insurance	[ɪn'ʃɔːrəns]
veiling (de)	auction	['ɔːkʃən]
verwittigen (ww)	to notify (vt)	[tə 'nəʊtɪfaɪ]
beheer (het)	management	['mænɪdʒmənt]
dienst (de)	service	['sɜːvɪs]

forum (het)	forum	['fɔːrəm]
functioneren (ww)	to function (vi)	[tə 'fʌŋkʃən]
stap, etappe (de)	stage	[steɪdʒ]
juridisch (bn)	legal	['liːgəl]
jurist (de)	lawyer	['lɔːjə(r)]

106. Productie. Werken

industriële installatie (fabriek)	plant	[plɑːnt]
fabriek (de)	factory	['fæktərɪ]
werkplaatsruimte (de)	workshop	['wɜːkʃɒp]
productielocatie (de)	production site	[prə'dʌkʃən saɪt]

industrie (de)	industry	['ɪndʌstrɪ]
industrieel (bn)	industrial	[ɪn'dʌstrɪəl]
zware industrie (de)	heavy industry	['hevɪ 'ɪndʌstrɪ]
lichte industrie (de)	light industry	[laɪt 'ɪndʌstrɪ]

productie (de)	products	['prɒdʌkts]
produceren (ww)	to produce (vt)	[tə prə'djuːs]
grondstof (de)	raw materials	[rɔː mə'tɪərɪəlz]

voorman, ploegbaas (de)	foreman	['fɔːmən]
ploeg (de)	workers team	['wɜːkəz tiːm]
arbeider (de)	worker	['wɜːkə(r)]

werkdag (de)	working day	['wɜːkɪŋ deɪ]
pauze (de)	pause, break	[pɔːz], [breɪk]
samenkomst (de)	meeting	['miːtɪŋ]
bespreken (spreken over)	to discuss (vt)	[tə dɪs'kʌs]

plan (het)	plan	[plæn]
het plan uitvoeren	to fulfil the plan	[tə fʊl'fɪl ðə plæn]
productienorm (de)	rate of output	[reɪt əv 'aʊtpʊt]
kwaliteit (de)	quality	['kwɒlɪtɪ]
controle (de)	checking	['tʃekɪŋ]
kwaliteitscontrole (de)	quality control	['kwɒlɪtɪ kən'trəʊl]

arbeidsveiligheid (de)	work safety	[wɜːk 'seɪftɪ]
discipline (de)	discipline	['dɪsɪplɪn]
overtreding (de)	violation	[ˌvaɪə'leɪʃən]
overtreden (ww)	to violate (vt)	[tə 'vaɪəleɪt]

staking (de)	strike	[straɪk]
staker (de)	striker	['straɪkə(r)]
staken (ww)	to be on strike	[tə bi ɒn straɪk]
vakbond (de)	trade union	[treɪd 'juːnɪən]
uitvinden (machine, enz.)	to invent (vt)	[tə ɪn'vent]

uitvinding (de)	invention	[ɪn'venʃən]
onderzoek (het)	research	[rɪ's3:tʃ]
verbeteren (beter maken)	to improve (vt)	[tu ɪm'pru:v]
technologie (de)	technology	[tek'nɒlədʒɪ]
technische tekening (de)	technical drawing	['teknɪkəl 'drɔ:ɪŋ]

vracht (de)	load, cargo	[ləʊd], ['kɑ:gəʊ]
lader (de)	loader	['ləʊdə(r)]
laden (vrachtwagen)	to load (vt)	[tə ləʊd]
laden (het)	loading	['ləʊdɪŋ]
lossen (ww)	to unload (vi, vt)	[tə ˌʌn'ləʊd]
lossen (het)	unloading	[ˌʌn'ləʊdɪŋ]

transport (het)	transport	['trænspɔ:t]
transportbedrijf (de)	transport company	['trænspɔ:t 'kʌmpənɪ]
transporteren (ww)	to transport (vt)	[tə træn'spɔ:t]

goederenwagon (de)	wagon	['wægən]
tank (bijv. ketelwagen)	cistern	['sɪstən]
vrachtwagen (de)	lorry	['lɒrɪ]

| machine (de) | machine tool | [mə'ʃi:n tu:l] |
| mechanisme (het) | mechanism | ['mekənɪzəm] |

industrieel afval (het)	industrial waste	[ɪn'dʌstrɪəl weɪst]
verpakking (de)	packing	['pækɪŋ]
verpakken (ww)	to pack (vt)	[tə pæk]

107. Contract. Overeenstemming.

contract (het)	contract	['kɒntrækt]
overeenkomst (de)	agreement	[ə'gri:mənt]
bijlage (de)	addendum	[ə'dendəm]

| een contract sluiten | to sign a contract | [tə saɪn ə 'kɒntrækt] |
| handtekening (de) | signature | ['sɪgnətʃə(r)] |

| ondertekenen (ww) | to sign (vt) | [tə saɪn] |
| stempel (de) | stamp, seal | [stæmp], [si:l] |

| voorwerp (het) van de overeenkomst | subject of contract | ['sʌbdʒɪkt əv 'kɒntrækt] |
| clausule (de) | clause | [klɔ:z] |

| partijen (mv.) | parties | ['pɑ:tɪz] |
| vestigingsadres (het) | legal address | ['li:gəl ə'dres] |

het contract verbreken (overtreden)	to break the contract	[tə breɪk ðə 'kɒntrækt]
verplichting (de)	commitment	[kə'mɪtmənt]
verantwoordelijkheid (de)	responsibility	[rɪˌspɒnsə'bɪlɪtɪ]
overmacht (de)	force majeure	[fɔ:s mæ'ʒ3:]
geschil (het)	dispute	[dɪ'spju:t]
sancties (mv.)	penalties	['penəltɪz]

108. Import & Export

import (de)	import	['ɪmpɔ:t]
importeur (de)	importer	[ɪm'pɔ:tə(r)]
importeren (ww)	to import (vt)	[tə ɪm'pɔ:t]
import- (abn)	import	['ɪmpɔ:t]
uitvoer (export)	export	['ekspɔ:t]
exporteur (de)	exporter	[ek'spɔ:tə(r)]
exporteren (ww)	to export (vi, vt)	[tə ɪk'spɔ:t]
uitvoer- (bijv., ~goederen)	export	['ekspɔ:t]
goederen (mv.)	goods	[gʊdz]
partij (de)	consignment, lot	[ˌkən'saɪnmənt], [lɒt]
gewicht (het)	weight	[weɪt]
volume (het)	volume	['vɒlju:m]
kubieke meter (de)	cubic metre	['kju:bɪk 'mi:tə(r)]
producent (de)	manufacturer	[ˌmænjʊ'fæktʃərə(r)]
transportbedrijf (de)	transport company	['trænspɔ:t 'kʌmpənɪ]
container (de)	container	[kən'teɪnə(r)]
grens (de)	border	['bɔ:də(r)]
douane (de)	customs	['kʌstəmz]
douanerecht (het)	customs duty	['kʌstəmz 'dju:tɪ]
douanier (de)	customs officer	['kʌstəmz 'ɒfɪsə(r)]
smokkelen (het)	smuggling	['smʌglɪŋ]
smokkelwaar (de)	contraband	['kɒntrəbænd]

109. Financiën

aandeel (het)	share, stock	[ʃeə(r)], [stɒk]
obligatie (de)	bond	[bɒnd]
wissel (de)	bill of exchange	[bɪl əv ɪks'tʃeɪndʒ]
beurs (de)	stock exchange	[stɒk ɪks'tʃeɪndʒ]
aandelenkoers (de)	stock price	[stɒk praɪs]
dalen (ww)	to go down	[tə gəʊ daʊn]
stijgen (ww)	to go up	[tə gəʊ ʌp]
deel (het)	shareholding	['ʃeəˌhəʊldɪŋ]
meerderheidsbelang (het)	controlling interest	[kən'trəʊlɪŋ 'ɪntrəst]
investeringen (mv.)	investment	[ɪn'vestmənt]
investeren (ww)	to invest (vi, vt)	[tu ɪn'vest]
procent (het)	percent	[pə'sent]
rente (de)	interest	['ɪntrəst]
winst (de)	profit	['prɒfɪt]
winstgevend (bn)	profitable	['prɒfɪtəbəl]
belasting (de)	tax	[tæks]

valuta (vreemde ~)	currency	['kʌrənsɪ]
nationaal (bn)	national	['næʃənəl]
ruil (de)	exchange	[ɪks'tʃeɪndʒ]

| boekhouder (de) | accountant | [ə'kaʊntənt] |
| boekhouding (de) | accounting | [ə'kaʊnts dɪ'pɑːtmənt] |

bankroet (het)	bankruptcy	['bæŋkrʌptsɪ]
geruïneerd zijn (ww)	to be ruined	[tə biː 'ruːɪnd]
inflatie (de)	inflation	[ɪn'fleɪʃən]
devaluatie (de)	devaluation	['diːˌvæljʊ'eɪʃən]

kapitaal (het)	capital	['kæpɪtəl]
inkomen (het)	income	['ɪŋkʌm]
omzet (de)	turnover	['tɜːnˌəʊvə(r)]
middelen (mv.)	resources	[rɪ'sɔːsɪz]
financiële middelen (mv.)	monetary resources	['mʌnɪtərɪ rɪ'sɔːsɪz]

| operationele kosten (mv.) | overheads | ['əʊvəhedz] |
| reduceren (kosten ~) | to reduce (vt) | [tə rɪ'djuːs] |

110. Marketing

marketing (de)	marketing	['mɑːkɪtɪŋ]
markt (de)	market	['mɑːkɪt]
marktsegment (het)	market segment	['mɑːkɪt 'segmənt]
product (het)	product	['prɒdʌkt]
goederen (mv.)	goods	[gʊdz]

| merk (het) | brand | [brænd] |
| logo (het) | logo | ['ləʊgəʊ] |

vraag (de)	demand	[dɪ'mɑːnd]
aanbod (het)	supply	[sə'plaɪ]
behoefte (de)	need	[niːd]
consument (de)	consumer	[kən'sjuːmə(r)]

analyse (de)	analysis	[ə'næləsɪs]
analyseren (ww)	to analyse (vt)	[tu 'ænəlaɪz]
positionering (de)	positioning	[pə'zɪʃənɪŋ]
positioneren (ww)	to position (vt)	[tə pə'zɪʃən]

prijs (de)	price	[praɪs]
prijspolitiek (de)	pricing policy	['praɪsɪŋ 'pɒləsɪ]
prijsvorming (de)	formation of price	[fɔː'meɪʃən əv praɪs]

111. Reclame

reclame (de)	advertising	['ædvətaɪzɪŋ]
adverteren (ww)	to advertise (vt)	[tə 'ædvətaɪz]
budget (het)	budget	['bʌdʒɪt]
advertentie, reclame (de)	advertisement	[əd'vɜːtɪsmənt]

TV-reclame (de)	TV advertising	[ˌtiːˈviː ˈædvətaɪzɪŋ]
radioreclame (de)	radio advertising	[ˈreɪdɪəʊ ˈædvətaɪzɪŋ]
buitenreclame (de)	outdoor advertising	[ˈaʊtdɔː(r) ˈædvətaɪzɪŋ]
massamedia (de)	mass medias	[mæs ˈmiːdɪəs]
periodiek (de)	periodical	[ˌpɪərɪˈɒdɪkəl]
imago (het)	image	[ˈɪmɪdʒ]
slagzin (de)	slogan	[ˈsləʊgən]
motto (het)	motto	[ˈmɒtəʊ]
campagne (de)	campaign	[kæmˈpeɪn]
reclamecampagne (de)	advertising campaign	[ˈædvətaɪzɪŋ kæmˈpeɪn]
doelpubliek (het)	target group	[ˈtɑːgɪt gruːp]
visitekaartje (het)	business card	[ˈbɪznɪs kɑːd]
flyer (de)	leaflet	[ˈliːflɪt]
brochure (de)	brochure	[ˈbrəʊʃə(r)]
folder (de)	pamphlet	[ˈpæmflɪt]
nieuwsbrief (de)	newsletter	[ˈnjuːzˌletə(r)]
gevelreclame (de)	shop sign	[ʃɒp saɪn]
poster (de)	poster	[ˈpəʊstə(r)]
aanplakbord (het)	hoarding	[ˈhɔːdɪŋ]

112. Bankieren

bank (de)	bank	[bæŋk]
bankfiliaal (het)	branch	[brɑːntʃ]
bankbediende (de)	consultant	[kənˈsʌltənt]
manager (de)	manager	[ˈmænɪdʒə(r)]
bankrekening (de)	bank account	[bæŋk əˈkaʊnt]
rekeningnummer (het)	account number	[əˈkaʊnt ˈnʌmbə(r)]
lopende rekening (de)	current account	[ˈkʌrənt əˈkaʊnt]
spaarrekening (de)	deposit account	[dɪˈpɒzɪt əˈkaʊnt]
een rekening openen	to open an account	[tu ˈəʊpən ən əˈkaʊnt]
de rekening sluiten	to close the account	[tə kləʊz ðɪ əˈkaʊnt]
storting (de)	deposit	[dɪˈpɒzɪt]
een storting maken	to make a deposit	[tə meɪk ə dɪˈpɒzɪt]
overschrijving (de)	wire transfer	[ˈwaɪə ˈtrænsfɜː(r)]
een overschrijving maken	to wire, to transfer	[tə ˈwaɪə], [tə trænsˈfɜː]
som (de)	sum	[sʌm]
Hoeveel?	How much?	[ˌhaʊ ˈmʌtʃ]
handtekening (de)	signature	[ˈsɪgnətʃə(r)]
ondertekenen (ww)	to sign (vt)	[tə saɪn]
kredietkaart (de)	credit card	[ˈkredɪt kɑːd]
code (de)	code	[kəʊd]

| kredietkaartnummer (het) | credit card number | ['kredɪt kɑːd 'nʌmbə(r)] |
| geldautomaat (de) | cashpoint | ['kæʃpɔɪnt] |

cheque (de)	cheque	[tʃek]
een cheque uitschrijven	to write a cheque	[tə ˌraɪt ə 'tʃek]
chequeboekje (het)	chequebook	['tʃekˌbʊk]

lening, krediet (de)	loan	[ləʊn]
een lening aanvragen	to apply for a loan	[tə ə'plaɪ fɔːrə ləʊn]
een lening nemen	to get a loan	[tə get ə ləʊn]
een lening verlenen	to give a loan	[tə gɪv ə ləʊn]
garantie (de)	guarantee	[ˌgærən'tiː]

113. Telefoon. Telefoongesprek

telefoon (de)	telephone	['telɪfəʊn]
mobieltje (het)	mobile phone	['məʊbaɪl fəʊn]
antwoordapparaat (het)	answering machine	['ɑːnsərɪŋ mə'ʃiːn]

| bellen (ww) | to ring (vi, vt) | [tə rɪŋ] |
| belletje (telefoontje) | call, ring | [kɔːl], [rɪŋ] |

een nummer draaien	to dial a number	[tə 'daɪəl ə 'nʌmbə(r)]
Hallo!	Hello!	[hə'ləʊ]
vragen (ww)	to ask (vt)	[tə ɑːsk]
antwoorden (ww)	to answer (vi, vt)	[tə 'ɑːnsə(r)]

horen (ww)	to hear (vt)	[tə hɪə(r)]
goed (bw)	well	[wel]
slecht (bw)	not well	[nɒt wel]
storingen (mv.)	noises	[nɔɪzɪz]

hoorn (de)	receiver	[rɪ'siːvə(r)]
opnemen (ww)	to pick up the phone	[tə pɪk ʌp ðə fəʊn]
ophangen (ww)	to hang up	[tə hæŋg ʌp]

bezet (bn)	engaged	[ɪn'geɪdʒd]
overgaan (ww)	to ring (vi)	[tə rɪŋ]
telefoonboek (het)	telephone book	['telɪfəʊn bʊk]

lokaal (bn)	local	['ləʊkəl]
interlokaal (bn)	trunk	[trʌŋk]
buitenlands (bn)	international	[ˌɪntə'næʃənəl]

114. Mobiele telefoon

mobieltje (het)	mobile phone	['məʊbaɪl fəʊn]
scherm (het)	display	[dɪ'spleɪ]
toets, knop (de)	button	['bʌtən]
simkaart (de)	SIM card	[sɪm kɑːd]
batterij (de)	battery	['bætərɪ]
leeg zijn (ww)	to be flat	[tə bi flæt]

acculader (de)	charger	['tʃɑːdʒə(r)]
menu (het)	menu	['menjuː]
instellingen (mv.)	settings	['setɪŋz]
melodie (beltoon)	tune	[tjuːn]
selecteren (ww)	to select (vt)	[tə sɪ'lekt]

rekenmachine (de)	calculator	['kælkjʊleɪtə(r)]
voicemail (de)	voice mail	[vɔɪs meɪl]
wekker (de)	alarm clock	[ə'lɑːm klɒk]
contacten (mv.)	contacts	['kɒntækts]

SMS-bericht (het)	SMS	[ˌesem'es]
abonnee (de)	subscriber	[səb'skraɪbə(r)]

115. Schrijfbehoeften

balpen (de)	ballpoint pen	['bɔːlpɔɪnt pen]
vulpen (de)	fountain pen	['faʊntɪn pen]

potlood (het)	pencil	['pensəl]
marker (de)	highlighter	['haɪlaɪtə(r)]
viltstift (de)	felt-tip pen	[felt tɪp pen]

notitieboekje (het)	notepad	['nəʊtpæd]
agenda (boekje)	diary	['daɪərɪ]

liniaal (de/het)	ruler	['ruːlə(r)]
rekenmachine (de)	calculator	['kælkjʊleɪtə(r)]
gom (de)	rubber	['rʌbə(r)]
punaise (de)	drawing pin	['drɔːɪŋ pɪn]
paperclip (de)	paper clip	['peɪpə klɪp]

lijm (de)	glue	[gluː]
nietmachine (de)	stapler	['steɪplə(r)]
perforator (de)	hole punch	[həʊl pʌntʃ]
potloodslijper (de)	pencil sharpener	['pensəl 'ʃɑːpənə(r)]

116. Verschillende soorten documenten

verslag (het)	account	[ə'kaʊnt]
overeenkomst (de)	agreement	[ə'griːmənt]
aanvraagformulier (het)	application form	[ˌæplɪ'keɪʃən fɔːm]
origineel, authentiek (bn)	authentic	[ɔː'θentɪk]
badge, kaart (de)	badge	[bædʒ]
visitekaartje (het)	business card	['bɪznɪs kɑːd]

certificaat (het)	certificate	[sə'tɪfɪkət]
cheque (de)	cheque	[tʃek]
rekening (in restaurant)	bill	[bɪl]
grondwet (de)	constitution	[ˌkɒnstɪ'tjuːʃən]
contract (het)	contract	['kɒntrækt]
kopie (de)	copy	['kɒpɪ]

exemplaar (het)	copy	['kɒpɪ]
douaneaangifte (de)	customs declaration	['kʌstəmz ˌdeklə'reɪʃən]
document (het)	document	['dɒkjʊmənt]
rijbewijs (het)	driving licence	['draɪvɪŋ ˌlaɪsəns]
bijlage (de)	addendum	[ə'dendəm]
formulier (het)	form	[fɔ:m]

identiteitskaart (de)	identity card, ID	[aɪ'dentətɪ kɑːd], [ˌaɪ'diː]
aanvraag (de)	inquiry	[ɪn'kwaɪərɪ]
uitnodigingskaart (de)	invitation card	[ˌɪnvɪ'teɪʃən kɑːd]
factuur (de)	invoice	['ɪnvɔɪs]

wet (de)	law	[lɔː]
brief (de)	letter	['letə(r)]
briefhoofd (het)	letterhead	['letəhed]
lijst (de)	list	[lɪst]
manuscript (het)	manuscript	['mænjʊskrɪpt]
nieuwsbrief (de)	newsletter	['njuːzˌletə(r)]
briefje (het)	note	[nəʊt]

pasje (voor personeel, enz.)	pass	[pɑːs]
paspoort (het)	passport	['pɑːspɔːt]
vergunning (de)	permit	['pɜːmɪt]
CV, curriculum vitae (het)	CV	[ˌsiː'viː]
schuldbekentenis (de)	debt note, IOU	[det nəʊt], [ˌaɪəʊ'juː]
kwitantie (de)	receipt	[rɪ'siːt]
bon (kassabon)	till receipt	[tɪl rɪ'siːt]
rapport (het)	report	[rɪ'pɔːt]

tonen (paspoort, enz.)	to show (vt)	[tə ʃəʊ]
ondertekenen (ww)	to sign (vt)	[tə saɪn]
handtekening (de)	signature	['sɪgnətʃə(r)]
stempel (de)	stamp, seal	[stæmp], [siːl]
tekst (de)	text	[tekst]
biljet (het)	ticket	['tɪkɪt]

| doorhalen (doorstrepen) | to cross out | [tə krɒs aʊt] |
| invullen (een formulier ~) | to fill in (vt) | [tə fɪl 'ɪn] |

| vrachtbrief (de) | waybill | ['weɪbɪl] |
| testament (het) | will | [wɪl] |

117. Soorten bedrijven

uitzendbureau (het)	employment agency	[ɪm'plɔɪmənt 'eɪdʒənsɪ]
bewakingsfirma (de)	security agency	[sɪ'kjʊərətɪ 'eɪdʒənsɪ]
persbureau (het)	news agency	[njuːz 'eɪdʒənsɪ]
reclamebureau (het)	advertising agency	['ædvətaɪzɪŋ 'eɪdʒənsɪ]

antiek (het)	antiquities	[æn'tɪkwətɪz]
verzekering (de)	insurance	[ɪn'ʃɔːrəns]
naaiatelier (het)	tailors	['teɪləz]
banken (mv.)	banks	[bæŋks]
bar (de)	pub	[pʌb]

bouwbedrijven (mv.)	construction	[kən'strʌkʃən]
juwelen (mv.)	jewellery	['dʒu:əlrı]
juwelier (de)	jeweller	['dʒu:ələ(r)]

wasserette (de)	laundry	['lɔ:ndrı]
alcoholische dranken (mv.)	alcoholic drinks	[ˌælkə'hɒlık drıŋks]
nachtclub (de)	nightclub	[naıt klʌb]
handelsbeurs (de)	stock exchange	[stɒk ıks'tʃeındʒ]
bierbrouwerij (de)	brewery	['brʊərı]
uitvaartcentrum (het)	undertakers	['ʌndəˌteıkəs]

casino (het)	casino	[kə'si:nəʊ]
zakencentrum (het)	business centre	['bıznıs 'sentə(r)]
bioscoop (de)	cinema	['sınəmə]
airconditioning (de)	air-conditioners	[eə kən'dıʃənəz]

handel (de)	trade	[treıd]
luchtvaartmaatschappij (de)	airline	['eəlaın]
adviesbureau (het)	consulting	[kən'sʌltıŋ]
koerierdienst (de)	parcels service	['pɑ:səls 's3:vıs]

tandheelkunde (de)	dental clinic	['dentəl 'klınık]
design (het)	design	[dı'zaın]
business school (de)	business school	['bıznıs sku:l]
magazijn (het)	warehouse	['weəhaʊs]
kunstgalerie (de)	art gallery	[ɑ:t 'gæları]
IJsje (het)	ice-cream	[aıs kri:m]
hotel (het)	hotel	[həʊ'tel]

vastgoed (het)	real estate	[rıəl ı'steıt]
drukkerij (de)	printing	['prıntıŋ]
industrie (de)	industry	['ındʌstrı]
Internet (het)	Internet	['ıntənet]
investeringen (mv.)	investment	[ın'vestmənt]

krant (de)	newspaper	['nju:zˌpeıpə(r)]
boekhandel (de)	bookshop	['bʊkʃɒp]
lichte industrie (de)	light industry	[laıt 'ındʌstrı]

winkel (de)	shop	[ʃɒp]
uitgeverij (de)	publishing house	['pʌblıʃıŋ ˌhaʊs]
medicijnen (mv.)	medicine	['medsın]
meubilair (het)	furniture	['f3:nıtʃə(r)]
museum (het)	museum	[mju:'zi:əm]

olie (aardolie)	oil, petroleum	[ɔıl], [pı'trəʊlıəm]
apotheek (de)	chemist	['kemıst]
geneesmiddelen (mv.)	pharmaceuticals	[ˌfɑ:mə'sju:tıkəlz]
zwembad (het)	swimming pool	['swımıŋ pu:l]
stomerij (de)	dry cleaners	[ˌdraı 'kli:nəz]
voedingswaren (mv.)	food products	[fu:d 'prodʌkts]
reclame (de)	advertising	['ædvətaızıŋ]

radio (de)	radio	['reıdıəʊ]
afvalinzameling (de)	waste collection	[weıst kə'lekʃən]
restaurant (het)	restaurant	['restrɒnt]

tijdschrift (het)	**magazine**	[ˌmægəˈziːn]
schoonheidssalon (de/het)	**beauty salon**	[ˈbjuːtɪ ˈsælɒn]
financiële diensten (mv.)	**financial services**	[faɪˈnænʃəl ˈsɜːvɪsɪz]
juridische diensten (mv.)	**legal adviser**	[ˈliːgəl ədˈvaɪzə(r)]
boekhouddiensten (mv.)	**accounting services**	[əˈkaʊntɪŋ ˈsɜːvɪsɪz]
audit diensten (mv.)	**audit services**	[ˈɔːdɪt ˈsɜːvɪsɪz]
sport (de)	**sport**	[spɔːt]
supermarkt (de)	**supermarket**	[ˈsuːpəˌmɑːkɪt]
televisie (de)	**television**	[ˈtelɪˌvɪʒən]
theater (het)	**theatre**	[ˈθɪətə(r)]
toerisme (het)	**travel**	[ˈtrævəl]
transport (het)	**transport companies**	[ˈtrænspɔːt ˈkʌmpənɪz]
postorderbedrijven (mv.)	**mail-order selling**	[meɪl ˈɔːdə ˈselɪŋ]
kleding (de)	**garment**	[ˈgɑːmənt]
dierenarts (de)	**veterinary surgeon**	[ˈvetərɪnrɪ ˈsɜːdʒən]

Baan. Business. Deel 2

118. Show. Tentoonstelling

beurs (de)	exhibition, show	[ˌeksɪ'bɪʃən], [ʃəʊ]
vakbeurs, handelsbeurs (de)	trade show	[treɪd ʃəʊ]
deelneming (de)	participation	[pɑːˌtɪsɪ'peɪʃən]
deelnemen (ww)	to participate (vi)	[tə pɑː'tɪsɪpeɪt]
deelnemer (de)	participant	[pɑː'tɪsɪpənt]
directeur (de)	director	[dɪ'rektə(r)]
organisator (de)	organizer	['ɔːɡənaɪzə(r)]
organiseren (ww)	to organize (vt)	[tə 'ɔːɡənaɪz]
deelnemingsaanvraag (de)	participation form	[pɑːˌtɪsɪ'peɪʃən fɔːm]
invullen (een formulier ~)	to fill in (vt)	[tə fɪl 'ɪn]
details (mv.)	details	['diːteɪlz]
informatie (de)	information	[ˌɪnfə'meɪʃən]
prijs (de)	price	[praɪs]
inclusief (bijv. ~ BTW)	including	[ɪn'kluːdɪŋ]
inbegrepen (alles ~)	to include (vt)	[tu ɪn'kluːd]
betalen (ww)	to pay (vi, vt)	[tə peɪ]
registratietarief (het)	registration fee	[ˌredʒɪ'streɪʃən fiː]
ingang (de)	entrance	['entrəns]
paviljoen (het), hal (de)	pavilion, hall	[pə'vɪljən], [hɔːl]
registreren (ww)	to register (vt)	[tə 'redʒɪstə(r)]
badge, kaart (de)	badge	[bædʒ]
beursstand (de)	stand	[stænd]
reserveren (een stand ~)	to reserve, to book	[tə rɪ'zɜːv], [tə bʊk]
vitrine (de)	display case	[dɪ'spleɪ keɪs]
licht (het)	spotlight	['spɒtlaɪt]
design (het)	design	[dɪ'zaɪn]
plaatsen (ww)	to place (vt)	[tə pleɪs]
geplaatst zijn (ww)	to be placed	[tə bi pleɪst]
distributeur (de)	distributor	[dɪ'strɪbjʊtə(r)]
leverancier (de)	supplier	[sə'plaɪə(r)]
leveren (ww)	to supply (vt)	[tə sə'plaɪ]
land (het)	country	['kʌntrɪ]
buitenlands (bn)	foreign	['fɒrən]
product (het)	product	['prɒdʌkt]
associatie (de)	association	[əˌsəʊsɪ'eɪʃən]
conferentiezaal (de)	conference hall	['kɒnfərəns hɔːl]
congres (het)	congress	['kɒŋgres]

wedstrijd (de)	contest	['kɒntest]
bezoeker (de)	visitor	['vɪzɪtə(r)]
bezoeken (ww)	to visit (vt)	[tə 'vɪzɪt]
afnemer (de)	customer	['kʌstəmə(r)]

119. Massamedia

krant (de)	newspaper	['njuːzˌpeɪpə(r)]
tijdschrift (het)	magazine	[ˌmægə'ziːn]
pers (gedrukte media)	press	[pres]
radio (de)	radio	['reɪdɪəʊ]
radiostation (het)	radio station	['reɪdɪəʊ 'steɪʃən]
televisie (de)	television	['telɪˌvɪʒən]

presentator (de)	presenter, host	[prɪ'zentə(r)], [həʊst]
nieuwslezer (de)	newsreader	['njuːzˌriːdə(r)]
commentator (de)	commentator	['kɒmənˌteɪtə(r)]

journalist (de)	journalist	['dʒɜːnəlɪst]
correspondent (de)	correspondent	[ˌkɒrɪ'spɒndənt]
fotocorrespondent (de)	press photographer	[pres fə'tɒgrəfə(r)]
reporter (de)	reporter	[rɪ'pɔːtə(r)]

redacteur (de)	editor	['edɪtə(r)]
chef-redacteur (de)	editor-in-chief	['edɪtər ɪn tʃiːf]
zich abonneren op	to subscribe to …	[tə səb'skraɪb]
abonnement (het)	subscription	[səb'skrɪpʃən]
abonnee (de)	subscriber	[səb'skraɪbə(r)]
lezen (ww)	to read (vi, vt)	[tə riːd]
lezer (de)	reader	['riːdə(r)]

oplage (de)	circulation	[ˌsɜːkjʊ'leɪʃən]
maand-, maandelijks (bn)	monthly	['mʌnθlɪ]
wekelijks (bn)	weekly	['wiːklɪ]
nummer (het)	issue	['ɪʃuː]
vers (~ van de pers)	new, recent	[njuː], ['riːsənt]

kop (de)	headline	['hedlaɪn]
korte artikel (het)	short article	[ʃɔːt 'ɑːtɪkəl]
rubriek (de)	column	['kɒləm]
artikel (het)	article	['ɑːtɪkəl]
pagina (de)	page	[peɪdʒ]

reportage (de)	reportage, report	[ˌrepɔː'tɑːʒ], [rɪ'pɔːt]
gebeurtenis (de)	event	[ɪ'vent]
sensatie (de)	sensation	[sen'seɪʃən]
schandaal (het)	scandal	['skændəl]
schandalig (bn)	scandalous	['skændələs]
groot (~ schandaal, enz.)	great	[greɪt]

programma (het)	programme	['prəʊgræm]
interview (het)	interview	['ɪntəvjuː]
live uitzending (de)	live broadcast	[laɪv 'brɔːdkɑːst]
kanaal (het)	channel	['tʃænəl]

120. Landbouw

landbouw (de)	agriculture	[ˈægrɪˌkʌltʃə(r)]
boer (de)	peasant	[ˈpezənt]
boerin (de)	peasant	[ˈpezənt]
landbouwer (de)	farmer	[ˈfɑːmə(r)]

| tractor (de) | tractor | [ˈtræktə(r)] |
| maaidorser (de) | harvester | [ˈhɑːvɪstə(r)] |

ploeg (de)	plough	[plaʊ]
ploegen (ww)	to plough (vi, vt)	[tə plaʊ]
akkerland (het)	ploughland	[plaʊ lænd]
voor (de)	furrow	[ˈfʌrəʊ]

zaaien (ww)	to sow (vi, vt)	[tə səʊ]
zaaimachine (de)	seeder	[ˈsiːdə(r)]
zaaien (het)	sowing	[ˈsəʊɪŋ]

| zeis (de) | scythe | [saɪð] |
| maaien (ww) | to mow, to scythe | [tə məʊ], [tə saɪð] |

| schop (de) | spade | [speɪd] |
| spitten (ww) | to till (vt) | [tə tɪl] |

schoffel (de)	hoe	[həʊ]
wieden (ww)	to hoe, to weed	[tə həʊ], [tə wiːd]
onkruid (het)	weed	[wiːd]

gieter (de)	watering can	[ˈwɔːtərɪŋ kæn]
begieten (water geven)	to water (vt)	[tə ˈwɔːtə(r)]
bewatering (de)	watering	[ˈwɔːtərɪŋ]

| riek, hooivork (de) | pitchfork | [ˈpɪtʃfɔːk] |
| hark (de) | rake | [reɪk] |

meststof (de)	fertilizer	[ˈfɜːtɪlaɪzə(r)]
bemesten (ww)	to fertilize (vt)	[tə ˈfɜːtɪlaɪz]
mest (de)	manure	[məˈnjʊə(r)]

veld (het)	field	[fiːld]
wei (de)	meadow	[ˈmedəʊ]
moestuin (de)	vegetable garden	[ˈvedʒtəbəl ˈgɑːdən]
boomgaard (de)	orchard	[ˈɔːtʃəd]

weiden (ww)	to graze (vt)	[tə greɪz]
herder (de)	herdsman	[ˈhɜːdzmən]
weiland (de)	pastureland	[ˈpɑːstʃələænd]

| veehouderij (de) | cattle breeding | [ˈkætəl ˈbriːdɪŋ] |
| schapenteelt (de) | sheep farming | [ʃiːp ˈfɑːmɪŋ] |

plantage (de)	plantation	[plænˈteɪʃən]
rijtje (het)	row	[rəʊ]
broeikas (de)	hothouse	[ˈhɒthaʊs]

droogte (de)	drought	[draʊt]
droog (bn)	dry	[draɪ]

graan (het)	grain	[greɪn]
oogsten (ww)	to harvest (vt)	[tə 'hɑːvɪst]

molenaar (de)	miller	['mɪlə(r)]
molen (de)	mill	[mɪl]
malen (graan ~)	to grind (vt)	[tə graɪnd]
bloem (bijv. tarwebloem)	flour	['flaʊə(r)]
stro (het)	straw	[strɔː]

121. Gebouw. Bouwproces

bouwplaats (de)	building site	['bɪldɪŋ saɪt]
bouwen (ww)	to build (vt)	[tə bɪld]
bouwvakker (de)	building worker	['bɪldɪŋ ˌwɜːkə(r)]

project (het)	project	['prɒdʒekt]
architect (de)	architect	['ɑːkɪtekt]
arbeider (de)	worker	['wɜːkə(r)]

fundering (de)	foundations	[faʊn'deɪʃənz]
dak (het)	roof	[ruːf]
heipaal (de)	foundation pile	[faʊn'deɪʃən paɪl]
muur (de)	wall	[wɔːl]

betonstaal (het)	reinforcing bars	[ˌriːɪn'fɔːsɪŋ bɑː(r)s]
steigers (mv.)	scaffolding	['skæfəldɪŋ]

beton (het)	concrete	['kɒŋkriːt]
graniet (het)	granite	['grænɪt]

steen (de)	stone	[stəʊn]
baksteen (de)	brick	[brɪk]

zand (het)	sand	[sænd]
cement (de/het)	cement	[sɪ'ment]
pleister (het)	plaster	['plɑːstə(r)]
pleisteren (ww)	to plaster (vt)	[tə 'plɑːstə(r)]

verf (de)	paint	[peɪnt]
verven (muur ~)	to paint (vt)	[tə peɪnt]
ton (de)	barrel	['bærəl]

kraan (de)	crane	[kreɪn]
heffen, hijsen (ww)	to lift (vt)	[tə lɪft]
neerlaten (ww)	to lower (vt)	[tə 'ləʊə(r)]

bulldozer (de)	bulldozer	['bʊldəʊzə(r)]
graafmachine (de)	excavator	['ekskəˌveɪtə(r)]
graafbak (de)	scoop, bucket	[skuːp], ['bʌkɪt]
graven (tunnel, enz.)	to dig (vt)	[tə dɪg]
helm (de)	hard hat	[hɑːd hæt]

122. Wetenschap. Onderzoek. Wetenschappers

wetenschap (de)	science	['saɪəns]
wetenschappelijk (bn)	scientific	[ˌsaɪən'tɪfɪk]
wetenschapper (de)	scientist	['saɪəntɪst]
theorie (de)	theory	['θɪərɪ]
axioma (het)	axiom	['æksɪəm]
analyse (de)	analysis	[ə'næləsɪs]
analyseren (ww)	to analyse (vt)	[tu 'ænəlaɪz]
argument (het)	argument	['ɑ:gjʊmənt]
substantie (de)	substance	['sʌbstəns]
hypothese (de)	hypothesis	[haɪ'pɒθɪsɪs]
dilemma (het)	dilemma	[dɪ'lemə]
dissertatie (de)	dissertation	[ˌdɪsə'teɪʃən]
dogma (het)	dogma	['dɒgmə]
doctrine (de)	doctrine	['dɒktrɪn]
onderzoek (het)	research	[rɪ'sɜ:tʃ]
onderzoeken (ww)	to research (vt)	[tə rɪ'sɜ:tʃ]
toetsing (de)	testing	['testɪŋ]
laboratorium (het)	laboratory	[lə'bɒrətrɪ]
methode (de)	method	['meθəd]
molecule (de/het)	molecule	['mɒlɪkju:l]
monitoring (de)	monitoring	['mɒnɪtərɪŋ]
ontdekking (de)	discovery	[dɪ'skʌvərɪ]
postulaat (het)	postulate	['pɒstjʊlət]
principe (het)	principle	['prɪnsɪpəl]
voorspelling (de)	forecast	['fɔ:kɑ:st]
een prognose maken	prognosticate (vt)	[prɒg'nɒstɪkeɪt]
synthese (de)	synthesis	['sɪnθəsɪs]
tendentie (de)	trend	[trend]
theorema (het)	theorem	['θɪərəm]
leerstellingen (mv.)	teachings	['ti:tʃɪŋz]
feit (het)	fact	[fækt]
expeditie (de)	expedition	[ˌekspɪ'dɪʃən]
experiment (het)	experiment	[ɪk'sperɪmənt]
academicus (de)	academician	[əˌkædə'mɪʃən]
bachelor (bijv. BA, LLB)	bachelor	['bætʃələ(r)]
doctor (de)	doctor, PhD	['dɒktə(r)], [ˌpi:eɪtʃ'di:]
universitair docent (de)	Associate Professor	[ə'səʊʃɪət prə'fesə(r)]
master, magister (de)	Master	['mɑ:stə(r)]
professor (de)	professor	[prə'fesə(r)]

Beroepen en ambachten

123. Zoeken naar werk. Ontslag

baan (de)	job	[dʒɒb]
werknemers (mv.)	staff	[stɑ:f]
carrière (de)	career	[kə'rɪə(r)]
vooruitzichten (mv.)	prospects	['prɒspekts]
meesterschap (het)	skills, mastery	[skɪls], ['mɑːstərɪ]
keuze (de)	selection	[sɪ'lekʃən]
uitzendbureau (het)	employment agency	[ɪm'plɔɪmənt 'eɪdʒənsɪ]
CV, curriculum vitae (het)	CV	[ˌsiː'viː]
sollicitatiegesprek (het)	interview	['ɪntəvjuː]
vacature (de)	vacancy	['veɪkənsɪ]
salaris (het)	salary, pay	['sælərɪ], [peɪ]
loon (het)	pay, compensation	[peɪ], [ˌkɒmpen'seɪʃən]
betrekking (de)	position	[pə'zɪʃən]
taak, plicht (de)	duty	['djuːtɪ]
takenpakket (het)	range of duties	[reɪndʒ əv 'djuːtɪz]
bezig (~ zijn)	busy	['bɪzɪ]
ontslagen (ww)	to fire, to dismiss	[tə 'faɪə], [tə dɪs'mɪs]
ontslag (het)	dismissal	[dɪs'mɪsəl]
werkloosheid (de)	unemployment	[ˌʌnɪm'plɔɪmənt]
werkloze (de)	unemployed	[ˌʌnɪm'plɔɪd]
pensioen (het)	retirement	[rɪ'taɪəmənt]
met pensioen gaan	to retire (vi)	[tə rɪ'taɪə(r)]

124. Zakenmensen

directeur (de)	director	[dɪ'rektə(r)]
beheerder (de)	manager	['mænɪdʒə(r)]
hoofd (het)	boss	[bɒs]
baas (de)	superior	[suː'pɪərɪə]
superieuren (mv.)	superiors	[suː'pɪərɪərz]
president (de)	president	['prezɪdənt]
voorzitter (de)	chairman	['tʃeəmən]
adjunct (de)	deputy	['depjʊtɪ]
assistent (de)	assistant	[ə'sɪstənt]
secretaris (de)	secretary	['sekrətərɪ]
persoonlijke assistent (de)	personal assistant	['pɜːsənəl ə'sɪstənt]

zakenman (de)	businessman	['bıznısmæn]
ondernemer (de)	entrepreneur	[ˌɒntrəprə'nɜ:(r)]
oprichter (de)	founder	['faʊndə(r)]
oprichten (een nieuw bedrijf ~)	to found (vt)	[tə faʊnd]

stichter (de)	incorporator	[ın'kɔ:pəreıtə]
partner (de)	partner	['pɑ:tnə(r)]
aandeelhouder (de)	shareholder	['ʃeəˌhəʊldə(r)]

miljonair (de)	millionaire	[ˌmıljə'neə(r)]
miljardair (de)	billionaire	[ˌbıljə'neə(r)]
eigenaar (de)	owner	['əʊnə(r)]
landeigenaar (de)	landowner	['lændˌəʊnə(r)]

klant (de)	client	['klaıənt]
vaste klant (de)	regular client	['regjʊlə 'klaıənt]
koper (de)	buyer	['baıə(r)]
bezoeker (de)	visitor	['vızıtə(r)]

professioneel (de)	professional	[prə'feʃənəl]
expert (de)	expert	['ekspɜ:t]
specialist (de)	specialist	['speʃəlıst]

bankier (de)	banker	['bæŋkə(r)]
makelaar (de)	broker	['brəʊkə(r)]

kassier (de)	cashier	[kæ'ʃıə(r)]
boekhouder (de)	accountant	[ə'kaʊntənt]
bewaker (de)	security guard	[sı'kjʊərətı gɑ:d]

investeerder (de)	investor	[ın'vestə(r)]
schuldenaar (de)	debtor	['detə(r)]
crediteur (de)	creditor	['kredıtə(r)]
lener (de)	borrower	['bɒrəʊə(r)]

importeur (de)	importer	[ım'pɔ:tə(r)]
exporteur (de)	exporter	[ek'spɔ:tə(r)]

producent (de)	manufacturer	[ˌmænjʊ'fæktʃərə(r)]
distributeur (de)	distributor	[dı'strıbjʊtə(r)]
bemiddelaar (de)	middleman	['mıdəlmæn]

adviseur, consulent (de)	consultant	[kən'sʌltənt]
vertegenwoordiger (de)	sales representative	['seılz ˌreprı'zentətıv]
agent (de)	agent	['eıdʒənt]
verzekeringsagent (de)	insurance agent	[ın'ʃɔ:rəns 'eıdʒənt]

125. Dienstverlenende beroepen

kok (de)	cook	[kʊk]
chef-kok (de)	chef	[ʃef]
barman (de)	barman	['bɑ:mən]
kelner, ober (de)	waiter	['weıtə(r)]

serveerster (de)	waitress	['weɪtrɪs]
advocaat (de)	lawyer, barrister	['lɔːjə(r)], ['bærɪstə(r)]
jurist (de)	lawyer	['lɔːjə(r)]
notaris (de)	notary	['nəʊtərɪ]

elektricien (de)	electrician	[ˌɪlek'trɪʃən]
loodgieter (de)	plumber	['plʌmə(r)]
timmerman (de)	carpenter	['kɑːpəntə(r)]

masseur (de)	masseur	[mæ'sɜː]
masseuse (de)	masseuse	[mæ'suːz]
dokter, arts (de)	doctor	['dɒktə(r)]

taxichauffeur (de)	taxi driver	['tæksɪ 'draɪvə(r)]
chauffeur (de)	driver	['draɪvə(r)]
koerier (de)	delivery man	[dɪ'lɪvərɪ mæn]

kamermeisje (het)	chambermaid	['tʃeɪmbəˌmeɪd]
bewaker (de)	security guard	[sɪ'kjʊərətɪ gɑːd]
stewardess (de)	stewardess	['stjʊədɪs]

meester (de)	teacher	['tiːtʃə(r)]
bibliothecaris (de)	librarian	[laɪ'breərɪən]
vertaler (de)	translator	[træns'leɪtə(r)]
tolk (de)	interpreter	[ɪn'tɜːprɪtə(r)]
gids (de)	guide	[gaɪd]

kapper (de)	hairdresser	['heəˌdresə(r)]
postbode (de)	postman	[pəʊstmən]
verkoper (de)	shop assistant	[ʃɒp ə'sɪstənt]

tuinman (de)	gardener	['gɑːdnə(r)]
huisbediende (de)	servant	['sɜːvənt]
dienstmeisje (het)	maid	[meɪd]
schoonmaakster (de)	cleaner	['kliːnə(r)]

126. Militaire beroepen en rangen

soldaat (rang)	private	['praɪvɪt]
sergeant (de)	sergeant	['sɑːdʒənt]
luitenant (de)	lieutenant	[lef'tenənt]
kapitein (de)	captain	['kæptɪn]

majoor (de)	major	['meɪdʒə(r)]
kolonel (de)	colonel	['kɜːnəl]
generaal (de)	general	['dʒenərəl]
maarschalk (de)	marshal	['mɑːʃəl]
admiraal (de)	admiral	['ædmərəl]

militair (de)	military man	['mɪlɪtərɪ mæn]
soldaat (de)	soldier	['səʊldʒə(r)]
officier (de)	officer	['ɒfɪsə(r)]
commandant (de)	commander	[kə'mɑːndə(r)]
grenswachter (de)	border guard	['bɔːdə gɑːd]

marconist (de)	radio operator	['reɪdɪəʊ 'ɒpəreɪtə(r)]
verkenner (de)	scout	[skaʊt]
sappeur (de)	pioneer	[ˌpaɪə'nɪə(r)]
schutter (de)	marksman	['mɑːksmən]
stuurman (de)	navigator	['nævɪɡeɪtə(r)]

127. Ambtenaren. Priesters

koning (de)	king	[kɪŋ]
koningin (de)	queen	[kwiːn]
prins (de)	prince	[prɪns]
prinses (de)	princess	[prɪn'ses]
tsaar (de)	tsar	[zɑː(r)]
tsarina (de)	czarina	[zɑː'riːnə]
president (de)	President	['prezɪdənt]
minister (de)	Minister	['mɪnɪstə(r)]
eerste minister (de)	Prime Minister	[praɪm 'mɪnɪstə(r)]
senator (de)	Senator	['senətə(r)]
diplomaat (de)	diplomat	['dɪpləmæt]
consul (de)	consul	['kɒnsəl]
ambassadeur (de)	ambassador	[æm'bæsədə(r)]
adviseur (de)	adviser	[əd'vaɪzə(r)]
ambtenaar (de)	official	[ə'fɪʃəl]
prefect (de)	prefect	['priːfekt]
burgemeester (de)	mayor	[meə(r)]
rechter (de)	judge	[dʒʌdʒ]
aanklager (de)	prosecutor	['prɒsɪkjuːtə(r)]
missionaris (de)	missionary	['mɪʃənrɪ]
monnik (de)	monk	[mʌŋk]
abt (de)	abbot	['æbət]
rabbi, rabbijn (de)	rabbi	['ræbaɪ]
vizier (de)	vizier	[vɪ'zɪə(r)]
sjah (de)	shah	[ʃɑː]
sjeik (de)	sheikh	[ʃeɪk]

128. Agrarische beroepen

imker (de)	beekeeper	['biːˌkiːpə(r)]
herder (de)	shepherd	['ʃepəd]
landbouwkundige (de)	agronomist	[ə'grɒnəmɪst]
veehouder (de)	cattle breeder	['kætəl 'briːdə(r)]
dierenarts (de)	veterinary surgeon	['vetərɪnrɪ 'sɜːdʒən]
landbouwer (de)	farmer	['fɑːmə(r)]
wijnmaker (de)	winemaker	['waɪn ˌmeɪkə(r)]

| zoöloog (de) | zoologist | [zəʊˈɒlədʒɪst] |
| cowboy (de) | cowboy | [ˈkaʊbɔɪ] |

129. Kunst beroepen

| acteur (de) | actor | [ˈæktə(r)] |
| actrice (de) | actress | [ˈæktrɪs] |

| zanger (de) | singer | [ˈsɪŋə(r)] |
| zangeres (de) | singer | [ˈsɪŋə(r)] |

| danser (de) | dancer | [ˈdɑːnsə(r)] |
| danseres (de) | dancer | [ˈdɑːnsə(r)] |

muzikant (de)	musician	[mjuːˈzɪʃən]
pianist (de)	pianist	[ˈpɪənɪst]
gitarist (de)	guitar player	[ɡɪˈtɑːr ˈpleɪə(r)]

orkestdirigent (de)	conductor	[kənˈdʌktə(r)]
componist (de)	composer	[kəmˈpəʊzə(r)]
impresario (de)	impresario	[ˌɪmprɪˈsɑːrɪəʊ]

filmregisseur (de)	film director	[fɪlm dɪˈrektə(r)]
filmproducent (de)	producer	[prəˈdjuːsə(r)]
scenarioschrijver (de)	scriptwriter	[ˈskrɪptˌraɪtə(r)]
criticus (de)	critic	[ˈkrɪtɪk]

schrijver (de)	writer	[ˈraɪtə(r)]
dichter (de)	poet	[ˈpəʊɪt]
beeldhouwer (de)	sculptor	[ˈskʌlptə(r)]
kunstenaar (de)	artist, painter	[ˈɑːtɪst], [ˈpeɪntə(r)]

jongleur (de)	juggler	[ˈdʒʌɡlə(r)]
clown (de)	clown	[klaʊn]
acrobaat (de)	acrobat	[ˈækrəbæt]
goochelaar (de)	magician	[məˈdʒɪʃən]

130. Verschillende beroepen

dokter, arts (de)	doctor	[ˈdɒktə(r)]
ziekenzuster (de)	nurse	[nɜːs]
psychiater (de)	psychiatrist	[saɪˈkaɪətrɪst]
tandarts (de)	dentist	[ˈdentɪst]
chirurg (de)	surgeon	[ˈsɜːdʒən]

astronaut (de)	astronaut	[ˈæstrənɔːt]
astronoom (de)	astronomer	[əˈstrɒnəmə(r)]
piloot (de)	pilot	[ˈpaɪlət]

chauffeur (de)	driver	[ˈdraɪvə(r)]
machinist (de)	train driver	[treɪn ˈdraɪvə(r)]
mecanicien (de)	mechanic	[mɪˈkænɪk]

116

mijnwerker (de)	miner	['maɪnə(r)]
arbeider (de)	worker	['wɜːkə(r)]
bankwerker (de)	metalworker	['metəlˌwɜːkə(r)]
houtbewerker (de)	joiner	['dʒɔɪnə(r)]
draaier (de)	turner	['tɜːnə(r)]
bouwvakker (de)	building worker	['bɪldɪŋ ˌwɜːkə(r)]
lasser (de)	welder	[weldə(r)]
professor (de)	professor	[prə'fesə(r)]
architect (de)	architect	['ɑːkɪtekt]
historicus (de)	historian	[hɪ'stɔːrɪən]
wetenschapper (de)	scientist	['saɪəntɪst]
fysicus (de)	physicist	['fɪzɪsɪst]
scheikundige (de)	chemist	['kemɪst]
archeoloog (de)	archaeologist	[ˌɑːkɪ'ɒlədʒɪst]
geoloog (de)	geologist	[dʒɪ'ɒlədʒɪst]
onderzoeker (de)	researcher	[rɪ'sɜːtʃə(r)]
babysitter (de)	babysitter	[ˌbeɪbɪ 'sɪtə(r)]
leraar, pedagoog (de)	teacher, educator	['tiːtʃə(r)], ['edʒʊkeɪtə(r)]
redacteur (de)	editor	['edɪtə(r)]
chef-redacteur (de)	editor-in-chief	['edɪtər ɪn tʃiːf]
correspondent (de)	correspondent	[ˌkɒrɪ'spɒndənt]
typiste (de)	typist	['taɪpɪst]
designer (de)	designer	[dɪ'zaɪnə(r)]
computerexpert (de)	computer expert	[kəm'pjuːtər 'ekspɜːt]
programmeur (de)	programmer	['prəʊɡræmə(r)]
ingenieur (de)	engineer	[ˌendʒɪ'nɪə(r)]
matroos (de)	sailor	['seɪlə(r)]
zeeman (de)	seaman	['siːmən]
redder (de)	rescuer	['reskjʊə(r)]
brandweerman (de)	firefighter	['faɪəfaɪtə]
politieagent (de)	policeman	[pə'liːsmən]
nachtwaker (de)	watchman	['wɒtʃmən]
detective (de)	detective	[dɪ'tektɪv]
douanier (de)	customs officer	['kʌstəmz 'ɒfɪsə(r)]
lijfwacht (de)	bodyguard	['bɒdɪɡɑːd]
gevangenisbewaker (de)	prison officer	['prɪzən 'ɒfɪsə(r)]
inspecteur (de)	inspector	[ɪn'spektə(r)]
sportman (de)	sportsman	['spɔːtsmən]
trainer (de)	trainer, coach	['treɪnə(r)], [kəʊtʃ]
slager, beenhouwer (de)	butcher	['bʊtʃə(r)]
schoenlapper (de)	cobbler	['kɒblə(r)]
handelaar (de)	merchant	['mɜːtʃənt]
lader (de)	loader	['ləʊdə(r)]
kledingstilist (de)	fashion designer	['fæʃən dɪ'zaɪnə(r)]
model (het)	model	['mɒdəl]

131. Beroepen. Sociale status

scholier (de)	schoolboy	['sku:lbɔɪ]
student (de)	student	['stju:dənt]
filosoof (de)	philosopher	[fɪ'lɒsəfə(r)]
econoom (de)	economist	[ɪ'kɒnəmɪst]
uitvinder (de)	inventor	[ɪn'ventə(r)]
werkloze (de)	unemployed	[ˌʌnɪm'plɔɪd]
gepensioneerde (de)	pensioner	['penʃənə(r)]
spion (de)	spy, secret agent	[spaɪ], ['si:krɪt 'eɪdʒənt]
gedetineerde (de)	prisoner	['prɪzənə(r)]
staker (de)	striker	['straɪkə(r)]
bureaucraat (de)	bureaucrat	['bjʊərəkræt]
reiziger (de)	traveller	['trævələ(r)]
homoseksueel (de)	homosexual	[ˌhɒmə'sekʃʊəl]
hacker (computerkraker)	hacker	['hækə(r)]
hippie (de)	hippie	['hɪpɪ]
bandiet (de)	bandit	['bændɪt]
huurmoordenaar (de)	hit man, killer	[hɪt mæn], ['kɪlə(r)]
drugsverslaafde (de)	drug addict	['drʌgˌædɪkt]
drugshandelaar (de)	drug dealer	['drʌg ˌdi:lə(r)]
prostituee (de)	prostitute	['prɒstɪtju:t]
pooier (de)	pimp	[pɪmp]
tovenaar (de)	sorcerer	['sɔ:sərə(r)]
tovenares (de)	sorceress	['sɔ:sərɪs]
piraat (de)	pirate	['paɪrət]
slaaf (de)	slave	[sleɪv]
samoerai (de)	samurai	['sæmʊraɪ]
wilde (de)	savage	['sævɪdʒ]

Sport

132. Soorten sporten. Sporters

sportman (de)	**sportsman**	['spɔːtsmən]
soort sport (de/het)	**kind of sport**	[kaɪnd əv spɔːt]
basketbal (het)	**basketball**	['bɑːskɪtbɔːl]
basketbalspeler (de)	**basketball player**	['bɑːskɪtbɔːl 'pleɪə(r)]
baseball (het)	**baseball**	['beɪsbɔːl]
baseballspeler (de)	**baseball player**	['beɪsbɔːl 'pleɪə(r)]
voetbal (het)	**football**	['fʊtˌbɔːl]
voetballer (de)	**football player**	['fʊtˌbɔːl 'pleɪə(r)]
doelman (de)	**goalkeeper**	['gəʊlˌkiːpə(r)]
hockey (het)	**ice hockey**	['aɪs ˌhɒkɪ]
hockeyspeler (de)	**ice hockey player**	['aɪs ˌhɒkɪ 'pleɪə(r)]
volleybal (het)	**volleyball**	['vɒlɪbɔːl]
volleybalspeler (de)	**volleyball player**	['vɒlɪbɔːl 'pleɪə(r)]
boksen (het)	**boxing**	['bɒksɪŋ]
bokser (de)	**boxer**	['bɒksə(r)]
worstelen (het)	**wrestling**	['reslɪŋ]
worstelaar (de)	**wrestler**	['reslə(r)]
karate (de)	**karate**	[kə'rɑːtɪ]
karateka (de)	**karate fighter**	[kə'rɑːtɪ 'faɪtər]
judo (de)	**judo**	['dʒuːdəʊ]
judoka (de)	**judo athlete**	['dʒuːdəʊ 'æθliːt]
tennis (het)	**tennis**	['tenɪs]
tennisspeler (de)	**tennis player**	['tenɪs 'pleɪə(r)]
zwemmen (het)	**swimming**	['swɪmɪŋ]
zwemmer (de)	**swimmer**	['swɪmə(r)]
schermen (het)	**fencing**	['fensɪŋ]
schermer (de)	**fencer**	['fensə(r)]
schaak (het)	**chess**	[tʃes]
schaker (de)	**chess player**	[tʃes 'pleɪə(r)]
alpinisme (het)	**alpinism**	['ælpɪnɪzəm]
alpinist (de)	**alpinist**	['ælpɪnɪst]
hardlopen (het)	**running**	['rʌnɪŋ]

renner (de)	runner	['rʌnə(r)]
atletiek (de)	athletics	[æθ'letɪks]
atleet (de)	athlete	['æθliːt]

| paardensport (de) | horse riding | [hɔːs 'raɪdɪŋ] |
| ruiter (de) | horse rider | [hɔːs 'raɪdə(r)] |

kunstschaatsen (het)	figure skating	['fɪgə 'skeɪtɪŋ]
kunstschaatser (de)	figure skater	['fɪgə 'skeɪtə(r)]
kunstschaatsster (de)	figure skater	['fɪgə 'skeɪtə(r)]

| gewichtheffen (het) | weightlifting | ['weɪt,lɪftɪŋ] |
| gewichtheffer (de) | weightlifter | ['weɪt,lɪftə(r)] |

| autoraces (mv.) | car racing | [kɑ: 'reɪsɪŋ] |
| coureur (de) | racing driver | ['reɪsɪŋ 'draɪvə(r)] |

| wielersport (de) | cycling | ['saɪklɪŋ] |
| wielrenner (de) | cyclist | ['saɪklɪst] |

verspringen (het)	long jump	[lɒŋ dʒʌmp]
polsstokspringen (het)	pole vaulting	[pəʊl 'vɔːltɪŋ]
verspringer (de)	jumper	['dʒʌmpə(r)]

133. Soorten sporten. Diversen

Amerikaans voetbal (het)	american football	[ə'merɪkən 'fʊt,bɔːl]
badminton (het)	badminton	['bædmɪntən]
biatlon (de)	biathlon	[baɪ'æθlɒn]
biljart (het)	billiards	['bɪljədz]

bobsleeën (het)	bobsleigh	['bɒbsleɪ]
bodybuilding (de)	bodybuilding	['bɒdɪ,bɪldɪŋ]
waterpolo (het)	water polo	['wɔːtə 'pəʊləʊ]
handbal (de)	handball	['hændbɔːl]
golf (het)	golf	[gɒlf]

roeisport (de)	rowing	['rəʊɪŋ]
duiken (het)	scuba diving	['skuːbə 'daɪvɪŋ]
langlaufen (het)	cross-country skiing	[krɒs 'kʌntrɪ 'skiːɪŋ]
tafeltennis (het)	ping-pong	['pɪŋpɒŋ]

zeilen (het)	sailing	['seɪlɪŋ]
rally (de)	rally	['rælɪ]
rugby (het)	rugby	['rʌgbɪ]
snowboarden (het)	snowboarding	['snəʊbɔːdɪŋ]
boogschieten (het)	archery	['ɑːtʃərɪ]

134. Fitnessruimte

| lange halter (de) | barbell | ['bɑːbel] |
| halters (mv.) | dumbbells | ['dʌmbelz] |

training machine (de)	training machine	['treɪnɪŋ məˈʃiːn]
hometrainer (de)	bicycle trainer	['baɪsɪkəl 'treɪnə(r)]
loopband (de)	treadmill	['tredmɪl]

rekstok (de)	horizontal bar	[ˌhɒrɪˈzɒntəl bɑː(r)]
brug (de) gelijke leggers	parallel bars	['pærəlel bɑːz]
paardsprong (de)	vaulting horse	['vɔːltɪŋ hɔːs]
mat (de)	mat	[mæt]

springtouw (het)	skipping rope	['skɪpɪŋ rəʊp]
aerobics (de)	aerobics	[eə'rəʊbɪks]
yoga (de)	yoga	['jəʊgə]

135. Hockey

hockey (het)	ice hockey	['aɪs ˌhɒkɪ]
hockeyspeler (de)	ice hockey player	['aɪs ˌhɒkɪ 'pleɪə(r)]
hockey spelen	to play ice hockey	[tə pleɪ aɪs 'hɒkɪ]
IJs (het)	ice	[aɪs]

puck (de)	puck	[pʌk]
hockeystick (de)	ice hockey stick	['aɪs ˌhɒkɪ stɪk]
schaatsen (mv.)	ice skates	['aɪs ˌskeɪts]

boarding (de)	board	[bɔːd]
schot (het)	shot	[ʃɒt]

doelman (de)	goaltender	['gəʊlˌtendə(r)]
goal (de)	goal	[gəʊl]
een goal scoren	to score a goal	[tə skɔːrə gəʊl]

periode (de)	period	['pɪərɪəd]
tweede periode (de)	2-nd period	['sekənd 'pɪərɪəd]
reservebank (de)	substitutes bench	['sʌbstɪtjuːts bentʃ]

136. Voetbal

voetbal (het)	football	['fʊtˌbɔːl]
voetballer (de)	football player	['fʊtˌbɔːl 'pleɪə(r)]
voetbal spelen	to play football	[tə pleɪ 'fʊtˌbɔːl]

eredivisie (de)	major league	['meɪdʒə liːg]
voetbalclub (de)	football club	['fʊtˌbɔːl klʌb]
trainer (de)	coach	[kəʊtʃ]
eigenaar (de)	owner	['əʊnə(r)]

team (het)	team	[tiːm]
aanvoerder (de)	team captain	[tiːm 'kæptɪn]
speler (de)	player	['pleɪə(r)]
reservespeler (de)	substitute	['sʌbstɪtjuːt]
aanvaller (de)	forward	['fɔːwəd]
centrale aanvaller (de)	centre forward	['sentə 'fɔːwəd]

doelpuntmaker (de)	striker, scorer	['straɪkə], ['skɔ:rə]
verdediger (de)	defender, back	[dɪ'fendə(r)], [bæk]
middenvelder (de)	halfback	['hɑ:fbæk]

match, wedstrijd (de)	match	[mætʃ]
elkaar ontmoeten (ww)	to meet (vi, vt)	[tə mi:t]
finale (de)	final	['faɪnəl]
halve finale (de)	semi-final	[ˌsemɪ 'faɪnəl]
kampioenschap (het)	championship	['tʃæmpjənʃɪp]

helft (de)	period, half	['pɪərɪəd], [hɑ:f]
eerste helft (de)	first period	[fɜ:st 'pɪərɪəd]
pauze (de)	half-time	[hɑ:f taɪm]

doel (het)	goal	[gəʊl]
doelman (de)	goalkeeper	['gəʊlˌki:pə(r)]
doelpaal (de)	goalpost	['gəʊlpəʊst]
lat (de)	crossbar	['krɒsbɑ:(r)]
doelnet (het)	net	[net]
een goal incasseren	to concede a goal	[tə kən'si:d ə gəʊl]

bal (de)	ball	[bɔ:l]
pass (de)	pass	[pɑ:s]
schot (het), schop (de)	kick	[kɪk]
schieten (de bal ~)	to kick (vt)	[tə kɪk]
vrije schop (directe ~)	free kick	[fri: kɪk]
hoekschop, corner (de)	corner kick	['kɔ:nə kɪk]

aanval (de)	attack	[ə'tæk]
tegenaanval (de)	counterattack	[ˌkaʊntərə'tæk]
combinatie (de)	combination	[ˌkɒmbɪ'neɪʃən]

scheidsrechter (de)	referee	[ˌrefə'ri:]
fluiten (ww)	to whistle (vi)	[tə 'wɪsəl]
fluitsignaal (het)	whistle	['wɪsəl]
overtreding (de)	foul, misconduct	[faʊl], [ˌmɪs'kɒndʌkt]
een overtreding maken	to commit a foul	[tə kə'mɪt ə faʊl]
uit het veld te sturen	to send off	[tə send ɒf]

gele kaart (de)	yellow card	['jeləʊ ˌkɑ:d]
rode kaart (de)	red card	[red kɑ:d]
diskwalificatie (de)	disqualification	[dɪsˌkwɒlɪfɪ'keɪʃən]
diskwalificeren (ww)	to disqualify (vt)	[tə ˌdɪs'kwɒlɪfaɪ]

strafschop, penalty (de)	penalty kick	['penəltɪ kɪk]
muur (de)	wall	[wɔ:l]
scoren (ww)	to score (vi, vt)	[tə skɔ:(r)]
goal (de), doelpunt (het)	goal	[gəʊl]
een goal scoren	to score a goal	[tə skɔ:rə gəʊl]

vervanging (de)	substitution	[ˌsʌbstɪ'tju:ʃən]
vervangen (ov.ww.)	to replace (vt)	[tə rɪ'pleɪs]
regels (mv.)	rules	[ru:lz]
tactiek (de)	tactics	['tæktɪks]
stadion (het)	stadium	['steɪdjəm]
tribune (de)	terrace	['terəs]

| fan, supporter (de) | fan, supporter | [fæn], [sə'pɔːtə(r)] |
| schreeuwen (ww) | to shout (vi) | [tə ʃaʊt] |

| scorebord (het) | scoreboard | ['skɔːbɔːd] |
| stand (~ is 3-1) | score | [skɔː(r)] |

| nederlaag (de) | defeat | [dɪ'fiːt] |
| verliezen (ww) | to lose (vi) | [tə luːz] |

| gelijkspel (het) | draw | [drɔː] |
| in gelijk spel eindigen | to draw (vi) | [tə drɔː] |

overwinning (de)	victory	['vɪktərɪ]
overwinnen (ww)	to win (vi)	[tə wɪn]
kampioen (de)	champion	['tʃæmpjən]
best (bn)	best	[best]
feliciteren (ww)	to congratulate (vt)	[tə kən'grætʃuleɪt]

commentator (de)	commentator	['kɒmən,teɪtə(r)]
becommentariëren (ww)	to commentate (vt)	[tə 'kɒmənteɪt]
uitzending (de)	broadcast	['brɔːdkɑːst]

137. Alpine skiën

ski's (mv.)	skis	[skiːz]
skiën (ww)	to ski (vi)	[tə skiː]
skigebied (het)	mountain-ski resort	['maʊntɪŋ skiː rɪ'zɔːt]
skilift (de)	ski lift	[skiː lɪft]

skistokken (mv.)	ski poles	[skiː pəʊlz]
helling (de)	slope	[sləʊp]
slalom (de)	slalom	['slɑːləm]

138. Tennis. Golf

golf (het)	golf	[gɒlf]
golfclub (de)	golf club	[gɒlf klʌb]
golfer (de)	golfer	['gɒlfə(r)]

hole (de)	hole	[həʊl]
golfclub (de)	club	[klʌb]
trolley (de)	golf trolley	[gɒlf 'trɒlɪ]

| tennis (het) | tennis | ['tenɪs] |
| tennisveld (het) | tennis court | ['tenɪs kɔːt] |

| opslag (de) | serve | [sɜːv] |
| serveren, opslaan (ww) | to serve (vt) | [tə sɜːv] |

racket (het)	racket	['rækɪt]
net (het)	net	[net]
bal (de)	ball	[bɔːl]

139. Schaken

schaak (het)	chess	[tʃes]
schaakstukken (mv.)	chessmen	['tʃesmen]
schaker (de)	chess player	[tʃes 'pleɪə(r)]
schaakbord (het)	chessboard	['tʃesbɔːd]
schaakstuk (het)	chessman	['tʃesmæn]
witte stukken (mv.)	White	[waɪt]
zwarte stukken (mv.)	Black	[blæk]
pion (de)	pawn	[pɔːn]
loper (de)	bishop	['bɪʃəp]
paard (het)	knight	[naɪt]
toren (de)	rook	[rʊk]
koningin (de)	queen	[kwiːn]
koning (de)	king	[kɪŋ]
zet (de)	move	[muːv]
zetten (ww)	to move (vt)	[tə muːv]
opofferen (ww)	to sacrifice (vt)	[tə 'sækrɪfaɪs]
rokade (de)	castling	['kɑːslɪŋ]
schaak (het)	check	[tʃek]
schaakmat (het)	checkmate	['tʃekmeɪt]
schaakwedstrijd (de)	chess tournament	[tʃes 'tɔːnəmənt]
grootmeester (de)	Grand Master	[grænd 'mɑːstə(r)]
combinatie (de)	combination	[ˌkɒmbɪ'neɪʃən]
partij (de)	game	[geɪm]
dammen (de)	draughts	[drɑːfts]

140. Boksen

boksen (het)	boxing	['bɒksɪŋ]
boksgevecht (het)	fight	[faɪt]
bokswedstrijd (de)	boxing match	['bɒksɪŋ mætʃ]
ronde (de)	round	[raʊnd]
ring (de)	ring	[rɪŋ]
gong (de)	gong	[gɒŋ]
stoot (de)	punch	[pʌntʃ]
knock-down (de)	knock-down	['nɒkˌdaʊn]
knock-out (de)	knockout	['nɒkaʊt]
knock-out slaan (ww)	to knock out	[tə 'nɒkaʊt]
bokshandschoen (de)	boxing glove	['bɒksɪŋ glʌv]
referee (de)	referee	[ˌrefə'riː]
lichtgewicht (het)	lightweight	['laɪtweɪt]
middengewicht (het)	middleweight	['mɪdəlweɪt]
zwaargewicht (het)	heavyweight	['hevɪ weɪt]

141. Sporten. Diversen

Olympische Spelen (mv.)	Olympic Games	[ə'lɪmpɪk geɪmz]
winnaar (de)	winner	['wɪnə(r)]
winnen (ww)	to win (vi)	[tə wɪn]
leider (de)	leader	['li:də(r)]
leiden (ww)	to lead (vi)	[tə li:d]
eerste plaats (de)	first place	[fɜ:st pleɪs]
tweede plaats (de)	second place	['sekənd pleɪs]
derde plaats (de)	third place	[θɜ:d pleɪs]
medaille (de)	medal	['medəl]
trofee (de)	trophy	['trəʊfɪ]
beker (de)	prize cup	[praɪz kʌp]
prijs (de)	prize	[praɪz]
hoofdprijs (de)	main prize	[meɪn praɪz]
record (het)	record	['rekɔ:d]
een record breken	to set a record	[tə set ə 'rekɔ:d]
finale (de)	final	['faɪnəl]
finale (bn)	final	['faɪnəl]
kampioen (de)	champion	['tʃæmpjən]
kampioenschap (het)	championship	['tʃæmpjənʃɪp]
stadion (het)	stadium	['steɪdjəm]
tribune (de)	terrace	['terəs]
fan, supporter (de)	fan, supporter	[fæn], [sə'pɔ:tə(r)]
tegenstander (de)	opponent, rival	[ə'pəʊnənt], ['raɪvəl]
start (de)	start	[stɑ:t]
finish (de)	finish line	['fɪnɪʃ laɪn]
rechter (de)	referee	[ˌrefə'ri:]
jury (de)	jury	['dʒʊərɪ]
stand (~ is 3-1)	score	[skɔ:(r)]
gelijkspel (het)	draw	[drɔ:]
in gelijk spel eindigen	to draw (vi)	[tə drɔ:]
punt (het)	point	[pɔɪnt]
uitslag (de)	result	[rɪ'zʌlt]
periode (de)	period	['pɪərɪəd]
pauze (de)	half-time	[hɑ:f taɪm]
doping (de)	doping	['dəʊpɪŋ]
straffen (ww)	to penalise (vt)	[tə 'pi:nəlaɪz]
diskwalificeren (ww)	to disqualify (vt)	[tə ˌdɪs'kwɒlɪfaɪ]
toestel (het)	apparatus	[ˌæpə'reɪtəs]
speer (de)	javelin	['dʒævəlɪn]
kogel (de)	shot put ball	[ʃɒt pʊt bɔ:l]
bal (de)	ball	[bɔ:l]

doel (het)	**aim, target**	[eɪm], [ˈtɑːgɪt]
schietkaart (de)	**target**	[ˈtɑːgɪt]
schieten (ww)	**to shoot** (vi)	[tə ʃuːt]
precies (bijv. precieze schot)	**precise**	[prɪˈsaɪs]

trainer, coach (de)	**trainer, coach**	[ˈtreɪnə(r)], [kəʊtʃ]
trainen (ww)	**to train** (vt)	[tə treɪn]
zich trainen (ww)	**to train** (vi)	[tə treɪn]
training (de)	**training**	[ˈtreɪnɪŋ]

gymnastiekzaal (de)	**gym**	[dʒɪm]
oefening (de)	**exercise**	[ˈeksəsaɪz]
opwarming (de)	**warm-up**	[ˌwɔːmˈʌp]

Onderwijs

142. School

school (de)	school	[sku:l]
schooldirecteur (de)	headmaster	[ˌhedˈmɑːstə(r)]
leerling (de)	pupil	[ˈpjuːpəl]
leerlinge (de)	pupil	[ˈpjuːpəl]
scholier (de)	schoolboy	[ˈskuːlbɔɪ]
scholiere (de)	schoolgirl	[ˈskuːlgɜːl]
leren (lesgeven)	to teach (vt)	[tə tiːtʃ]
studeren (bijv. een taal ~)	to learn (vt)	[tə lɜːn]
van buiten leren	to learn by heart	[tə lɜːn baɪ hɑːt]
leren (bijv. ~ tellen)	to learn (vt)	[tə lɜːn]
naar school gaan	to go to school	[tə gəʊ tə skuːl]
alfabet (het)	alphabet	[ˈælfəbet]
vak (schoolvak)	subject	[ˈsʌbdʒɪkt]
klaslokaal (het)	classroom	[ˈklɑːsrʊm]
les (de)	lesson	[ˈlesən]
pauze (de)	playtime, break	[ˈpleɪtaɪm], [breɪk]
bel (de)	school bell	[skuːl bel]
schooltafel (de)	desk	[desk]
schoolbord (het)	blackboard	[ˈblækˌbɔːd]
cijfer (het)	mark	[mɑːk]
goed cijfer (het)	good mark	[gʊd mɑːk]
slecht cijfer (het)	bad mark	[bæd mɑːk]
een cijfer geven	to give a mark	[tə gɪv ə mɑːk]
fout (de)	mistake	[mɪˈsteɪk]
fouten maken	to make mistakes	[tə meɪk mɪˈsteɪks]
corrigeren (fouten ~)	to correct (vt)	[tə kəˈrekt]
spiekbriefje (het)	crib	[krɪb]
huiswerk (het)	homework	[ˈhəʊmwɜːk]
oefening (de)	exercise	[ˈeksəsaɪz]
aanwezig zijn (ww)	to be present	[tə bi ˈprezənt]
absent zijn (ww)	to be absent	[tə bi ˈæbsənt]
school verzuimen	to miss school	[tə mɪs skuːl]
bestraffen (een stout kind ~)	to punish (vt)	[tə ˈpʌnɪʃ]
bestraffing (de)	punishment	[ˈpʌnɪʃmənt]
gedrag (het)	conduct	[ˈkɒndʌkt]
cijferlijst (de)	school report	[skuːl rɪˈpɔːt]

potlood (het)	pencil	['pensəl]
gom (de)	rubber	['rʌbə(r)]
krijt (het)	chalk	[tʃɔ:k]
pennendoos (de)	pencil case	['pensəl keɪs]

boekentas (de)	schoolbag	['sku:lbæg]
pen (de)	pen	[pen]
schrift (de)	exercise book	['eksəsaɪz bʊk]
leerboek (het)	textbook	['tekstbʊk]
passer (de)	compasses	['kʌmpəsɪz]

| technisch tekenen (ww) | to make technical drawings | [tə meɪk 'teknɪkəl 'drɔ:ɪŋs] |
| technische tekening (de) | technical drawing | ['teknɪkəl 'drɔ:ɪŋ] |

gedicht (het)	poem	['pəʊɪm]
van buiten (bw)	by heart	[baɪ hɑ:t]
van buiten leren	to learn by heart	[tə lɜ:n baɪ hɑ:t]

vakantie (de)	school holidays	[sku:l 'hɒlɪdeɪz]
met vakantie zijn	to be on holiday	[tə bi: ɒn 'hɒlɪdeɪ]
vakantie doorbrengen	to spend holidays	[tə spend 'hɒlɪdeɪz]

toets (schriftelijke ~)	test	[test]
opstel (het)	essay	['eseɪ]
dictee (het)	dictation	[dɪk'teɪʃən]

examen (het)	exam	[ɪg'zæm]
examen afleggen	to take an exam	[tə ˌteɪk ən ɪg'zæm]
experiment (het)	experiment	[ɪk'sperɪmənt]

143. Hogeschool. Universiteit

academie (de)	academy	[ə'kædəmɪ]
universiteit (de)	university	[ˌju:nɪ'vɜ:sətɪ]
faculteit (de)	faculty	['fækəltɪ]

student (de)	student	['stju:dənt]
studente (de)	student	['stju:dənt]
leraar (de)	lecturer	['lektʃərə(r)]

| collegezaal (de) | lecture hall | ['lektʃə hɔ:l] |
| afgestudeerde (de) | graduate | ['grædʒʊət] |

| diploma (het) | diploma | [dɪ'pləʊmə] |
| dissertatie (de) | dissertation | [ˌdɪsə'teɪʃən] |

| onderzoek (het) | study | ['stʌdɪ] |
| laboratorium (het) | laboratory | [lə'bɒrətrɪ] |

| college (het) | lecture | ['lektʃə(r)] |
| medestudent (de) | course mate | [kɔ:s meɪt] |

| studiebeurs (de) | scholarship | ['skɒləʃɪp] |
| academische graad (de) | academic degree | [ˌækə'demɪk dɪ'gri:] |

144. Wetenschappen. Disciplines

wiskunde (de)	mathematics	[ˌmæθə'mætɪks]
algebra (de)	algebra	['ældʒɪbrə]
meetkunde (de)	geometry	[dʒɪ'ɒmətrɪ]

astronomie (de)	astronomy	[ə'strɒnəmɪ]
biologie (de)	biology	[baɪ'ɒlədʒɪ]
geografie (de)	geography	[dʒɪ'ɒgrəfɪ]
geologie (de)	geology	[dʒɪ'ɒlədʒɪ]
geschiedenis (de)	history	['hɪstərɪ]

geneeskunde (de)	medicine	['medsɪn]
pedagogiek (de)	pedagogy	['pedəgɒdʒɪ]
rechten (mv.)	law	[lɔ:]

fysica, natuurkunde (de)	physics	['fɪzɪks]
scheikunde (de)	chemistry	['kemɪstrɪ]
filosofie (de)	philosophy	[fɪ'lɒsəfɪ]
psychologie (de)	psychology	[saɪ'kɒlədʒɪ]

145. Schrift. Spelling

grammatica (de)	grammar	['græmə(r)]
vocabulaire (het)	vocabulary	[və'kæbjʊlərɪ]
fonetiek (de)	phonetics	[fə'netɪks]

zelfstandig naamwoord (het)	noun	[naʊn]
bijvoeglijk naamwoord (het)	adjective	['ædʒɪktɪv]
werkwoord (het)	verb	[vɜ:b]
bijwoord (het)	adverb	['ædvɜ:b]

voornaamwoord (het)	pronoun	['prəʊnaʊn]
tussenwerpsel (het)	interjection	[ˌɪntə'dʒekʃən]
voorzetsel (het)	preposition	[ˌprepə'zɪʃən]

stam (de)	root	[ru:t]
achtervoegsel (het)	ending	['endɪŋ]
voorvoegsel (het)	prefix	['pri:fɪks]
lettergreep (de)	syllable	['sɪləbəl]
achtervoegsel (het)	suffix	['sʌfɪks]

| nadruk (de) | stress mark | ['stres ˌmɑ:k] |
| afkappingsteken (het) | apostrophe | [ə'pɒstrəfɪ] |

punt (de)	full stop	[fʊl stɒp]
komma (de/het)	comma	['kɒmə]
puntkomma (de)	semicolon	[ˌsemɪ'kəʊlən]
dubbelpunt (de)	colon	['kəʊlən]
beletselteken (het)	ellipsis	[ɪ'lɪpsɪs]

| vraagteken (het) | question mark | ['kwestʃən mɑ:k] |
| uitroepteken (het) | exclamation mark | [ˌeksklə'meɪʃən mɑ:k] |

aanhalingstekens (mv.)	**inverted commas**	[ɪn'vɜːtɪd 'kɒməs]
tussen aanhalingstekens (bw)	**in inverted commas**	[ɪn ɪn'vɜːtɪd 'kɒməs]
haakjes (mv.)	**parenthesis**	[pə'renθɪsɪs]
tussen haakjes (bw)	**in parenthesis**	[ɪn pə'renθɪsɪs]

streepje (het)	**hyphen**	['haɪfən]
gedachtestreepje (het)	**dash**	[dæʃ]
spatie	**space**	[speɪs]
(~ tussen twee woorden)		

letter (de)	**letter**	['letə(r)]
hoofdletter (de)	**capital letter**	['kæpɪtəl 'letə(r)]

klinker (de)	**vowel**	['vaʊəl]
medeklinker (de)	**consonant**	['kɒnsənənt]

zin (de)	**sentence**	['sentəns]
onderwerp (het)	**subject**	['sʌbdʒɪkt]
gezegde (het)	**predicate**	['predɪkət]

regel (in een tekst)	**line**	[laɪn]
op een nieuwe regel (bw)	**on a new line**	[ɒn ə njuː laɪn]
alinea (de)	**paragraph**	['pærəgrɑːf]

woord (het)	**word**	[wɜːd]
woordgroep (de)	**group of words**	[gruːp əf wɜːdz]
uitdrukking (de)	**expression**	[ɪk'spreʃən]
synoniem (het)	**synonym**	['sɪnənɪm]
antoniem (het)	**antonym**	['æntənɪm]

regel (de)	**rule**	[ruːl]
uitzondering (de)	**exception**	[ɪk'sepʃən]
correct (bijv. ~e spelling)	**correct**	[kə'rekt]

vervoeging, conjugatie (de)	**conjugation**	[ˌkɒndʒʊ'geɪʃən]
naamval (de)	**nominal case**	['nɒmɪnəl keɪs]
vraag (de)	**question**	['kwestʃən]
onderstrepen (ww)	**to underline** (vt)	[tə ˌʌndə'laɪn]
stippellijn (de)	**dotted line**	['dɒtɪd laɪn]

146. Vreemde talen

taal (de)	**language**	['læŋgwɪdʒ]
vreemd (bn)	**foreign**	['fɒrən]
leren (bijv. van buiten ~)	**to study** (vt)	[tə 'stʌdɪ]
studeren (Nederlands ~)	**to learn** (vt)	[tə lɜːn]

lezen (ww)	**to read** (vi, vt)	[tə riːd]
spreken (ww)	**to speak** (vi, vt)	[tə spiːk]
begrijpen (ww)	**to understand** (vt)	[tə ˌʌndə'stænd]
schrijven (ww)	**to write** (vt)	[tə raɪt]

snel (bw)	**quickly, fast**	['kwɪklɪ], [fɑːst]
langzaam (bw)	**slowly**	['sləʊlɪ]

vloeiend (bw)	fluently	['fluːəntlɪ]
regels (mv.)	rules	[ruːlz]
grammatica (de)	grammar	['græmə(r)]
vocabulaire (het)	vocabulary	[vəˈkæbjʊlərɪ]
fonetiek (de)	phonetics	[fəˈnetɪks]

leerboek (het)	textbook	['tekstbʊk]
woordenboek (het)	dictionary	['dɪkʃənərɪ]
leerboek (het) voor zelfstudie	teach-yourself book	[tiːtʃ jɔːˈself bʊk]
taalgids (de)	phrasebook	['freɪzbʊk]

cassette (de)	cassette	[kæˈset]
videocassette (de)	videotape	['vɪdɪəʊteɪp]
CD (de)	CD, compact disc	[ˌsiːˈdiː], [kəmˈpækt dɪsk]
DVD (de)	DVD	[ˌdiːviːˈdiː]

alfabet (het)	alphabet	['ælfəbet]
spellen (ww)	to spell (vt)	[tə spel]
uitspraak (de)	pronunciation	[prəˌnʌnsɪˈeɪʃən]

accent (het)	accent	['æksent]
met een accent (bw)	with an accent	[wɪð ən ˈæksent]
zonder accent (bw)	without an accent	[wɪˈðaʊt ən ˈæksent]

woord (het)	word	[wɜːd]
betekenis (de)	meaning	['miːnɪŋ]

cursus (de)	course	[kɔːs]
zich inschrijven (ww)	to sign up (vi)	[tə saɪn ʌp]
leraar (de)	teacher	['tiːtʃə(r)]

vertaling (tekst)	translation	[trænsˈleɪʃən]
vertaler (de)	translator	[trænsˈleɪtə(r)]
tolk (de)	interpreter	[ɪnˈtɜːprɪtə(r)]

polyglot (de)	polyglot	['pɒlɪglɒt]
geheugen (het)	memory	['memərɪ]

147. Sprookjesfiguren

Sinterklaas (de)	Santa Claus	['sæntə klɔːz]
Assepoester (de)	Cinderella	[ˌsɪndəˈrelə]
zeemeermin (de)	mermaid	['mɜːmeɪd]
Neptunus (de)	Neptune	['neptjuːn]

magiër, tovenaar (de)	magician	[məˈdʒɪʃən]
goede heks (de)	fairy	['feərɪ]
magisch (bn)	magic	['mædʒɪk]
toverstokje (het)	magic wand	['mædʒɪk ˌwɒnd]
sprookje (het)	fairy tale	['feərɪ teɪl]
wonder (het)	miracle	['mɪrəkəl]
dwerg (de)	dwarf	[dwɔːf]
veranderen in ...	to turn into ... (vi)	[tə tɜːn ˈɪntʊ]
(anders worden)		

geest (de)	ghost	[gəʊst]
spook (het)	phantom	['fæntəm]
monster (het)	monster	['mɒnstə(r)]
draak (de)	dragon	['drægən]
reus (de)	giant	['dʒaɪənt]

148. Dierenriem

Ram (de)	Aries	['eəriːz]
Stier (de)	Taurus	['tɔːrəs]
Tweelingen (mv.)	Gemini	['dʒemɪnaɪ]
Kreeft (de)	Cancer	['kænsə(r)]
Leeuw (de)	Leo	['liːəʊ]
Maagd (de)	Virgo	['vɜːgəʊ]

Weegschaal (de)	Libra	['liːbrə]
Schorpioen (de)	Scorpio	['skɔːpɪəʊ]
Boogschutter (de)	Sagittarius	[ˌsædʒɪ'teərɪəs]
Steenbok (de)	Capricorn	['kæprɪkɔːn]
Waterman (de)	Aquarius	[ə'kweərɪəs]
Vissen (mv.)	Pisces	['paɪsiːz]

karakter (het)	character	['kærəktə(r)]
karaktertrekken (mv.)	features of character	['fiːtʃəz əv 'kærəktə]
gedrag (het)	behaviour	[bɪ'heɪvjə(r)]
waarzeggen (ww)	to tell fortunes	[tə tel 'fɔːtʃuːnz]
waarzegster (de)	fortune-teller	['fɔːtʃuːn 'telə(r)]
horoscoop (de)	horoscope	['hɒrəskəʊp]

Kunst

149. Theater

theater (het)	theatre	['θɪətə(r)]
opera (de)	opera	['ɒpərə]
operette (de)	operetta	[ˌɒpə'retə]
ballet (het)	ballet	['bæleɪ]
affiche (de/het)	theatre poster	['θɪətə 'pəʊstə(r)]
theatergezelschap (het)	company	['kʌmpənɪ]
tournee (de)	tour	[tʊə(r)]
op tournee zijn	to be on tour	[tə bi ɒn tʊə(r)]
repeteren (ww)	to rehearse (vi, vt)	[tə rɪ'hɜ:s]
repetitie (de)	rehearsal	[rɪ'hɜ:səl]
repertoire (het)	repertoire	['repətwɑ:(r)]
voorstelling (de)	performance	[pə'fɔ:məns]
spektakel (het)	show, play	[ʃəʊ], [pleɪ]
toneelstuk (het)	play	[pleɪ]
biljet (het)	ticket	['tɪkɪt]
kassa (de)	Box office	[bɒks 'ɒfɪs]
foyer (de)	lobby	['lɒbɪ]
garderobe (de)	coat check	[kəʊt tʃek]
garderobe nummer (het)	cloakroom ticket	['kləʊkrʊm 'tɪkɪt]
verrekijker (de)	binoculars	[bɪ'nɒkjʊləz]
plaatsaanwijzer (de)	usher	['ʌʃə(r)]
parterre (de)	stalls	[stɔ:lz]
balkon (het)	balcony	['bælkənɪ]
gouden rang (de)	dress circle	[dres 'sɜ:kəl]
loge (de)	box	[bɒks]
rij (de)	row	[rəʊ]
plaats (de)	seat	[si:t]
publiek (het)	audience	['ɔ:dɪəns]
kijker (de)	spectator	[spek'teɪtə(r)]
klappen (ww)	to clap (vi, vt)	[tə klæp]
applaus (het)	applause	[ə'plɔ:z]
ovatie (de)	ovation	[əʊ'veɪʃən]
toneel (op het ~ staan)	stage	[steɪdʒ]
gordijn, doek (het)	curtain	['kɜ:tən]
toneeldecor (het)	scenery	['si:nərɪ]
backstage (de)	backstage	[ˌbæk'steɪdʒ]
scène (de)	scene	[si:n]
bedrijf (het)	act	[ækt]
pauze (de)	interval	['ɪntəvəl]

150. Bioscoop

acteur (de)	actor	['æktə(r)]
actrice (de)	actress	['æktrıs]
bioscoop (de)	cinema	['sınəmə]
speelfilm (de)	film	[fılm]
aflevering (de)	episode	['epısəʊd]
detectivefilm (de)	detective	[dı'tektıv]
actiefilm (de)	action film	['ækʃən fılm]
avonturenfilm (de)	adventure film	[əd'ventʃə fılm]
sciencefictionfilm (de)	science fiction film	['saıəns 'fıkʃən fılm]
griezelfilm (de)	horror film	['hɒrə fılm]
komedie (de)	comedy film	['kɒmədı fılm]
melodrama (het)	melodrama	['melə,drɑ:mə]
drama (het)	drama	['drɑ:mə]
speelfilm (de)	fictional film	['fıkʃənəl fılm]
documentaire (de)	documentary	[,dɒkjʊ'mentərı]
tekenfilm (de)	cartoon	[kɑ:'tu:n]
stomme film (de)	silent films	['saılənt fılmz]
rol (de)	role	[rəʊl]
hoofdrol (de)	leading role	['li:dıŋ rəʊl]
spelen (ww)	to play (vi, vt)	[tə pleı]
filmster (de)	film star	[fılm stɑ:]
bekend (bn)	well-known	[wel'nəʊn]
beroemd (bn)	famous	['feıməs]
populair (bn)	popular	['pɒpjʊlə(r)]
scenario (het)	script	[skrıpt]
scenarioschrijver (de)	scriptwriter	['skrıpt,raıtə(r)]
regisseur (de)	film director	[fılm dı'rektə(r)]
filmproducent (de)	producer	[prə'dju:sə(r)]
assistent (de)	assistant	[ə'sıstənt]
cameraman (de)	cameraman	['kæmərəmæn]
stuntman (de)	stuntman	[stʌnt mæn]
een film maken	to shoot a film	[tə ʃu:t ə fılm]
auditie (de)	audition	[ɔ:'dıʃən]
opnamen (mv.)	shooting	['ʃu:tıŋ]
filmploeg (de)	film crew	[fılm kru:]
filmset (de)	film set	[fılm set]
filmcamera (de)	camera	['kæmərə]
bioscoop (de)	cinema	['sınəmə]
scherm (het)	screen	[skri:n]
een film vertonen	to show a film	[tə ʃəʊ ə fılm]
geluidsspoor (de)	soundtrack	['saʊndtræk]
speciale effecten (mv.)	special effects	['speʃəl ı'fekts]
ondertiteling (de)	subtitles	['sʌb,taıtəlz]

| voortiteling, aftiteling (de) | credits | ['kredɪts] |
| vertaling (de) | translation | [træns'leɪʃən] |

151. Schilderij

kunst (de)	art	[ɑːt]
schone kunsten (mv.)	fine arts	['faɪn ˌɑːts]
kunstgalerie (de)	art gallery	[ɑːt 'gælərɪ]
kunsttentoonstelling (de)	art exhibition	[ɑːt ˌeksɪ'bɪʃən]

schilderkunst (de)	painting	['peɪntɪŋ]
grafiek (de)	graphic art	['græfɪk ɑːt]
abstracte kunst (de)	abstract art	['æbstrækt ɑːt]
impressionisme (het)	impressionism	[ɪm'preʃənɪzəm]

schilderij (het)	picture	['pɪktʃə(r)]
tekening (de)	drawing	['drɔːɪŋ]
poster (de)	poster	['pəʊstə(r)]

illustratie (de)	illustration	[ˌɪlə'streɪʃən]
miniatuur (de)	miniature	['mɪnətʃə(r)]
kopie (de)	copy	['kɒpɪ]
reproductie (de)	reproduction	[ˌriːprə'dʌkʃən]

mozaïek (het)	mosaic	[məʊ'zeɪɪk]
gebrandschilderd glas (het)	stained glass	[steɪnd glɑːs]
fresco (het)	fresco	['freskəʊ]
gravure (de)	engraving	[ɪn'greɪvɪŋ]

buste (de)	bust	[bʌst]
beeldhouwwerk (het)	sculpture	['skʌlptʃə(r)]
beeld (bronzen ~)	statue	['stætʃuː]
gips (het)	plaster of Paris	['plɑːstərəv 'pærɪs]
gipsen (bn)	plaster	['plɑːstə(r)]

portret (het)	portrait	['pɔːtreɪt]
zelfportret (het)	self-portrait	[self 'pɔːtreɪt]
landschap (het)	landscape	['lændskeɪp]
stilleven (het)	still life	[stɪl laɪf]
karikatuur (de)	caricature	['kærɪkəˌtjʊə(r)]

verf (de)	paint	[peɪnt]
aquarel (de)	watercolour	['wɔːtəˌkʌlə]
olieverf (de)	oil	[ɔɪl]
potlood (het)	pencil	['pensəl]
Oostindische inkt (de)	Indian ink	['ɪndɪən ɪŋk]
houtskool (de)	charcoal	['tʃɑːkəʊl]

| tekenen (met krijt) | to draw (vi, vt) | [tə drɔː] |
| schilderen (ww) | to paint (vi, vt) | [tə peɪnt] |

poseren (ww)	to pose (vi)	[tə pəʊz]
naaktmodel (man)	artist's model	['ɑːtɪsts 'mɒdəl]
naaktmodel (vrouw)	artist's model	['ɑːtɪsts 'mɒdəl]

kunstenaar (de)	artist, painter	['ɑ:tɪst], ['peɪntə(r)]
kunstwerk (het)	work of art	[wɜ:k əv ɑ:t]
meesterwerk (het)	masterpiece	['mɑ:stəpi:s]
studio, werkruimte (de)	workshop	['wɜ:kʃɒp]
schildersdoek (het)	canvas	['kænvəs]
schildersezel (de)	easel	['i:zəl]
palet (het)	palette	['pælət]
lijst (een vergulde ~)	frame	[freɪm]
restauratie (de)	restoration	[ˌrestə'reɪʃən]
restaureren (ww)	to restore (vt)	[tə rɪ'stɔ:(r)]

152. Literatuur & Poëzie

literatuur (de)	literature	['lɪtrətʃə]
auteur (de)	author	['ɔ:θə]
pseudoniem (het)	pseudonym	['sju:dəunɪm]
boek (het)	book	[bʊk]
boekdeel (het)	volume	['vɒlju:m]
inhoudsopgave (de)	table of contents	['teɪbəl əv 'kɒntents]
pagina (de)	page	[peɪdʒ]
hoofdpersoon (de)	main character	[meɪn 'kærəktə(r)]
handtekening (de)	autograph	['ɔ:təgrɑ:f]
verhaal (het)	short story	[ʃɔ:t 'stɔ:rɪ]
novelle (de)	story	['stɔ:rɪ]
roman (de)	novel	['nɒvəl]
werk (literatuur)	work	[wɜ:k]
fabel (de)	fable	['feɪbəl]
detectiveroman (de)	detective novel	[dɪ'tektɪv 'nɒvəl]
gedicht (het)	poem, verse	['pəʊɪm], [vɜ:s]
poëzie (de)	poetry	['pəʊɪtrɪ]
epos (het)	poem	['pəʊɪm]
dichter (de)	poet	['pəʊɪt]
fictie (de)	fiction	['fɪkʃən]
sciencefiction (de)	science fiction	['saɪəns 'fɪkʃən]
avonturenroman (de)	adventures	[əd'ventʃəz]
opvoedkundige literatuur (de)	educational literature	[ˌedʒʊ'keɪʃənəl 'lɪtrətʃə]
kinderliteratuur (de)	children's literature	['tʃɪldrənz 'lɪtrətʃə]

153. Circus

circus (de/het)	circus	['sɜ:kəs]
chapiteau circus (de/het)	chapiteau circus	[ʃapito 'sɜ:kəs]
programma (het)	programme	['prəugræm]
voorstelling (de)	performance	[pə'fɔ:məns]
nummer (circus ~)	act	[ækt]
arena (de)	circus ring	['sɜ:kəs rɪŋ]

pantomime (de)	pantomime	['pæntəmaɪm]
clown (de)	clown	[klaʊn]
acrobaat (de)	acrobat	['ækrəbæt]
acrobatiek (de)	acrobatics	[ˌækrə'bætɪks]
gymnast (de)	gymnast	['dʒɪmnæst]
gymnastiek (de)	gymnastics	[dʒɪm'næstɪks]
salto (de)	somersault	['sʌməsɔːlt]
sterke man (de)	strongman	['strɒŋmæn]
temmer (de)	animal-tamer	['ænɪməl 'teɪmə(r)]
ruiter (de)	equestrian	[ɪ'kwestrɪən]
assistent (de)	assistant	[ə'sɪstənt]
stunt (de)	stunt	[stʌnt]
goocheltruc (de)	magic trick	['mædʒɪk trɪk]
goochelaar (de)	magician	[mə'dʒɪʃən]
jongleur (de)	juggler	['dʒʌglə(r)]
jongleren (ww)	to juggle (vi, vt)	[tə 'dʒʌgəl]
dierentrainer (de)	animal trainer	['ænɪməl 'treɪnə(r)]
dressuur (de)	animal training	['ænɪməl 'treɪnɪŋ]
dresseren (ww)	to train (vt)	[tə treɪn]

154. Muziek. Popmuziek

muziek (de)	music	['mjuːzɪk]
muzikant (de)	musician	[mjuː'zɪʃən]
muziekinstrument (het)	musical instrument	['mjuːzɪkəl 'ɪnstrʊmənt]
spelen (bijv. gitaar ~)	to play ...	[tə pleɪ]
gitaar (de)	guitar	[gɪ'tɑː(r)]
viool (de)	violin	[ˌvaɪə'lɪn]
cello (de)	cello	['tʃeləʊ]
contrabas (de)	double bass	['dʌbəl beɪs]
harp (de)	harp	[hɑːp]
piano (de)	piano	[pɪ'ænəʊ]
vleugel (de)	grand piano	[grænd pɪ'ænəʊ]
orgel (het)	organ	['ɔːgən]
blaasinstrumenten (mv.)	wind instruments	[wɪnd 'ɪnstrʊmənts]
hobo (de)	oboe	['əʊbəʊ]
saxofoon (de)	saxophone	['sæksəfəʊn]
klarinet (de)	clarinet	[ˌklærə'net]
fluit (de)	flute	[fluːt]
trompet (de)	trumpet	['trʌmpɪt]
accordeon (de/het)	accordion	[ə'kɔːdɪən]
trommel (de)	drum	[drʌm]
duet (het)	duo	['djuːəʊ]
trio (het)	trio	['triːəʊ]
kwartet (het)	quartet	[kwɔː'tet]

| koor (het) | choir | ['kwaɪə(r)] |
| orkest (het) | orchestra | ['ɔːkɪstrə] |

popmuziek (de)	pop music	[pɒp 'mjuːzɪk]
rockmuziek (de)	rock music	[rɒk 'mjuːzɪk]
rockgroep (de)	rock group	[rɒk gruːp]
jazz (de)	jazz	[dʒæz]

| idool (het) | idol | ['aɪdəl] |
| bewonderaar (de) | admirer, fan | [əd'maɪərə], [fæn] |

concert (het)	concert	['kɒnsət]
symfonie (de)	symphony	['sɪmfənɪ]
compositie (de)	composition	[ˌkɒmpə'zɪʃən]
componeren (muziek ~)	to compose (vt)	[tə kəm'pəuz]

zang (de)	singing	['sɪŋɪŋ]
lied (het)	song	[sɒŋ]
melodie (de)	tune	[tjuːn]
ritme (het)	rhythm	['rɪðəm]
blues (de)	blues	[bluːz]

bladmuziek (de)	sheet music	[ʃiːt 'mjuːzɪk]
dirigeerstok (baton)	baton	['bætən]
strijkstok (de)	bow	[bəu]
snaar (de)	string	[strɪŋ]
koffer (de)	case	[keɪs]

Rusten. Entertainment. Reizen

155. Trip. Reizen

toerisme (het)	tourism	['tuərɪzəm]
toerist (de)	tourist	['tuərɪst]
reis (de)	trip	[trɪp]
avontuur (het)	adventure	[əd'ventʃə(r)]
tocht (de)	trip, journey	[trɪp], ['dʒɜ:nɪ]
vakantie (de)	holiday	['hɒlɪdeɪ]
met vakantie zijn	to be on holidays	[tə bi ɒn 'hɒlɪdeɪz]
rust (de)	rest	[rest]
trein (de)	train	[treɪn]
met de trein	by train	[baɪ treɪn]
vliegtuig (het)	aeroplane	['eərəpleɪn]
met het vliegtuig	by aeroplane	[baɪ 'eərəpleɪn]
met de auto	by car	[baɪ kɑ:(r)]
per schip (bw)	by ship	[baɪ ʃɪp]
bagage (de)	luggage	['lʌgɪdʒ]
valies (de)	suitcase, luggage	['su:tkeɪs], ['lʌgɪdʒ]
bagagekarretje (het)	luggage trolley	['lʌgɪdʒ 'trɒlɪ]
paspoort (het)	passport	['pɑ:spɔ:t]
visum (het)	visa	['vi:zə]
kaartje (het)	ticket	['tɪkɪt]
vliegticket (het)	air ticket	['eə 'tɪkɪt]
reisgids (de)	guidebook	['gaɪdbʊk]
kaart (de)	map	[mæp]
gebied (landelijk ~)	area	['eərɪə]
plaats (de)	place, site	[pleɪs], [saɪt]
exotische bestemming (de)	exotic	[ɪg'zɒtɪk]
exotisch (bn)	exotic	[ɪg'zɒtɪk]
verwonderlijk (bn)	amazing	[ə'meɪzɪŋ]
groep (de)	group	[gru:p]
rondleiding (de)	excursion	[ɪk'skɜ:ʃən]
gids (de)	guide	[gaɪd]

156. Hotel

motel (het)	motel	[məʊ'tel]
3-sterren	three-star	[θri: stɑ:(r)]
5-sterren	five-star	[faɪv 'stɑ:(r)]

overnachten (ww)	to stay (vi)	[tə steɪ]
kamer (de)	room	[ruːm]
eenpersoonskamer (de)	single room	[ˈsɪŋɡəl ruːm]
tweepersoonskamer (de)	double room	[ˈdʌbəl ruːm]
een kamer reserveren	to book a room	[tə bʊk ə ruːm]

| halfpension (het) | half board | [hɑːf bɔːd] |
| volpension (het) | full board | [fʊl bɔːd] |

met badkamer	with bath	[wɪð bɑːθ]
met douche	with shower	[wɪð ˈʃaʊə(r)]
satelliet-tv (de)	satellite television	[ˈsætəlaɪt ˈtelɪˌvɪʒən]
airconditioner (de)	air-conditioner	[eə kənˈdɪʃənə]
handdoek (de)	towel	[ˈtaʊəl]
sleutel (de)	key	[kiː]

administrateur (de)	administrator	[ədˈmɪnɪstreɪtə(r)]
kamermeisje (het)	chambermaid	[ˈtʃeɪmbəˌmeɪd]
piccolo (de)	porter, bellboy	[ˈpɔːtə(r)], [ˈbelbɔɪ]
portier (de)	doorman	[ˈdɔːmən]

restaurant (het)	restaurant	[ˈrestrɒnt]
bar (de)	pub	[pʌb]
ontbijt (het)	breakfast	[ˈbrekfəst]
avondeten (het)	dinner	[ˈdɪnə(r)]
buffet (het)	buffet	[ˈbʊfeɪ]

lift (de)	lift	[lɪft]
NIET STOREN	DO NOT DISTURB	[du nɒt dɪˈstɜːb]
VERBODEN TE ROKEN!	NO SMOKING	[nəʊ ˈsməʊkɪŋ]

157. Boeken. Lezen

boek (het)	book	[bʊk]
auteur (de)	author	[ˈɔːθə]
schrijver (de)	writer	[ˈraɪtə(r)]
schrijven (een boek)	to write (vt)	[tə raɪt]

lezer (de)	reader	[ˈriːdə(r)]
lezen (ww)	to read (vi, vt)	[tə riːd]
lezen (het)	reading	[ˈriːdɪŋ]

| stil (~ lezen) | silently | [ˈsaɪləntlɪ] |
| hardop (~ lezen) | aloud | [əˈlaʊd] |

uitgeven (boek ~)	to publish (vt)	[tə ˈpʌblɪʃ]
uitgeven (het)	publishing	[ˈpʌblɪʃɪŋ]
uitgever (de)	publisher	[ˈpʌblɪʃə(r)]
uitgeverij (de)	publishing house	[ˈpʌblɪʃɪŋ ˌhaʊs]

verschijnen (bijv. boek)	to come out	[tə kʌm aʊt]
verschijnen (het)	release	[rɪˈliːs]
oplage (de)	print run	[prɪnt rʌn]
boekhandel (de)	bookshop	[ˈbʊkʃɒp]

bibliotheek (de)	library	['laɪbrərɪ]
novelle (de)	story	['stɔːrɪ]
verhaal (het)	short story	[ʃɔːt 'stɔːrɪ]
roman (de)	novel	['nɒvəl]
detectiveroman (de)	detective novel	[dɪ'tektɪv 'nɒvəl]
memoires (mv.)	memoirs	['memwɑːz]
legende (de)	legend	['ledʒənd]
mythe (de)	myth	[mɪθ]
gedichten (mv.)	poetry, poems	['pəʊɪtrɪ], ['pəʊɪmz]
autobiografie (de)	autobiography	[ˌɔːtəbaɪ'ɒgrəfɪ]
bloemlezing (de)	selected works	[sɪ'lektɪd wɜːks]
sciencefiction (de)	science fiction	['saɪəns 'fɪkʃən]
naam (de)	title	['taɪtəl]
inleiding (de)	introduction	[ˌɪntrə'dʌkʃən]
voorblad (het)	title page	['taɪtəl peɪdʒ]
hoofdstuk (het)	chapter	['tʃæptə(r)]
fragment (het)	extract	['ekstrækt]
episode (de)	episode	['epɪsəʊd]
intrige (de)	plot, storyline	[plɒt], ['stɔːrɪlaɪn]
inhoud (de)	contents	['kɒntents]
hoofdpersonage (het)	main character	[meɪn 'kærəktə(r)]
boekdeel (het)	volume	['vɒljuːm]
omslag (de/het)	cover	['kʌvə(r)]
bladwijzer (de)	bookmark	['bʊkmɑːk]
pagina (de)	page	[peɪdʒ]
bladeren (ww)	to page through	[tə peɪdʒ θruː]
marges (mv.)	margins	['mɑːdʒɪnz]
annotatie (de)	annotation	[ˌænə'teɪʃən]
opmerking (de)	footnote	['fʊtnəʊt]
tekst (de)	text	[tekst]
lettertype (het)	type, fount	[taɪp], [fɒnt]
drukfout (de)	misprint, typo	['mɪsprɪnt], ['taɪpəʊ]
vertaling (de)	translation	[træns'leɪʃən]
vertalen (ww)	to translate (vt)	[tə træns'leɪt]
origineel (het)	original	[ɒ'rɪdʒɪnəl]
beroemd (bn)	famous	['feɪməs]
onbekend (bn)	unknown	[ʌn'nəʊn]
interessant (bn)	interesting	['ɪntrəstɪŋ]
bestseller (de)	bestseller	[best 'selə(r)]
woordenboek (het)	dictionary	['dɪkʃənərɪ]
leerboek (het)	textbook	['tekstbʊk]
encyclopedie (de)	encyclopedia	[ɪnˌsaɪkləʊ'piːdjə]

158. Jacht. Vissen.

jacht (de)	hunting	['hʌntɪŋ]
jagen (ww)	to hunt (vi, vt)	[tə hʌnt]
jager (de)	hunter	['hʌntə(r)]

schieten (ww)	to shoot (vi)	[tə ʃuːt]
geweer (het)	rifle	['raɪfəl]
patroon (de)	bullet, cartridge	['bʊlɪt], ['kɑːtrɪdʒ]
hagel (de)	shot	[ʃɒt]

val (de)	trap	[træp]
valstrik (de)	snare	[sneə(r)]
in de val trappen	to fall into the trap	[tə fɔːl 'ɪntʊ ðə træp]
een val zetten	to lay a trap	[tə ˌleɪ ə 'træp]

stroper (de)	poacher	['pəʊtʃə(r)]
wild (het)	game	[geɪm]
jachthond (de)	hound dog	[haʊnd dɒg]
safari (de)	safari	[sə'fɑːrɪ]
opgezet dier (het)	mounted animal	['maʊntɪd 'ænɪməl]

visser (de)	fisherman	['fɪʃəmən]
visvangst (de)	fishing	['fɪʃɪŋ]
vissen (ww)	to fish (vi)	[tə fɪʃ]

hengel (de)	fishing rod	['fɪʃɪŋ ˌrɒd]
vislijn (de)	fishing line	['fɪʃɪŋ ˌlaɪn]
haak (de)	hook	[hʊk]
dobber (de)	float	[fləʊt]
aas (het)	bait	[beɪt]

de hengel uitwerpen	to cast a line	[tə kɑːst ə laɪn]
bijten (ov. de vissen)	to bite (vi)	[tə baɪt]
vangst (de)	catch of fish	[kætʃ əv fɪʃ]
wak (het)	ice-hole	['aɪs ˌhəʊl]

net (het)	net	[net]
boot (de)	boat	[bəʊt]
vissen met netten	to net (vi, vt)	[tə net]
het net uitwerpen	to cast the net	[tə kɑːst ðə net]
het net binnenhalen	to haul in the net	[tə hɔːl ɪn ðə net]
in het net vallen	to fall into the net	[tə fɔːl 'ɪntʊ ðə net]

walvisvangst (de)	whaler	['weɪlə(r)]
walvisvaarder (de)	whaleboat	['weɪlbəʊt]
harpoen (de)	harpoon	[hɑː'puːn]

159. Spellen. Biljart

biljart (het)	billiards	['bɪljədz]
biljartzaal (de)	billiard room	['bɪljədz ruːm]
biljartbal (de)	ball	[bɔːl]

een bal in het gat jagen	to pocket a ball	[tə ˈpɒkɪt ə bɔːl]
keu (de)	cue	[kjuː]
gat (het)	pocket	[ˈpɒkɪt]

160. Spellen. Speelkaarten

ruiten (mv.)	diamonds	[ˈdaɪəməndz]
schoppen (mv.)	spades	[speɪdz]
klaveren (mv.)	hearts	[hɑːts]
harten (mv.)	clubs	[klʌbz]

aas (de)	ace	[eɪs]
koning (de)	king	[kɪŋ]
dame (de)	queen	[kwiːn]
boer (de)	jack, knave	[dʒæk], [neɪv]

speelkaart (de)	playing card	[ˈpleɪɪŋ kɑːd]
kaarten (mv.)	cards	[kɑːdz]
troef (de)	trump	[trʌmp]
pak (het) kaarten	pack of cards	[ˌpæk əv ˈkɑːdz]

punt (bijv. vijftig ~en)	point	[pɔɪnt]
uitdelen (kaarten ~)	to deal (vi, vt)	[tə diːl]
schudden (de kaarten ~)	to shuffle (vt)	[tə ˈʃʌfəl]
beurt (de)	lead, turn	[led], [tɜːn]
valsspeler (de)	cardsharp	[kɑːd ˈʃɑːp]

161. Casino. Roulette

casino (het)	casino	[kəˈsiːnəʊ]
roulette (de)	roulette	[ruːˈlet]
inzet (de)	bet, stake	[bet], [steɪk]
een bod doen	to place bets	[tə pleɪs bets]

rood (de)	red	[red]
zwart (de)	black	[blæk]
inzetten op rood	to bet on red	[tə bet ɒn red]
inzetten op zwart	to bet on black	[tə bet ɒn blæk]

croupier (de)	croupier	[ˈkruːpɪə(r)]
de cilinder draaien	to turn the wheel	[tə tɜːn ðə wiːl]
spelregels (mv.)	rules	[ruːlz]
fiche (pokerfiche, etc.)	chip	[tʃɪp]

| winnen (ww) | to win (vi, vt) | [tə wɪn] |
| winst (de) | winnings | [ˈwɪnɪŋz] |

| verliezen (ww) | to lose (vt) | [tə luːz] |
| verlies (het) | loss | [lɒs] |

| speler (de) | player | [ˈpleɪə(r)] |
| blackjack (kaartspel) | blackjack | [ˈblækˌdʒæk] |

dobbelspel (het)	craps, dice	[kræps], [daɪs]
dobbelstenen (mv.)	dice	[daɪs]
speelautomaat (de)	fruit machine	[fruːt məˈʃiːn]

162. Rusten. Spellen. Diversen

wandelen (on.ww.)	to stroll (vi, vt)	[tə strəʊl]
wandeling (de)	walk, stroll	[wɔːk], [strəʊl]
trip (per auto)	pleasure-ride, trip	[ˈpleʒə raɪd], [trɪp]
avontuur (het)	adventure	[ədˈventʃə(r)]
picknick (de)	picnic	[ˈpɪknɪk]

spel (het)	game	[geɪm]
speler (de)	player	[ˈpleɪə(r)]
partij (de)	game	[geɪm]

collectioneur (de)	collector	[kəˈlektə(r)]
collectioneren (ww)	to collect (vt)	[tə kəˈlekt]
collectie (de)	collection	[kəˈlekʃən]

kruiswoordraadsel (het)	crossword puzzle	[ˈkrɒswɜːd ˈpʌzəl]
hippodroom (de)	racecourse	[ˈreɪskɔːs]
discotheek (de)	discotheque	[ˈdɪskəʊtek]

| sauna (de) | sauna | [ˈsɔːnə] |
| loterij (de) | lottery | [ˈlɒtərɪ] |

trektocht (kampeertocht)	camping trip	[ˈkæmpɪŋ trɪp]
kamp (het)	camp	[kæmp]
tent (de)	tent	[tent]
kompas (het)	compass	[ˈkʌmpəs]
rugzaktoerist (de)	camper	[ˈkæmpə(r)]

bekijken (een film ~)	to watch (vt)	[tə wɒtʃ]
kijker (televisie~)	viewer	[ˈvjuːə(r)]
televisie-uitzending (de)	TV program	[ˌtiːˈviː ˈprəʊgræm]

163. Fotografie

| fotocamera (de) | camera | [ˈkæmərə] |
| foto (de) | photo, picture | [ˈfəʊtəʊ], [ˈpɪktʃə(r)] |

fotograaf (de)	photographer	[fəˈtɒgrəfə(r)]
fotostudio (de)	photo studio	[ˈfəʊtəʊ ˈstjuːdɪəʊ]
fotoalbum (het)	photo album	[ˈfəʊtəʊ ˈælbəm]

lens (de), objectief (het)	camera lens	[ˈkæmərə lenz]
telelens (de)	telephoto lens	[ˌtelɪˈfəʊtəʊ lenz]
filter (de/het)	filter	[ˈfɪltə(r)]
lens (de)	lens	[lenz]
optiek (de)	optics	[ˈɒptɪks]
diafragma (het)	diaphragm, aperture	[ˈdaɪəfræm], [ˈæpəˌtjʊə]

belichtingstijd (de)	exposure time	[ɪk'spəʊʒə ˌtaɪm]
zoeker (de)	viewfinder	['vjuːˌfaɪndə(r)]
digitale camera (de)	digital camera	['dɪdʒɪtəl 'kæmərə]
statief (het)	tripod	['traɪpɒd]
flits (de)	flash	[flæʃ]
fotograferen (ww)	to photograph (vt)	[tə 'fəʊtəgrɑːf]
kieken (foto's maken)	to take pictures	[tə ˌteɪk 'pɪktʃəz]
focus (de)	focus	['fəʊkəs]
scherpstellen (ww)	to adjust the focus	[tə ə'dʒʌst ðə 'fəʊkəs]
scherp (bn)	sharp	[ʃɑːp]
scherpte (de)	sharpness	['ʃɑːpnɪs]
contrast (het)	contrast	['kɒntrɑːst]
contrastrijk (bn)	contrasty	['kɒntrɑːstɪ]
kiekje (het)	picture	['pɪktʃə(r)]
negatief (het)	negative	['negətɪv]
filmpje (het)	film	[fɪlm]
beeld (frame)	frame	[freɪm]
afdrukken (foto's ~)	to print (vt)	[tə prɪnt]

164. Strand. Zwemmen

strand (het)	beach	[biːtʃ]
zand (het)	sand	[sænd]
leeg (~ strand)	deserted	[dɪ'zɜːtɪd]
bruine kleur (de)	suntan	['sʌntæn]
zonnebaden (ww)	to get a tan	[tə get ə tæn]
gebruind (bn)	tanned	[tænd]
zonnecrème (de)	sunscreen	['sʌnskriːn]
bikini (de)	bikini	[bɪ'kiːnɪ]
badpak (het)	swimsuit	['swɪmsuːt]
zwembroek (de)	swim trunks	['swɪm ˌtrʌŋks]
zwembad (het)	swimming pool	['swɪmɪŋ puːl]
zwemmen (ww)	to swim (vi)	[tə swɪm]
douche (de)	shower	['ʃaʊə(r)]
zich omkleden (ww)	to change (vi)	[tə tʃeɪndʒ]
handdoek (de)	towel	['taʊəl]
boot (de)	boat	[bəʊt]
motorboot (de)	motorboat	['məʊtəbəʊt]
waterski's (mv.)	water ski	['wɔːtə skiː]
waterfiets (de)	pedalo	['pedələʊ]
surfen (het)	surfing	['sɜːfɪŋ]
surfer (de)	surfer	['sɜːfə(r)]
scuba, aqualong (de)	scuba set	['skuːbə set]
zwemvliezen (mv.)	flippers	['flɪpəz]

duikmasker (het)	mask	[mɑːsk]
duiker (de)	diver	[ˈdaɪvə(r)]
duiken (ww)	to dive (vi)	[tə daɪv]
onder water (bw)	underwater	[ˌʌndəˈwɔːtə(r)]

parasol (de)	beach umbrella	[biːtʃ ʌmˈbrelə]
ligstoel (de)	beach chair	[biːtʃ tʃeə]
zonnebril (de)	sunglasses	[ˈsʌnˌglɑːsɪz]
luchtmatras (de/het)	air mattress	[eə ˈmætrɪs]

| spelen (ww) | to play (vi) | [tə pleɪ] |
| gaan zwemmen (ww) | to go for a swim | [tə gəʊ fɔːə swɪm] |

bal (de)	beach ball	[biːtʃ bɔːl]
opblazen (oppompen)	to inflate (vt)	[tə ɪnˈfleɪt]
lucht-, opblaasbare (bn)	inflatable, air	[ɪnˈfleɪtəbəl], [eə]

golf (hoge ~)	wave	[weɪv]
boei (de)	buoy	[bɔɪ]
verdrinken (ww)	to drown (vi)	[tə draʊn]

redden (ww)	to save, to rescue	[tə seɪv], [tə ˈreskjuː]
reddingsvest (de)	lifejacket	[laɪf ˈdʒækɪt]
waarnemen (ww)	to observe, to watch	[əbˈzɜːv], [tə wɒtʃ]

TECHNISCHE APPARATUUR. VERVOER

Technische apparatuur

165. Computer

computer (de)	computer	[kəm'pju:tə(r)]
laptop (de)	notebook, laptop	['nəʊtbʊk], ['læptɒp]
aanzetten (ww)	to switch on (vt)	[tə swɪtʃ ɒn]
uitzetten (ww)	to turn off (vt)	[tə tɜ:n ɒf]
toetsenbord (het)	keyboard	['ki:bɔ:d]
toets (enter~)	key	[ki:]
muis (de)	mouse	[maʊs]
muismat (de)	mouse mat	['maʊs mæt]
knopje (het)	button	['bʌtən]
cursor (de)	cursor	['kɜ:sə(r)]
monitor (de)	monitor	['mɒnɪtə(r)]
scherm (het)	screen	[skri:n]
harde schijf (de)	hard disk	[hɑ:d dɪsk]
volume (het) van de harde schijf	hard disk volume	[hɑ:d dɪsk 'vɒlju:m]
geheugen (het)	memory	['memərɪ]
RAM-geheugen (het)	random access memory	['rændəm 'ækses 'memərɪ]
bestand (het)	file	[faɪl]
folder (de)	folder	['fəʊldə(r)]
openen (ww)	to open (vt)	[tə 'əʊpən]
sluiten (ww)	to close (vt)	[tə kləʊz]
opslaan (ww)	to save (vt)	[tə seɪv]
verwijderen (wissen)	to delete (vt)	[tə dɪ'li:t]
kopiëren (ww)	to copy (vt)	[tə 'kɒpɪ]
sorteren (ww)	to sort (vt)	[tə sɔ:t]
programma (het)	programme	['prəʊgræm]
software (de)	software	['sɒftweə(r)]
programmeur (de)	programmer	['prəʊgræmə(r)]
programmeren (ww)	to program (vt)	[tə 'prəʊgræm]
hacker (computerkraker)	hacker	['hækə(r)]
wachtwoord (het)	password	['pɑ:swɜ:d]
virus (het)	virus	['vaɪrəs]
ontdekken (virus ~)	to find, to detect	[tə faɪnd], [tə dɪ'tekt]
byte (de)	byte	[baɪt]

megabyte (de)	megabyte	['megəbaɪt]
data (de)	data	['deɪtə]
databank (de)	database	['deɪtəbeɪs]

kabel (USB-~, enz.)	cable	['keɪbəl]
afsluiten (ww)	to disconnect (vt)	[tə ˌdɪskə'nekt]
aansluiten op (ww)	to connect (vt)	[tə kə'nekt]

166. Internet. E-mail

internet (het)	Internet	['ɪntənet]
browser (de)	browser	['braʊzə(r)]
zoekmachine (de)	search engine	[sɜːtʃ 'endʒɪn]
internetprovider (de)	provider	[prə'vaɪdə(r)]

webmaster (de)	web master	[web 'mɑːstə(r)]
website (de)	website	['websaɪt]
webpagina (de)	web page	[web peɪdʒ]

| adres (het) | address | [ə'dres] |
| adresboek (het) | address book | [ə'dres bʊk] |

postvak (het)	postbox	['pəʊstbɒks]
post (de)	post	[pəʊst]
vol (~ postvak)	full	[fʊl]

bericht (het)	message	['mesɪdʒ]
binnenkomende berichten (mv.)	incoming messages	['ɪnˌkʌmɪŋ 'mesɪdʒɪz]
uitgaande berichten (mv.)	outgoing messages	['aʊtˌgəʊɪŋ 'mesɪdʒɪz]

verzender (de)	sender	['sendə(r)]
verzenden (ww)	to send (vt)	[tə send]
verzending (de)	sending	['sendɪŋ]

| ontvanger (de) | receiver | [rɪ'siːvə(r)] |
| ontvangen (ww) | to receive (vt) | [tə rɪ'siːv] |

| correspondentie (de) | correspondence | [ˌkɒrɪ'spɒndəns] |
| corresponderen (met ...) | to correspond (vi) | [tə ˌkɒrɪ'spɒnd] |

bestand (het)	file	[faɪl]
downloaden (ww)	to download (vt)	[tə 'daʊnləʊd]
creëren (ww)	to create (vt)	[tə kriː'eɪt]
verwijderen (een bestand ~)	to delete (vt)	[tə dɪ'liːt]
verwijderd (bn)	deleted	[dɪ'liːtɪd]

verbinding (de)	connection	[kə'nekʃən]
snelheid (de)	speed	[spiːd]
modem (de)	modem	['məʊdem]
toegang (de)	access	['ækses]
poort (de)	port	[pɔːt]
aansluiting (de)	connection	[kə'nekʃən]
zich aansluiten (ww)	to connect to ...	[tə kə'nekt tə]

| selecteren (ww) | to select (vt) | [tə sɪ'lekt] |
| zoeken (ww) | to search for ... | [tə sɜːtʃ fɔː(r)] |

167. Elektriciteit

elektriciteit (de)	electricity	[ˌɪlek'trɪsəti]
elektrisch (bn)	electrical	[ɪ'lektrɪkəl]
elektriciteitscentrale (de)	electric power station	[ɪ'lektrɪk 'paʊə 'steɪʃən]
energie (de)	energy	['enədʒɪ]
elektrisch vermogen (het)	electric power	[ɪ'lektrɪk 'paʊə]

lamp (de)	light bulb	['laɪt ˌbʌlb]
zaklamp (de)	torch	[tɔːtʃ]
straatlantaarn (de)	street light	['striːt laɪt]

licht (elektriciteit)	light	[laɪt]
aandoen (ww)	to turn on (vt)	[tə tɜːn ɒn]
uitdoen (ww)	to turn off (vt)	[tə tɜːn ɒf]
het licht uitdoen	to turn off the light	[tə tɜːn ɒf ðə laɪt]

doorbranden (gloeilamp)	to burn out (vi)	[tə bɜːn aʊt]
kortsluiting (de)	short circuit	[ʃɔːt 'sɜːkɪt]
onderbreking (de)	broken wire	['brəʊkən 'waɪə]
contact (het)	contact	['kɒntækt]

schakelaar (de)	switch	[swɪtʃ]
stopcontact (het)	socket outlet	['sɒkɪt 'aʊtlet]
stekker (de)	plug	[plʌg]
verlengsnoer (de)	extension lead	[ɪk'stenʃən led]

zekering (de)	fuse	[fjuːz]
kabel (de)	cable, wire	['keɪbəl], ['waɪə]
bedrading (de)	wiring	['waɪərɪŋ]

ampère (de)	ampere	['æmpeə(r)]
stroomsterkte (de)	amperage	['æmpərɪdʒ]
volt (de)	volt	[vəʊlt]
spanning (de)	voltage	['vəʊltɪdʒ]

| elektrisch toestel (het) | electrical device | [ɪ'lektrɪkəl dɪ'vaɪs] |
| indicator (de) | indicator | ['ɪndɪkeɪtə(r)] |

elektricien (de)	electrician	[ˌɪlek'trɪʃən]
solderen (ww)	to solder (vt)	[tə 'səʊldə]
soldeerbout (de)	soldering iron	['səʊldərɪŋ 'aɪrən]
stroom (de)	current	['kʌrənt]

168. Gereedschappen

werktuig (stuk gereedschap)	tool, instrument	[tuːl], ['ɪnstrʊmənt]
gereedschap (het)	tools	[tuːlz]
uitrusting (de)	equipment	[ɪ'kwɪpmənt]

hamer (de)	**hammer**	['hæmə(r)]
schroevendraaier (de)	**screwdriver**	['skru:ˌdraɪvə(r)]
bijl (de)	**axe**	[æks]

zaag (de)	**saw**	[sɔ:]
zagen (ww)	**to saw** (vt)	[tə sɔ:]
schaaf (de)	**plane**	[pleɪn]
schaven (ww)	**to plane** (vt)	[tə pleɪn]
soldeerbout (de)	**soldering iron**	['səʊldərɪŋ 'aɪrən]
solderen (ww)	**to solder** (vt)	[tə 'səʊldə]

vijl (de)	**file**	[faɪl]
nijptang (de)	**carpenter pincers**	['kɑ:pəntə 'pɪnsəz]
combinatietang (de)	**combination pliers**	[ˌkɒmbɪ'neɪʃən 'plaɪəz]
beitel (de)	**chisel**	['tʃɪzəl]

boorkop (de)	**drill bit**	[drɪl bɪt]
boormachine (de)	**electric drill**	[ɪ'lektrɪk drɪl]
boren (ww)	**to drill** (vi, vt)	[tə drɪl]

mes (het)	**knife**	[naɪf]
zakmes (het)	**pocket knife**	['pɒkɪt ˌnaɪf]
knip- (abn)	**folding**	['fəʊldɪŋ]
lemmet (het)	**blade**	[bleɪd]

scherp (bijv. ~ mes)	**sharp**	[ʃɑːp]
bot (bn)	**blunt**	[blʌnt]
bot raken (ww)	**to get blunt**	[tə get blʌnt]
slijpen (een mes ~)	**to sharpen** (vt)	[tə 'ʃɑːpən]

bout (de)	**bolt**	[bəʊlt]
moer (de)	**nut**	[nʌt]
schroefdraad (de)	**thread**	[θred]
houtschroef (de)	**wood screw**	[wʊd skruː]

nagel (de)	**nail**	[neɪl]
kop (de)	**nailhead**	['neɪlhed]

liniaal (de/het)	**ruler**	['ruːlə(r)]
rolmeter (de)	**tape measure**	[teɪp 'meʒə(r)]
waterpas (de/het)	**spirit level**	['spɪrɪt 'levəl]
loep (de)	**magnifying glass**	['mægnɪfaɪɪŋ glɑːs]

meetinstrument (het)	**measuring instrument**	['meʒərɪŋ 'ɪnstrʊmənt]
opmeten (ww)	**to measure** (vt)	[tə 'meʒə(r)]
schaal (meetschaal)	**scale**	[skeɪl]
gegevens (mv.)	**readings**	['riːdɪŋz]

compressor (de)	**compressor**	[kəm'presə]
microscoop (de)	**microscope**	['maɪkrəskəʊp]

pomp (de)	**pump**	[pʌmp]
robot (de)	**robot**	['rəʊbɒt]
laser (de)	**laser**	['leɪzə(r)]
moersleutel (de)	**spanner**	['spænə(r)]
plakband (de)	**adhesive tape**	[əd'hiːsɪv teɪp]

lijm (de)	glue	[glu:]
schuurpapier (het)	emery paper	['emərı 'peıpə]
veer (de)	spring	[sprıŋ]
magneet (de)	magnet	['mægnıt]
handschoenen (mv.)	gloves	[glʌvz]

touw (bijv. henneptouw)	rope	['rəʊp]
snoer (het)	cord	[kɔ:d]
draad (de)	wire	['waıə(r)]
kabel (de)	cable	['keıbəl]

moker (de)	sledgehammer	['sledʒ,hæmə(r)]
breekijzer (het)	crowbar	['krəʊbɑ:(r)]
ladder (de)	ladder	['lædə]
trapje (inklapbaar ~)	stepladder	['step,lædə(r)]

aanschroeven (ww)	to screw (vt)	[tə skru:]
losschroeven (ww)	to unscrew (vt)	[tə ˌʌn'skru:]
dichtpersen (ww)	to tighten (vt)	[tə 'taıtən]
vastlijmen (ww)	to glue, to stick	[tə glu:], [tə stık]
snijden (ww)	to cut (vt)	[tə kʌt]

defect (het)	malfunction	[ˌmæl'fʌŋkʃən]
reparatie (de)	repair	[rı'peə(r)]
repareren (ww)	to repair (vt)	[tə rı'peə(r)]
regelen (een machine ~)	to adjust (vt)	[tə ə'dʒʌst]

nakijken (ww)	to check (vt)	[tə tʃek]
controle (de)	checking	['tʃekıŋ]
gegevens (mv.)	readings	['ri:dıŋz]

| degelijk (bijv. ~ machine) | reliable | [rı'laıəbəl] |
| ingewikkeld (bn) | complicated | ['kɒmplıkeıtıd] |

roesten (ww)	to rust (vi)	[tə rʌst]
roestig (bn)	rusty	['rʌstı]
roest (de/het)	rust	[rʌst]

Vervoer

169. Vliegtuig

vliegtuig (het)	aeroplane	['eərəpleɪn]
vliegticket (het)	air ticket	['eə 'tɪkɪt]
luchtvaartmaatschappij (de)	airline	['eəlaɪn]
luchthaven (de)	airport	['eəpɔːt]
supersonisch (bn)	supersonic	[ˌsuːpə'sɒnɪk]
gezagvoerder (de)	captain	['kæptɪn]
bemanning (de)	crew	[kruː]
piloot (de)	pilot	['paɪlət]
stewardess (de)	stewardess	['stjʊədɪs]
stuurman (de)	navigator	['nævɪɡeɪtə(r)]
vleugels (mv.)	wings	[wɪŋz]
staart (de)	tail	[teɪl]
cabine (de)	cockpit	['kɒkpɪt]
motor (de)	engine	['endʒɪn]
landingsgestel (het)	undercarriage	['ʌndəˌkærɪdʒ]
turbine (de)	turbine	['tɜːbaɪn]
propeller (de)	propeller	[prə'pelə(r)]
zwarte doos (de)	black box	[blæk bɒks]
stuur (het)	control column	[kən'trəʊl 'kɒləm]
brandstof (de)	fuel	[fjʊəl]
veiligheidskaart (de)	safety card	['seɪftɪ kɑːd]
zuurstofmasker (het)	oxygen mask	['ɒksɪdʒən mɑːsk]
uniform (het)	uniform	['juːnɪfɔːm]
reddingsvest (de)	lifejacket	[laɪf 'dʒækɪt]
parachute (de)	parachute	['pærəʃuːt]
opstijgen (het)	takeoff	[teɪkɒf]
opstijgen (ww)	to take off (vi)	[tə teɪk ɒf]
startbaan (de)	runway	['rʌnˌweɪ]
zicht (het)	visibility	[ˌvɪzɪ'bɪlɪtɪ]
vlucht (de)	flight	[flaɪt]
hoogte (de)	altitude	['æltɪtjuːd]
luchtzak (de)	air pocket	[eə 'pɒkɪt]
plaats (de)	seat	[siːt]
koptelefoon (de)	headphones	['hedfəʊnz]
tafeltje (het)	folding tray	['fəʊldɪŋ treɪ]
venster (het)	window	['wɪndəʊ]
gangpad (het)	aisle	[aɪl]

170. Trein

trein (de)	train	[treɪn]
elektrische trein (de)	suburban train	[sə'bɜ:bən treɪn]
sneltrein (de)	express train	[ɪk'spres treɪn]
diesellocomotief (de)	diesel locomotive	['di:zəl ˌləʊkə'məʊtɪv]
locomotief (de)	steam engine	[sti:m 'endʒɪn]
rijtuig (het)	coach, carriage	[kəʊtʃ], ['kærɪdʒ]
restauratierijtuig (het)	restaurant car	['restrɒnt kɑ:]
rails (mv.)	rails	[reɪlz]
spoorweg (de)	railway	['reɪlweɪ]
dwarsligger (de)	sleeper	['sli:pə(r)]
perron (het)	platform	['plætfɔ:m]
spoor (het)	platform	['plætfɔ:m]
semafoor (de)	semaphore	['seməfɔ:(r)]
halte (bijv. kleine treinhalte)	station	['steɪʃən]
machinist (de)	train driver	[treɪn 'draɪvə(r)]
kruier (de)	porter	['pɔ:tə(r)]
conducteur (de)	train steward	['treɪn 'stjʊəd]
passagier (de)	passenger	['pæsɪndʒə(r)]
controleur (de)	ticket inspector	['tɪkɪt ɪn'spektə]
gang (in een trein)	corridor	['kɒrɪˌdɔ:(r)]
noodrem (de)	emergency break	[ɪ'mɜ:dʒənsɪ breɪk]
coupé (de)	compartment	[kəm'pɑ:tmənt]
bed (slaapplaats)	berth	[bɜ:θ]
bovenste bed (het)	upper berth	['ʌpə bɜ:θ]
onderste bed (het)	lower berth	['ləʊə 'bɜ:θ]
beddengoed (het)	bed linen	[bed 'lɪnɪn]
kaartje (het)	ticket	['tɪkɪt]
dienstregeling (de)	timetable	['taɪmˌteɪbəl]
informatiebord (het)	information display	[ˌɪnfə'meɪʃən dɪ'spleɪ]
vertrekken	to leave, to depart	[tə li:v], [tə dɪ'pɑ:t]
(De trein vertrekt ...)		
vertrek (ov. een trein)	departure	[dɪ'pɑ:tʃə(r)]
aankomen (ov. de treinen)	to arrive (vi)	[tə ə'raɪv]
aankomst (de)	arrival	[ə'raɪvəl]
aankomen per trein	to arrive by train	[tə ə'raɪv baɪ treɪn]
in de trein stappen	to get on the train	[tə ˌget ɒn ðə 'treɪn]
uit de trein stappen	to get off the train	[tə ˌget əv ðə 'treɪn]
treinwrak (het)	train crash	[treɪn kræʃ]
ontspoord zijn	to be derailed	[tə bi dɪ'reɪld]
locomotief (de)	steam engine	[sti:m 'endʒɪn]
stoker (de)	stoker, fireman	['stəʊkə], ['faɪəmən]
stookplaats (de)	firebox	['faɪəbɒks]
steenkool (de)	coal	[kəʊl]

171. Schip

schip (het)	ship	[ʃɪp]
vaartuig (het)	vessel	['vesəl]
stoomboot (de)	steamship	['stiːmʃɪp]
motorschip (het)	riverboat	['rɪvəˌbəʊt]
lijnschip (het)	ocean liner	['əʊʃən 'laɪnə(r)]
kruiser (de)	cruiser	['kruːzə(r)]
jacht (het)	yacht	[jɒt]
sleepboot (de)	tugboat	['tʌgbəʊt]
duwbak (de)	barge	[bɑːdʒ]
ferryboot (de)	ferry	['ferɪ]
zeilboot (de)	sailing ship	['seɪlɪŋ ʃɪp]
brigantijn (de)	brigantine	['brɪgəntiːn]
IJsbreker (de)	ice breaker	['aɪsˌbreɪkə(r)]
duikboot (de)	submarine	[ˌsʌbməˈriːn]
boot (de)	boat	[bəʊt]
sloep (de)	dinghy	['dɪŋɪ]
reddingssloep (de)	lifeboat	['laɪfbəʊt]
motorboot (de)	motorboat	['məʊtəbəʊt]
kapitein (de)	captain	['kæptɪn]
zeeman (de)	seaman	['siːmən]
matroos (de)	sailor	['seɪlə(r)]
bemanning (de)	crew	[kruː]
bootsman (de)	boatswain	['bəʊsən]
scheepsjongen (de)	ship's boy	[ʃɪps bɔɪ]
kok (de)	cook	[kʊk]
scheepsarts (de)	ship's doctor	[ʃɪps 'dɒktə(r)]
dek (het)	deck	[dek]
mast (de)	mast	[mɑːst]
zeil (het)	sail	[seɪl]
ruim (het)	hold	[həʊld]
voorsteven (de)	bow	[baʊ]
achtersteven (de)	stern	[stɜːn]
roeispaan (de)	oar	[ɔː(r)]
schroef (de)	propeller	[prə'pelə(r)]
kajuit (de)	cabin	['kæbɪn]
officierskamer (de)	wardroom	['wɔːdrʊm]
machinekamer (de)	engine room	['endʒɪn ˌruːm]
brug (de)	bridge	[brɪdʒ]
radiokamer (de)	radio room	['reɪdɪəʊ rʊm]
radiogolf (de)	wave	[weɪv]
logboek (het)	logbook	['lɒgbʊk]
verrekijker (de)	spyglass	['spaɪglɑːs]
klok (de)	bell	[bel]

vlag (de)	flag	[flæg]
kabel (de)	rope	['rəʊp]
knoop (de)	knot	[nɒt]

| trapleuning (de) | deckrail | ['dekreɪl] |
| trap (de) | gangway | ['gæŋweɪ] |

anker (het)	anchor	['æŋkə(r)]
het anker lichten	to weigh anchor	[tə weɪ 'æŋkə(r)]
het anker neerlaten	to drop anchor	[tə drɒp 'æŋkə(r)]
ankerketting (de)	anchor chain	['æŋkə ˌtʃeɪn]

haven (bijv. containerhaven)	port	[pɔːt]
kaai (de)	berth, wharf	[bɜːθ], [wɔːf]
aanleggen (ww)	to berth, to moor	[tə bɜːθ], [tə mɔː(r)]
wegvaren (ww)	to cast off	[tə kɑːst ɒf]

reis (de)	trip	[trɪp]
cruise (de)	cruise	[kruːz]
koers (de)	course	[kɔːs]
route (de)	route	[ruːt]

vaarwater (het)	fairway	['feəweɪ]
zandbank (de)	shallows	['ʃæləʊz]
stranden (ww)	to run aground	[tə rʌn ə'graʊnd]

storm (de)	storm	[stɔːm]
signaal (het)	signal	['sɪgnəl]
zinken (ov. een boot)	to sink (vi)	[tə sɪŋk]
Man overboord!	Man overboard!	[ˌmæn 'əʊvəbɔːd]
SOS (noodsignaal)	SOS	[ˌesəʊ'es]
reddingsboei (de)	ring buoy	[rɪŋ bɔɪ]

172. Vliegveld

luchthaven (de)	airport	['eəpɔːt]
vliegtuig (het)	aeroplane	['eərəpleɪn]
luchtvaartmaatschappij (de)	airline	['eəlaɪn]
luchtverkeersleider (de)	air-traffic controller	['eə 'træfɪk kən'trəʊlə]

vertrek (het)	departure	[dɪ'pɑːtʃə(r)]
aankomst (de)	arrival	[ə'raɪvəl]
aankomen (per vliegtuig)	to arrive (vi)	[tə ə'raɪv]

| vertrektijd (de) | departure time | [dɪ'pɑːtʃə ˌtaɪm] |
| aankomstuur (het) | arrival time | [ə'raɪvəl taɪm] |

| vertraagd zijn (ww) | to be delayed | [tə bi dɪ'leɪd] |
| vluchtvertraging (de) | flight delay | [flaɪt dɪ'leɪ] |

informatiebord (het)	information board	[ˌɪnfə'meɪʃən bɔːd]
informatie (de)	information	[ˌɪnfə'meɪʃən]
aankondigen (ww)	to announce (vt)	[tə ə'naʊns]
vlucht (bijv. KLM ~)	flight	[flaɪt]

| douane (de) | customs | ['kʌstəmz] |
| douanier (de) | customs officer | ['kʌstəmz 'ɒfɪsə(r)] |

douaneaangifte (de)	customs declaration	['kʌstəmz ˌdeklə'reɪʃən]
invullen (douaneaangifte ~)	to fill in (vt)	[tə fɪl 'ɪn]
paspoortcontrole (de)	passport control	['pɑːspɔːt kən'trəʊl]

bagage (de)	luggage	['lʌgɪdʒ]
handbagage (de)	hand luggage	['hænd,lʌgɪdʒ]
Gevonden voorwerpen	LOST PROPERTY	[lɒst 'prɒpətɪ]
bagagekarretje (het)	luggage trolley	['lʌgɪdʒ 'trɒlɪ]

landing (de)	landing	['lændɪŋ]
landingsbaan (de)	runway	['rʌn,weɪ]
landen (ww)	to land (vi)	[tə lænd]
vliegtuigtrap (de)	airstairs	[eə'steəz]

inchecken (het)	check-in	['tʃek ɪŋ]
incheckbalie (de)	check-in desk	['tʃek ɪŋ desk]
inchecken (ww)	to check-in (vi)	[tə tʃek ɪn]
instapkaart (de)	boarding pass	['bɔːdɪŋ pɑːs]
gate (de)	departure gate	[dɪ'pɑːtʃə ˌgeɪt]

transit (de)	transit	['trænsɪt]
wachten (ww)	to wait (vt)	[tə weɪt]
wachtzaal (de)	departure lounge	[dɪ'pɑːtʃə laʊndʒ]

173. Fiets. Motorfiets

fiets (de)	bicycle	['baɪsɪkəl]
bromfiets (de)	scooter	['skuːtə(r)]
motorfiets (de)	motorbike	['məʊtəbaɪk]

met de fiets rijden	to go by bicycle	[tə gəʊ baɪ 'baɪsɪkəl]
stuur (het)	handlebars	['hændəlbɑːz]
pedaal (de/het)	pedal	['pedəl]
remmen (mv.)	brakes	[breɪks]
fietszadel (de/het)	saddle	['sædəl]

pomp (de)	pump	[pʌmp]
bagagedrager (de)	luggage rack	['lʌgɪdʒ ræk]
fietslicht (het)	front lamp	[frʌnt læmp]
helm (de)	helmet	['helmɪt]

wiel (het)	wheel	[wiːl]
spatbord (het)	mudguard	['mʌdgɑːd]
velg (de)	rim	[rɪm]
spaak (de)	spoke	[spəʊk]

Auto's

174. Soorten auto's

auto (de)	car	[kɑː(r)]
sportauto (de)	sports car	['spɔːts kɑː(r)]
limousine (de)	limousine	['lɪməziːn]
terreinwagen (de)	off-road vehicle	[ɒf'rəʊd 'viːɪkəl]
cabriolet (de)	convertible	[kən'vɜːtəbəl]
minibus (de)	minibus	['mɪnɪbʌs]
ambulance (de)	ambulance	['æmbjʊləns]
sneeuwruimer (de)	snowplough	['snəʊplaʊ]
vrachtwagen (de)	lorry	['lɒrɪ]
tankwagen (de)	road tanker	[rəʊd 'tæŋkə]
bestelwagen (de)	van	[væn]
trekker (de)	articulated lorry	[ɑː'tɪkjʊleɪtɪd 'lɒrɪ]
aanhangwagen (de)	trailer	['treɪlə(r)]
comfortabel (bn)	comfortable	['kʌmfətəbəl]
tweedehands (bn)	second hand	['sekənd ˌhænd]

175. Auto's. Carrosserie

motorkap (de)	bonnet	['bɒnɪt]
spatbord (het)	wing	[wɪŋ]
dak (het)	roof	[ruːf]
voorruit (de)	windscreen	['wɪndskriːn]
achterruit (de)	rear-view mirror	['rɪəvjuː 'mɪrə(r)]
ruitensproeier (de)	windscreen washer	['wɪndskriːn 'wɒʃə(r)]
wisserbladen (mv.)	windscreen wipers	['wɪndskriːn 'waɪpəz]
zijruit (de)	side window	[ˌsaɪd 'wɪndəʊ]
raamlift (de)	window lift	['wɪndəʊ lɪft]
antenne (de)	aerial	['eərɪəl]
zonnedak (het)	sun roof	['sʌnruːf]
bumper (de)	bumper	['bʌmpə(r)]
koffer (de)	boot	[buːt]
imperiaal (de/het)	roof luggage rack	[ruːf 'lʌgɪdʒ ræk]
portier (het)	door	[dɔː(r)]
handvat (het)	door handle	['dɔː ˌhændəl]
slot (het)	door lock	[dɔː lɒk]
nummerplaat (de)	number plate	['nʌmbə pleɪt]
knalpot (de)	silencer	['saɪlənsə(r)]

| benzinetank (de) | petrol tank | ['petrəl tæŋk] |
| uitlaatpijp (de) | exhaust pipe | [ıg'zɔ:st paıp] |

gas (het)	accelerator	[ək'seləreıtə(r)]
pedaal (de/het)	pedal	['pedəl]
gaspedaal (de/het)	accelerator pedal	[ək'seləreıtə 'pedəl]

rem (de)	brake	[breık]
rempedaal (de/het)	brake pedal	[ˌbreık 'pedəl]
remmen (ww)	to brake (vi)	[tə breık]
handrem (de)	handbrake	['hændbreık]

koppeling (de)	clutch	[klʌtʃ]
koppelingspedaal (de/het)	clutch pedal	[klʌtʃ 'pedəl]
koppelingsschijf (de)	clutch plate	[klʌtʃ pleıt]
schokdemper (de)	shock absorber	[ʃɒk əb'sɔ:bə]

wiel (het)	wheel	[wi:l]
reservewiel (het)	spare tyre	[speə 'taıə(r)]
band (de)	tyre	['taıə(r)]
wieldop (de)	wheel cover	[wi:l 'kʌvə(r)]

aandrijfwielen (mv.)	driving wheels	['draıvıŋ ˌwi:lz]
met voorwielaandrijving	front-wheel drive	['frʌnt wi:l ˌdraıv]
met achterwielaandrijving	rear-wheel drive	[ˌrıə 'wi:l 'draıv]
met vierwielaandrijving	all-wheel drive	[ˌɔ:l-wi:l 'draıv]

versnellingsbak (de)	gearbox	['gıəbɒks]
automatisch (bn)	automatic	[ˌɔ:tə'mætık]
mechanisch (bn)	mechanical	[mı'kænıkəl]
versnellingspook (de)	gear lever	[gıə 'li:və]

| voorlicht (het) | headlight | ['hedlaıt] |
| voorlichten (mv.) | headlights | ['hedlaıts] |

dimlicht (het)	dipped headlights	[dıpt 'hedlaıts]
grootlicht (het)	full headlights	[ful 'hedlaıts]
stoplicht (het)	brake light	['breıklaıt]

standlichten (mv.)	sidelights	['saıdlaıts]
noodverlichting (de)	hazard lights	['hæzəd laıts]
mistlichten (mv.)	fog lights	[fɒg laıts]
pinker (de)	turn indicator	[tɜ:n 'ındıkeıtə(r)]
achteruitrijdlicht (het)	reversing light	[rı'vɜ:sıŋ laıt]

176. Auto's. Passagiersruimte

interieur (het)	car inside	[kɑːrın'saıd]
leren (van leer gemaak)	leather	['leðə(r)]
fluwelen (abn)	velour	[və'luə(r)]
bekleding (de)	upholstery	[ˌʌp'həulstərı]

| toestel (het) | instrument | ['ınstrumənt] |
| instrumentenbord (het) | dashboard | ['dæʃbɔ:d] |

| snelheidsmeter (de) | speedometer | [spɪ'dɒmɪtə(r)] |
| pijltje (het) | needle | ['ni:dəl] |

kilometerteller (de)	mileometer	[maɪ'lɒmɪtə(r)]
sensor (de)	indicator, sensor	['ɪndɪkeɪtə], ['sensə]
niveau (het)	level	['levəl]
controlelampje (het)	warning light	['wɔ:nɪŋ laɪt]

stuur (het)	steering wheel	['stɪərɪŋ wi:l]
toeter (de)	horn	[hɔ:n]
knopje (het)	button	['bʌtən]
schakelaar (de)	switch	[swɪtʃ]

stoel (bestuurders~)	seat	[si:t]
rugleuning (de)	backrest	['bækrest]
hoofdsteun (de)	headrest	['hedrest]
veiligheidsgordel (de)	seat belt	[si:t belt]
de gordel aandoen	to fasten the belt	[tə 'fɑ:sən ðə belt]
regeling (de)	adjustment	[ə'dʒʌstmənt]

| airbag (de) | airbag | ['eəbæg] |
| airconditioner (de) | air-conditioner | [eə kən'dɪʃənə] |

radio (de)	radio	['reɪdɪəʊ]
CD-speler (de)	CD Player	[ˌsi:'di: 'pleɪə(r)]
aanzetten (bijv. radio ~)	to turn on (vt)	[tə tɜ:n ɒn]
antenne (de)	aerial	['eərɪəl]
handschoenenkastje (het)	glove box	['glʌvˌbɒks]
asbak (de)	ashtray	['æʃtreɪ]

177. Auto's. Motor

| diesel- (abn) | diesel | ['di:zəl] |
| benzine- (~motor) | petrol | ['petrəl] |

motorinhoud (de)	engine volume	['endʒɪn 'vɒlju:m]
vermogen (het)	power	['paʊə(r)]
paardenkracht (de)	horsepower	['hɔ:sˌpaʊə(r)]
zuiger (de)	piston	['pɪstən]
cilinder (de)	cylinder	['sɪlɪndə(r)]
klep (de)	valve	[vælv]

injectie (de)	injector	[ɪn'dʒektə(r)]
generator (de)	generator	['dʒenəreɪtə(r)]
carburator (de)	carburettor	[ˌkɑ:bə'retə(r)]
motorolie (de)	engine oil	['endʒɪn ˌɔɪl]

radiator (de)	radiator	['reɪdɪeɪtə(r)]
koelvloeistof (de)	coolant	['ku:lənt]
ventilator (de)	cooling fan	['ku:lɪŋ fæn]

accu (de)	battery	['bætərɪ]
starter (de)	starter	['stɑ:tə(r)]
contact (ontsteking)	ignition	[ɪg'nɪʃən]

bougie (de)	sparking plug	['spɑ:kɪŋ plʌg]
pool (de)	terminal	['tɜ:mɪnəl]
positieve pool (de)	positive terminal	['pɒzɪtɪv 'tɜ:mɪnəl]
negatieve pool (de)	negative terminal	['negətɪv 'tɜ:mɪnəl]
zekering (de)	fuse	[fju:z]

luchtfilter (de)	air filter	[eə 'fɪltə(r)]
oliefilter (de)	oil filter	[ɔɪl 'fɪltə(r)]
benzinefilter (de)	fuel filter	[fjʊəl 'fɪltə(r)]

178. Auto's. Botsing. Reparatie

auto-ongeval (het)	car accident	[kɑ:r'æksɪdənt]
verkeersongeluk (het)	road accident	[rəʊd 'æksɪdənt]
aanrijden	to smash (vi)	[tə smæʃ]
(tegen een boom, enz.)		
verongelukken (ww)	to get smashed up	[tə get smæʃt ʌp]
beschadiging (de)	damage	['dæmɪdʒ]
heelhuids (bn)	intact	[ɪn'tækt]

pech (de)	breakdown	['breɪkdaʊn]
kapot gaan (zijn gebroken)	to break down (vi)	[tə 'breɪkdaʊn]
sleeptouw (het)	towrope	['təʊrəʊp]

lek (het)	puncture	['pʌŋktʃə]
lekke krijgen (band)	to have a puncture	[tə ˌhævə 'pʌŋktʃə]
oppompen (ww)	to pump up	[tə pʌmp ʌp]
druk (de)	pressure	['preʃə(r)]
checken (controleren)	to check (vt)	[tə tʃek]

reparatie (de)	repair	[rɪ'peə(r)]
garage (de)	auto repair shop	['ɔ:təʊ rɪ'peə ʃɒp]
wisselstuk (het)	spare part	[speə pɑ:t]
onderdeel (het)	part	[pɑ:t]

bout (de)	bolt	[bəʊlt]
schroef (de)	screw bolt	[skru: bəʊlt]
moer (de)	nut	[nʌt]
sluitring (de)	washer	['wɒʃə(r)]
kogellager (de/het)	bearing	['beərɪŋ]

pijp (de)	tube	[tju:b]
pakking (de)	gasket	['gæskɪt]
kabel (de)	cable, wire	['keɪbəl], ['waɪə]

dommekracht (de)	jack	[dʒæk]
moersleutel (de)	spanner	['spænə(r)]
hamer (de)	hammer	['hæmə(r)]
pomp (de)	pump	[pʌmp]
schroevendraaier (de)	screwdriver	['skru:ˌdraɪvə(r)]
brandblusser (de)	fire extinguisher	['faɪər ɪk'stɪŋgwɪʃə(r)]
gevarendriehoek (de)	warning triangle	['wɔ:nɪŋ 'traɪæŋgəl]
afslaan	to stall (vi)	[tə stɔ:l]
(ophouden te werken)		

| uitvallen (het) | stalling | ['stɔːlɪŋ] |
| zijn gebroken | to be broken | [tə bi 'brəʊkən] |

oververhitten (ww)	to overheat (vi)	[tə ˌəʊvə'hiːt]
verstopt raken (ww)	to be clogged up	[tə biː ˌklɒgd 'ʌp]
bevriezen (autodeur, enz.)	to freeze up	[tə friːz 'ʌp]
barsten (leidingen, enz.)	to burst (vi)	[tə bɜːst]

druk (de)	pressure	['preʃə(r)]
niveau (bijv. olieniveau)	level	['levəl]
slap (de drijfriem is ~)	slack	[slæk]

deuk (de)	dent	[dent]
geklop (vreemde geluiden)	abnormal noise	[æb'nɔːməl nɔɪz]
barst (de)	crack	[kræk]
kras (de)	scratch	[skrætʃ]

179. Auto's. Weg

weg (de)	road	[rəʊd]
snelweg (de)	motorway	['məʊtəˌweɪ]
autoweg (de)	highway	['haɪweɪ]
richting (de)	direction	[dɪ'rekʃən]
afstand (de)	distance	['dɪstəns]

brug (de)	bridge	[brɪdʒ]
parking (de)	car park	[kɑː pɑːk]
plein (het)	square	[skweə(r)]
verkeersknooppunt (het)	road junction	[rəʊd 'dʒʌŋkʃən]
tunnel (de)	tunnel	['tʌnəl]

benzinestation (het)	petrol station	['petrəl 'steɪʃən]
parking (de)	car park	[kɑː pɑːk]
benzinepomp (de)	petrol pump	['petrəl pʌmp]
garage (de)	auto repair shop	['ɔːtəʊ rɪ'peə ʃɒp]
tanken (ww)	to fill up	[tə fɪl ʌp]
brandstof (de)	fuel	[fjʊəl]
jerrycan (de)	jerrycan	['dʒerɪkæn]

asfalt (het)	asphalt	['æsfælt]
markering (de)	road markings	[rəʊd 'mɑːkɪŋz]
trottoirband (de)	kerb	[kɜːb]
geleiderail (de)	guardrail	['gɑːdreɪl]
greppel (de)	ditch	[dɪtʃ]
vluchtstrook (de)	roadside	['rəʊdsaɪd]
lichtmast (de)	lamppost	['læmppəʊst]

besturen (een auto ~)	to drive (vi, vt)	[tə draɪv]
afslaan (naar rechts ~)	to turn (vi)	[tə tɜːn]
U-bocht maken (ww)	to make a U-turn	[tə meɪk ə juː-tɜːn]
achteruit (de)	reverse	[rɪ'vɜːs]

| toeteren (ww) | to honk (vi) | [tə hɒŋk] |
| toeter (de) | honk | [hɒŋk] |

vastzitten (in modder)	**to get stuck**	[tə get stʌk]
spinnen (wielen gaan ~)	**to spin the wheels**	[tə spɪn ðə wiːlz]
uitzetten (ww)	**to stop, to turn off**	[tə stɒp], [tə tɜːn ɒf]

snelheid (de)	**speed**	[spiːd]
een snelheidsovertreding maken	**to exceed the speed limit**	[tə ɪkˈsiːd ðə spiːd ˈlɪmɪt]
bekeuren (ww)	**to give sb a ticket**	[tə gɪv ... ə ˈtɪkɪt]
verkeerslicht (het)	**traffic lights**	[ˈtræfɪk laɪts]
rijbewijs (het)	**driving licence**	[ˈdraɪvɪŋ ˌlaɪsəns]

overgang (de)	**level crossing**	[ˈlevəl ˈkrɒsɪŋ]
kruispunt (het)	**crossroads**	[ˈkrɒsrəʊdz]
zebrapad (oversteekplaats)	**zebra crossing**	[ˈzebrə ˌkrɒsɪŋ]
bocht (de)	**bend, curve**	[bend], [kɜːv]
voetgangerszone (de)	**pedestrian precinct**	[pɪˈdestrɪən ˈpriːsɪŋkt]

180. Verkeersborden

verkeersregels (mv.)	**Highway Code**	[ˈhaɪweɪ kəʊd]
verkeersbord (het)	**traffic sign**	[ˈtræfɪk saɪn]
inhalen (het)	**overtaking**	[ˌəʊvəˈteɪkɪŋ]
bocht (de)	**curve**	[kɜːv]
U-bocht, kering (de)	**U-turn**	[juː tɜːn]
Rotonde (de)	**roundabout**	[ˈraʊndəbaʊt]

Verboden richting	**No entry**	[nəʊ ˈentrɪ]
Verboden toegang	**All vehicles prohibited**	[ɔːl ˈviːɪkəl ˌprəʊɪˈbɪtɪd]
Inhalen verboden	**No overtaking**	[nəʊ ˌəʊvəˈteɪkɪŋ]
Parkeerverbod	**No parking**	[nəʊ ˈpɑːkɪŋ]
Verbod stil te staan	**No stopping**	[nəʊ ˈstɒpɪŋ]

Gevaarlijke bocht	**dangerous curve**	[ˈdeɪndʒərəs kɜːv]
Gevaarlijke daling	**steep descent**	[stiːp dɪˈsent]
Eenrichtingsweg	**one-way traffic**	[wʌn weɪ ˈtræfɪk]
Voetgangers	**zebra crossing**	[ˈzebrə ˌkrɒsɪŋ]
Slipgevaar	**slippery road**	[ˈslɪpərɪ rəʊd]
Voorrang verlenen	**GIVE WAY**	[gɪv weɪ]

MENSEN. GEBEURTENISSEN IN HET LEVEN

Gebeurtenissen in het leven

181. Vakanties. Evenement

feest (het)	celebration, holiday	[ˌselɪˈbreɪʃən], [ˈhɒlɪdeɪ]
nationale feestdag (de)	national day	[ˈnæʃənəl deɪ]
feestdag (de)	public holiday	[ˈpʌblɪk ˈhɒlɪdeɪ]
herdenken (ww)	to commemorate (vt)	[tə kəˈmeməˌreɪt]
gebeurtenis (de)	event	[ɪˈvent]
evenement (het)	event	[ɪˈvent]
banket (het)	banquet	[ˈbæŋkwɪt]
receptie (de)	reception	[rɪˈsepʃən]
feestmaal (het)	feast	[fiːst]
verjaardag (de)	anniversary	[ænɪˈvɜːsərɪ]
jubileum (het)	jubilee	[ˈdʒuːbɪliː]
vieren (ww)	to celebrate (vt)	[tə ˈselɪbreɪt]
Nieuwjaar (het)	New Year	[njuː jɪə(r)]
Gelukkig Nieuwjaar!	Happy New Year!	[ˈhæpɪ njuː jɪə(r)]
Sinterklaas (de)	Santa Claus	[ˈsæntə klɔːz]
Kerstfeest (het)	Christmas	[ˈkrɪsməs]
Vrolijk kerstfeest!	Merry Christmas!	[ˌmerɪ ˈkrɪsməs]
kerstboom (de)	Christmas tree	[ˈkrɪsməs triː]
vuurwerk (het)	fireworks	[ˈfaɪəwɜːks]
bruiloft (de)	wedding	[ˈwedɪŋ]
bruidegom (de)	groom	[gruːm]
bruid (de)	bride	[braɪd]
uitnodigen (ww)	to invite (vt)	[tə ɪnˈvaɪt]
uitnodiging (de)	invitation card	[ˌɪnvɪˈteɪʃən kɑːd]
gast (de)	guest	[gest]
op bezoek gaan	to visit with ...	[tə ˈvɪzɪt wɪð]
gasten verwelkomen	to greet the guests	[tə griːt ðə gest]
geschenk, cadeau (het)	gift, present	[gɪft], [ˈprezənt]
geven (iets cadeau ~)	to give (vt)	[tə gɪv]
geschenken ontvangen	to receive gifts	[tə rɪˈsiːv gɪfts]
boeket (het)	bouquet	[buˈkeɪ]
felicitaties (mv.)	congratulations	[kənˌgrætʃuˈleɪʃənz]
feliciteren (ww)	to congratulate (vt)	[tə kənˈgrætʃuleɪt]
wenskaart (de)	greetings card	[ˈgriːtɪŋz kɑːd]

| een kaartje versturen | to send a postcard | [tə ˌsend ə ˈpəʊstkɑːd] |
| een kaartje ontvangen | to get a postcard | [tə get ə ˈpəʊstkɑːd] |

toast (de)	toast	[təʊst]
aanbieden (een drankje ~)	to offer (vt)	[tə ˈɒfə(r)]
champagne (de)	champagne	[ʃæmˈpeɪn]

plezier hebben (ww)	to enjoy oneself	[tə ɪnˈdʒɔɪ wʌnˈself]
plezier (het)	fun, merriment	[fʌn], [ˈmerɪmənt]
vreugde (de)	joy	[dʒɔɪ]

| dans (de) | dance | [dɑːns] |
| dansen (ww) | to dance (vi, vt) | [tə dɑːns] |

| wals (de) | waltz | [wɔːls] |
| tango (de) | tango | [ˈtæŋgəʊ] |

182. Begrafenissen. Begrafenis

kerkhof (het)	cemetery	[ˈsemɪtrɪ]
graf (het)	grave, tomb	[greɪv], [tuːm]
grafsteen (de)	gravestone	[ˈgreɪvstəʊn]
omheining (de)	fence	[fens]
kapel (de)	chapel	[ˈtʃæpəl]

dood (de)	death	[deθ]
sterven (ww)	to die (vi)	[tə daɪ]
overledene (de)	the deceased	[ðə dɪˈsiːst]
rouw (de)	mourning	[ˈmɔːnɪŋ]

begraven (ww)	to bury (vt)	[tə ˈberɪ]
begrafenisonderneming (de)	undertakers	[ˈʌndəˌteɪkəs]
begrafenis (de)	funeral	[ˈfjuːnərəl]

krans (de)	wreath	[riːθ]
doodskist (de)	coffin	[ˈkɒfɪn]
lijkwagen (de)	hearse	[hɜːs]
lijkkleed (de)	shroud	[ʃraʊd]

begrafenisstoet (de)	funeral procession	[ˈfjuːnərəl prəˈseʃən]
urn (de)	cremation urn	[krɪˈmeɪʃən ˌɜːn]
crematorium (het)	crematorium	[ˌkreməˈtɔːrɪəm]

overlijdensbericht (het)	obituary	[əˈbɪtʃʊərɪ]
huilen (wenen)	to cry (vi)	[tə kraɪ]
snikken (huilen)	to sob (vi)	[tə sɒb]

183. Oorlog. Soldaten

peloton (het)	platoon	[pləˈtuːn]
compagnie (de)	company	[ˈkʌmpənɪ]
regiment (het)	regiment	[ˈredʒɪmənt]

| leger (armee) | army | [′ɑːmɪ] |
| divisie (de) | division | [dɪ′vɪʒən] |

| sectie (de) | section, squad | [′sekʃən], [skwɒd] |
| troep (de) | host | [həʊst] |

| soldaat (militair) | soldier | [′səʊldʒə(r)] |
| officier (de) | officer | [′ɒfɪsə(r)] |

soldaat (rang)	private	[′praɪvɪt]
sergeant (de)	sergeant	[′sɑːdʒənt]
luitenant (de)	lieutenant	[lef′tenənt]

kapitein (de)	captain	[′kæptɪn]
majoor (de)	major	[′meɪdʒə(r)]
kolonel (de)	colonel	[′kɜːnəl]
generaal (de)	general	[′dʒenərəl]

matroos (de)	sailor	[′seɪlə(r)]
kapitein (de)	captain	[′kæptɪn]
bootsman (de)	boatswain	[′bəʊsən]

artillerist (de)	artilleryman	[ɑː′tɪlərɪmən]
valschermjager (de)	paratrooper	[′pærətruːpə(r)]
piloot (de)	pilot	[′paɪlət]
stuurman (de)	navigator	[′nævɪgeɪtə(r)]
mecanicien (de)	mechanic	[mɪ′kænɪk]

| sappeur (de) | pioneer | [ˌpaɪə′nɪə(r)] |
| parachutist (de) | parachutist | [′pærəʃuːtɪst] |

| verkenner (de) | scout | [skaʊt] |
| scherpschutter (de) | sniper | [′snaɪpə(r)] |

patrouille (de)	patrol	[pə′trəʊl]
patrouilleren (ww)	to patrol (vi, vt)	[tə pə′trəʊl]
wacht (de)	sentry, guard	[′sentrɪ], [gɑːd]

krijger (de)	warrior	[′wɒrɪə(r)]
held (de)	hero	[′hɪərəʊ]
heldin (de)	heroine	[′herəʊɪn]
patriot (de)	patriot	[′pætrɪət]

| verrader (de) | traitor | [′treɪtə(r)] |
| verraden (ww) | to betray (vt) | [tə bɪ′treɪ] |

| deserteur (de) | deserter | [dɪ′zɜːtə(r)] |
| deserteren (ww) | to desert (vi) | [tə dɪ′zɜːt] |

huurling (de)	mercenary	[′mɜːsɪnərɪ]
rekruut (de)	recruit	[rɪ′kruːt]
vrijwilliger (de)	volunteer	[ˌvɒlən′tɪə(r)]

gedode (de)	dead	[ded]
gewonde (de)	wounded	[′wuːndɪd]
krijgsgevangene (de)	prisoner of war	[′prɪzənə əv wɔː]

184.   Oorlog. Militaire acties. Deel 1

oorlog (de)	war	[wɔː(r)]
oorlog voeren (ww)	to be at war	[tə bi ət wɔː]
burgeroorlog (de)	civil war	['sɪvəl wɔː]
achterbaks (bw)	treacherously	['tretʃərəslɪ]
oorlogsverklaring (de)	declaration of war	[ˌdeklə'reɪʃən əv wɔː]
verklaren (de oorlog ~)	to declare (vt)	[tə dɪ'kleə(r)]
agressie (de)	aggression	[ə'greʃən]
aanvallen (binnenvallen)	to attack (vt)	[tə ə'tæk]
binnenvallen (ww)	to invade (vt)	[tu ɪn'veɪd]
invaller (de)	invader	[ɪn'veɪdə(r)]
veroveraar (de)	conqueror	['kɒŋkərə(r)]
verdediging (de)	defence	[dɪ'fens]
verdedigen (je land ~)	to defend (vt)	[tə dɪ'fend]
zich verdedigen (ww)	to defend (against ...)	[tə dɪ'fend]
vijand (de)	enemy	['enɪmɪ]
vijandelijk (bn)	enemy	['enɪmɪ]
strategie (de)	strategy	['strætɪdʒɪ]
tactiek (de)	tactics	['tæktɪks]
order (de)	order	['ɔːdə(r)]
bevel (het)	command	[kə'mɑːnd]
bevelen (ww)	to order (vt)	[tə 'ɔːdə(r)]
opdracht (de)	mission	['mɪʃən]
geheim (bn)	secret	['siːkrɪt]
veldslag (de)	battle	['bætəl]
strijd (de)	combat	['kɒmbæt]
aanval (de)	attack	[ə'tæk]
bestorming (de)	storming	['stɔːmɪŋ]
bestormen (ww)	to storm (vt)	[tə stɔːm]
bezetting (de)	siege	[siːdʒ]
aanval (de)	offensive	[ə'fensɪv]
in het offensief te gaan	to go on the offensive	[tə gəʊ ɒn ði ə'fensɪv]
terugtrekking (de)	retreat	[rɪ'triːt]
zich terugtrekken (ww)	to retreat (vi)	[tə rɪ'triːt]
omsingeling (de)	encirclement	[ɪn'sɜːkəlmənt]
omsingelen (ww)	to encircle (vt)	[tə ɪn'sɜːkəl]
bombardement (het)	bombing	['bɒmɪŋ]
een bom gooien	to drop a bomb	[tə drɒp ə bɒm]
bombarderen (ww)	to bomb (vt)	[tə bɒm]
ontploffing (de)	explosion	[ɪk'spləʊʒən]
schot (het)	shot	[ʃɒt]
een schot lossen	to fire a shot	[tə ˌfaɪə ə 'ʃɒt]

schieten (het)	firing	['faɪərɪŋ]
mikken op (ww)	to aim (vt)	[tə eɪm]
aanleggen (een wapen ~)	to point (vt)	[tə pɔɪnt]
treffen (doelwit ~)	to hit (vt)	[tə hɪt]

zinken (tot zinken brengen)	to sink (vt)	[tə sɪŋk]
kogelgat (het)	hole	[həʊl]
zinken (gezonken zijn)	to founder, to sink (vi)	[tə 'faʊndə(r)], [tə sɪŋk]

front (het)	front	[frʌnt]
hinterland (het)	rear, homefront	[rɪə(r)], [həʊmfrʌnt]
evacuatie (de)	evacuation	[ɪˌvækjʊ'eɪʃən]
evacueren (ww)	to evacuate (vt)	[tə ɪ'vækjʊeɪt]

loopgraaf (de)	trench	[trentʃ]
prikkeldraad (de)	barbed wire	['bɑːbd ˌwaɪə(r)]
verdedigingsobstakel (het)	barrier	['bærɪə(r)]
wachttoren (de)	watchtower	['wɒtʃˌtaʊə(r)]

hospitaal (het)	hospital	['hɒspɪtəl]
verwonden (ww)	to wound (vt)	[tə wuːnd]
wond (de)	wound	[wuːnd]
gewonde (de)	wounded	['wuːndɪd]
gewond raken (ww)	to be wounded	[tə bi 'wuːndɪd]
ernstig (~e wond)	serious	['sɪərɪəs]

185. Oorlog. Militaire acties. Deel 2

krijgsgevangenschap (de)	captivity	[kæp'tɪvətɪ]
krijgsgevangen nemen	to take sb captive	[tə teɪk ... 'kæptɪv]
krijgsgevangene zijn	to be in captivity	[tə bi ɪn kæp'tɪvətɪ]
krijgsgevangen genomen worden	to be taken prisoner	[tə bi 'teɪkən 'prɪzənə(r)]

concentratiekamp (het)	concentration camp	[ˌkɒnsən'treɪʃən kæmp]
krijgsgevangene (de)	prisoner of war	['prɪzənə əv wɔː]
vluchten (ww)	to escape (vi)	[tə ɪ'skeɪp]

| fusilleren (executeren) | to execute (vt) | [tə 'eksɪkjuːt] |
| executie (de) | execution | [ˌeksɪ'kjuːʃən] |

uitrusting (de)	equipment	[ɪ'kwɪpmənt]
schouderstuk (het)	shoulder board	['ʃəʊldə bɔːd]
gasmasker (het)	gas mask	['gæs mɑːsk]

portofoon (de)	radio transmitter	['reɪdɪəʊ trænz'mɪtə]
geheime code (de)	cipher, code	['saɪfə(r)], [kəʊd]
samenzwering (de)	secrecy	['siːkrəsɪ]
wachtwoord (het)	password	['pɑːswɜːd]

mijn (landmijn)	land mine	[lænd maɪn]
ondermijnen (legden mijnen)	to mine (vt)	[tə maɪn]
mijnenveld (het)	minefield	['maɪnfiːld]
luchtalarm (het)	air-raid warning	[eə-reɪd 'wɔːnɪŋ]

alarm (het)	**alarm**	[ə'lɑːm]
signaal (het)	**signal**	['sɪgnəl]
vuurpijl (de)	**signal flare**	['sɪgnəl fleə(r)]

staf (generale ~)	**headquarters**	[ˌhed'kwɔːtəz]
verkenningstocht (de)	**reconnaissance**	[rɪ'kɒnɪsəns]
toestand (de)	**situation**	[ˌsɪtjuˈeɪʃən]
rapport (het)	**report**	[rɪ'pɔːt]
hinderlaag (de)	**ambush**	['æmbʊʃ]
versterking (de)	**reinforcement**	[ˌriːɪn'fɔːsmənt]

doel (bewegend ~)	**target**	['tɑːgɪt]
proefterrein (het)	**training area**	['treɪnɪŋ 'eərɪə]
manoeuvres (mv.)	**military exercise**	['mɪlɪtərɪ 'eksəsaɪz]

paniek (de)	**panic**	['pænɪk]
verwoesting (de)	**devastation**	[ˌdevə'steɪʃən]
verwoestingen (mv.)	**destruction, ruins**	[dɪ'strʌkʃən], ['ruːɪnz]
verwoesten (ww)	**to destroy** (vt)	[tə dɪ'strɔɪ]

overleven (ww)	**to survive** (vi, vt)	[tə sə'vaɪv]
ontwapenen (ww)	**to disarm** (vt)	[tə dɪs'ɑːm]
behandelen (een pistool ~)	**to handle** (vt)	[tə 'hændəl]

Geeft acht!	**Attention!**	[ə'tenʃən]
Op de plaats rust!	**At ease!**	[ət 'iːz]

heldendaad (de)	**feat**	[fiːt]
eed (de)	**oath**	[əʊθ]
zweren (een eed doen)	**to swear** (vi, vt)	[tə sweə(r)]

decoratie (de)	**decoration**	[ˌdekə'reɪʃən]
onderscheiden	**to award** (vt)	[tə ə'wɔːd]
(een ereteken geven)		
medaille (de)	**medal**	['medəl]
orde (de)	**order**	['ɔːdə(r)]

overwinning (de)	**victory**	['vɪktərɪ]
verlies (het)	**defeat**	[dɪ'fiːt]
wapenstilstand (de)	**armistice**	['ɑːmɪstɪs]

wimpel (vaandel)	**banner, standard**	['bænə], ['stændəd]
roem (de)	**glory**	['glɔːrɪ]
parade (de)	**parade**	[pə'reɪd]
marcheren (ww)	**to march** (vi)	[tə mɑːtʃ]

186. Wapens

wapens (mv.)	**weapons**	['wepənz]
vuurwapens (mv.)	**firearm**	['faɪərɑːm]
koude wapens (mv.)	**cold weapons**	[ˌkəʊld 'wepənz]

chemische wapens (mv.)	**chemical weapons**	['kemɪkəl 'wepənz]
kern-, nucleair (bn)	**nuclear**	['njuːklɪə(r)]

kernwapens (mv.)	nuclear weapons	[ˈnjuːklɪə ˈwepənz]
bom (de)	bomb	[bɒm]
atoombom (de)	atomic bomb	[əˈtɒmɪk bɒm]
pistool (het)	pistol	[ˈpɪstəl]
geweer (het)	rifle	[ˈraɪfəl]
machinepistool (het)	submachine gun	[ˌsʌbməˈʃiːn gʌn]
machinegeweer (het)	machine gun	[məˈʃiːn gʌn]
loop (schietbuis)	muzzle	[ˈmʌzəl]
loop (bijv. geweer met kortere ~)	barrel	[ˈbærəl]
kaliber (het)	calibre	[ˈkælɪbə(r)]
trekker (de)	trigger	[ˈtrɪgə(r)]
korrel (de)	sight	[saɪt]
magazijn (het)	magazine	[ˌmægəˈziːn]
geweerkolf (de)	butt	[bʌt]
granaat (handgranaat)	hand grenade	[hænd grəˈneɪd]
explosieven (mv.)	explosive	[ɪkˈspləʊsɪv]
kogel (de)	bullet	[ˈbʊlɪt]
patroon (de)	cartridge	[ˈkɑːtrɪdʒ]
lading (de)	charge	[tʃɑːdʒ]
ammunitie (de)	ammunition	[ˌæmjʊˈnɪʃən]
bommenwerper (de)	bomber	[ˈbɒmə(r)]
straaljager (de)	fighter	[ˈfaɪtə(r)]
helikopter (de)	helicopter	[ˈhelɪkɒptə(r)]
afweergeschut (het)	anti-aircraft gun	[ˈæntɪ-ˈeəkrɑːft gʌn]
tank (de)	tank	[tæŋk]
kanon (tank met een ~ van 76 mm)	tank gun	[ˈtæŋk ˌgʌn]
artillerie (de)	artillery	[ɑːˈtɪləri]
kanon (het)	cannon	[ˈkænən]
projectiel (het)	shell	[ʃel]
mortiergranaat (de)	mortar bomb	[ˈmɔːtə bɒm]
mortier (de)	mortar	[ˈmɔːtə(r)]
granaatscherf (de)	splinter	[ˈsplɪntə(r)]
duikboot (de)	submarine	[ˌsʌbməˈriːn]
torpedo (de)	torpedo	[tɔːˈpiːdəʊ]
raket (de)	missile	[ˈmɪsəl]
laden (geweer, kanon)	to load (vt)	[tə ləʊd]
schieten (ww)	to shoot (vi)	[tə ʃuːt]
richten op (mikken)	to take aim at ...	[tə teɪk eɪm ət]
bajonet (de)	bayonet	[ˈbeɪənɪt]
degen (de)	epee	[ˈeɪpeɪ]
sabel (de)	sabre	[ˈseɪbə(r)]
speer (de)	spear	[spɪə(r)]

boog (de)	bow	[bəʊ]
pijl (de)	arrow	[ˈærəʊ]
musket (de)	musket	[ˈmʌskɪt]
kruisboog (de)	crossbow	[ˈkrɒsbəʊ]

187. Oude mensen

primitief (bn)	primitive	[ˈprɪmɪtɪv]
voorhistorisch (bn)	prehistoric	[ˌpriːhɪˈstɒrɪk]
eeuwenoude (~ beschaving)	ancient	[ˈeɪnʃənt]

Steentijd (de)	Stone Age	[ˌstəʊn ˈeɪdʒ]
Bronstijd (de)	Bronze Age	[ˈbrɒnz ˌeɪdʒ]
IJstijd (de)	Ice Age	[ˈaɪs ˌeɪdʒ]

stam (de)	tribe	[traɪb]
menseneter (de)	cannibal	[ˈkænɪbəl]
jager (de)	hunter	[ˈhʌntə(r)]
jagen (ww)	to hunt (vi, vt)	[tə hʌnt]
mammoet (de)	mammoth	[ˈmæməθ]

| grot (de) | cave | [keɪv] |
| vuur (het) | fire | [ˈfaɪə(r)] |

| kampvuur (het) | campfire | [ˈkæmpˌfaɪə(r)] |
| rotstekening (de) | rock painting | [rɒk ˈpeɪntɪŋ] |

werkinstrument (het)	tool	[tuːl]
speer (de)	spear	[spɪə(r)]
stenen bijl (de)	stone axe	[stəʊn æks]

| oorlog voeren (ww) | to be at war | [tə bi ət wɔː] |
| temmen (bijv. wolf ~) | to domesticate (vt) | [tə dəˈmestɪkeɪt] |

| idool (het) | idol | [ˈaɪdəl] |
| aanbidden (ww) | to worship (vt) | [tə ˈwɜːʃɪp] |

| bijgeloof (het) | superstition | [ˌsuːpəˈstɪʃən] |
| ritueel (het) | rite | [raɪt] |

| evolutie (de) | evolution | [ˌiːvəˈluːʃən] |
| ontwikkeling (de) | development | [dɪˈveləpmənt] |

| verdwijning (de) | disappearance | [ˌdɪsəˈpɪərəns] |
| zich aanpassen (ww) | to adapt oneself | [tə əˈdæpt wʌnˈself] |

archeologie (de)	archaeology	[ˌɑːkɪˈɒlədʒɪ]
archeoloog (de)	archaeologist	[ˌɑːkɪˈɒlədʒɪst]
archeologisch (bn)	archaeological	[ˌɑːkɪəˈlɒdʒɪkəl]

opgravingsplaats (de)	excavation site	[ˌekskəˈveɪʃən saɪt]
opgravingen (mv.)	excavations	[ˌekskəˈveɪʃənz]
vondst (de)	find	[faɪnd]
fragment (het)	fragment	[ˈfræɡmənt]

188. Middeleeuwen

volk (het)	people	['piːpəl]
volkeren (mv.)	peoples	['piːpəlz]
stam (de)	tribe	[traɪb]
stammen (mv.)	tribes	[traɪbz]

barbaren (mv.)	barbarians	[bɑːˈbeərɪənz]
Galliërs (mv.)	Gauls	[gɔːlz]
Goten (mv.)	Goths	[gɒθs]
Slaven (mv.)	Slavs	[slɑːvz]
Vikings (mv.)	Vikings	['vaɪkɪŋz]

| Romeinen (mv.) | Romans | ['rəʊmənz] |
| Romeins (bn) | Roman | ['rəʊmən] |

Byzantijnen (mv.)	Byzantines	[bɪˈzæntaɪnz]
Byzantium (het)	Byzantium	[bɪˈzæntɪəm]
Byzantijns (bn)	Byzantine	[bɪˈzæntaɪn]

keizer (bijv. Romeinse ~)	emperor	['empərə(r)]
opperhoofd (het)	leader, chief	['liːdə], [tʃiːf]
machtig (bn)	powerful	['paʊəfʊl]
koning (de)	king	[kɪŋ]
heerser (de)	ruler	['ruːlə(r)]

ridder (de)	knight	[naɪt]
feodaal (de)	feudal lord	['fjuːdəl lɔːd]
feodaal (bn)	feudal	['fjuːdəl]
vazal (de)	vassal	['væsəl]

hertog (de)	duke	[djuːk]
graaf (de)	earl	[ɜːl]
baron (de)	baron	['bærən]
bisschop (de)	bishop	['bɪʃəp]

harnas (het)	armour	['ɑːmə(r)]
schild (het)	shield	[ʃiːld]
zwaard (het)	sword	[sɔːd]
vizier (het)	visor	['vaɪzə(r)]
maliënkolder (de)	chainmail	[tʃeɪn meɪl]

| kruistocht (de) | crusade | [kruːˈseɪd] |
| kruisvaarder (de) | crusader | [kruːˈseɪdə(r)] |

gebied (bijv. bezette ~en)	territory	['terətrɪ]
aanvallen (binnenvallen)	to attack (vt)	[tə əˈtæk]
veroveren (ww)	to conquer (vt)	[tə ˈkɒŋkə(r)]
innemen (binnenvallen)	to occupy (vt)	[tə ˈɒkjʊpaɪ]

bezetting (de)	siege	[siːdʒ]
bezet (bn)	besieged	[bɪˈsiːdʒd]
belegeren (ww)	to besiege (vt)	[tə bɪˈsiːdʒ]
inquisitie (de)	inquisition	[ˌɪnkwɪˈzɪʃən]
inquisiteur (de)	inquisitor	[ɪnˈkwɪzɪtə(r)]

foltering (de)	torture	['tɔːtʃə(r)]
wreed (bn)	cruel	[krʊəl]
ketter (de)	heretic	['herətɪk]
ketterij (de)	heresy	['herəsɪ]

zeevaart (de)	seafaring	['siːˌfeərɪŋ]
piraat (de)	pirate	['paɪrət]
piraterij (de)	piracy	['paɪrəsɪ]
enteren (het)	boarding	['bɔːdɪŋ]
buit (de)	loot	[luːt]
schatten (mv.)	treasures	['treʒəz]

ontdekking (de)	discovery	[dɪ'skʌvərɪ]
ontdekken (bijv. nieuw land)	to discover (vt)	[tə dɪ'skʌvə(r)]
expeditie (de)	expedition	[ˌekspɪ'dɪʃən]

musketier (de)	musketeer	[ˌmʌskɪ'tɪə(r)]
kardinaal (de)	cardinal	['kɑːdɪnəl]
heraldiek (de)	heraldry	['herəldrɪ]
heraldisch (bn)	heraldic	[he'rældɪk]

189. Leider. Baas. Autoriteiten

koning (de)	king	[kɪŋ]
koningin (de)	queen	[kwiːn]
koninklijk (bn)	royal	['rɔɪəl]
koninkrijk (het)	kingdom	['kɪŋdəm]

prins (de)	prince	[prɪns]
prinses (de)	princess	[prɪn'ses]

president (de)	president	['prezɪdənt]
vicepresident (de)	vice-president	[vaɪs 'prezɪdənt]
senator (de)	senator	['senətə(r)]

monarch (de)	monarch	['mɒnək]
heerser (de)	ruler	['ruːlə(r)]
dictator (de)	dictator	[dɪk'teɪtə(r)]
tiran (de)	tyrant	['taɪrənt]
magnaat (de)	magnate	['mægneɪt]

directeur (de)	director	[dɪ'rektə(r)]
chef (de)	chief	[tʃiːf]
beheerder (de)	manager	['mænɪdʒə(r)]
baas (de)	boss	[bɒs]
eigenaar (de)	owner	['əʊnə(r)]

leider (de)	leader	['liːdə(r)]
hoofd (bijv. ~ van de delegatie)	head	[hed]
autoriteiten (mv.)	authorities	[ɔː'θɒrətɪz]
superieuren (mv.)	superiors	[suːˈpɪərɪərz]
gouverneur (de)	governor	['gʌvənə(r)]
consul (de)	consul	['kɒnsəl]

diplomaat (de)	diplomat	['dɪpləmæt]
burgemeester (de)	mayor	[meə(r)]
sheriff (de)	sheriff	['ʃerɪf]

keizer (bijv. Romeinse ~)	emperor	['empərə(r)]
tsaar (de)	tsar	[zɑː(r)]
farao (de)	pharaoh	['feərəʊ]
kan (de)	khan	[kɑːn]

190. Weg. Weg. Routebeschrijving

| weg (de) | road | [rəʊd] |
| route (de kortste ~) | way | [weɪ] |

autoweg (de)	highway	['haɪweɪ]
snelweg (de)	motorway	['məʊtəˌweɪ]
rijksweg (de)	trunk road	[trʌŋk rəʊd]

| hoofdweg (de) | main road | [meɪn rəʊd] |
| landweg (de) | dirt road | [dɜːt rəʊd] |

| pad (het) | pathway | ['pɑːθweɪ] |
| paadje (het) | footpath | ['fʊtpɑːθ] |

Waar?	Where?	[weə]
Waarheen?	Where?	[weə]
Waaruit?	Where ... from?	[weə frɒm]

| richting (de) | direction | [dɪ'rekʃən] |
| aanwijzen (de weg ~) | to point (vt) | [tə pɔɪnt] |

naar links (bw)	to the left	[tə ðə left]
naar rechts (bw)	to the right	[tə ðə raɪt]
rechtdoor (bw)	straight ahead	[streɪt ə'hed]
terug (bijv. ~ keren)	back	[bæk]

bocht (de)	bend, curve	[bend], [kɜːv]
afslaan (naar rechts ~)	to turn (vi)	[tə tɜːn]
U-bocht maken (ww)	to make a U-turn	[tə meɪk ə juː-tɜːn]

| zichtbaar worden (ww) | to be visible | [tə bi 'vɪzəbəl] |
| verschijnen (in zicht komen) | to appear (vi) | [tə ə'pɪə(r)] |

stop (korte onderbreking)	stop, halt	[stɒp], [hɔːlt]
zich verpozen (uitrusten)	to rest, to pause (vi)	[tə rest], [tə pɔːz]
rust (de)	rest	[rest]

verdwalen (de weg kwijt zijn)	to lose one's way	[tə luːz wʌnz weɪ]
leiden naar ... (de weg)	to lead to ...	[tə liːd tuː]
bereiken (ergens aankomen)	to come out	[tə kʌm aʊt]
deel (~ van de weg)	stretch	[stretʃ]

| asfalt (het) | asphalt | ['æsfælt] |
| trottoirband (de) | kerb | [kɜːb] |

greppel (de)	ditch	[dɪtʃ]
putdeksel (het)	manhole	['mænhəʊl]
vluchtstrook (de)	roadside	['rəʊdsaɪd]
kuil (de)	pit, pothole	[pɪt], ['pɒthəʊl]

| gaan (te voet) | to go (vi) | [tə gəʊ] |
| inhalen (voorbijgaan) | to overtake (vt) | [tə ˌəʊvə'teɪk] |

| stap (de) | step | [step] |
| te voet (bw) | on foot | [ɒn 'fʊt] |

blokkeren (de weg ~)	to block (vt)	[tə blɒk]
slagboom (de)	boom barrier	['bu:m ˌbærɪə(r)]
doodlopende straat (de)	dead end	[ˌded 'end]

191. De wet overtreden. Criminelen. Deel 1

bandiet (de)	bandit	['bændɪt]
misdaad (de)	crime	[kraɪm]
misdadiger (de)	criminal	['krɪmɪnəl]

dief (de)	thief	[θi:f]
stelen (ww)	to steal (vt)	[tə sti:l]
stelen (de)	stealing	['sti:lɪŋ]
diefstal (de)	theft	[θeft]

kidnappen (ww)	to kidnap (vt)	[tə 'kɪdnæp]
kidnapping (de)	kidnapping	['kɪdnæpɪŋ]
kidnapper (de)	kidnapper	['kɪdnæpə(r)]

| losgeld (het) | ransom | ['rænsəm] |
| eisen losgeld (ww) | to demand ransom | [tə dɪ'mɑ:nd 'rænsəm] |

overvallen (ww)	to rob (vt)	[tə rɒb]
overval (de)	robbery	['rɒbərɪ]
overvaller (de)	robber	['rɒbə(r)]

afpersen (ww)	to extort (vt)	[tə ɪk'stɔ:t]
afperser (de)	extortionist	[ɪk'stɔ:ʃənɪst]
afpersing (de)	extortion	[ɪk'stɔ:ʃən]

vermoorden (ww)	to murder (vt)	[tə 'mɜ:də(r)]
moord (de)	murder	['mɜ:də(r)]
moordenaar (de)	murderer	['mɜ:dərə(r)]

schot (het)	gunshot	['gʌnʃɒt]
een schot lossen	to fire a shot	[tə ˌfaɪə ə 'ʃɒt]
neerschieten (ww)	to shoot to death	[tə ʃu:t tə deθ]
schieten (ww)	to shoot (vi)	[tə ʃu:t]
schieten (het)	shooting	['ʃu:tɪŋ]

ongeluk (gevecht, enz.)	incident	['ɪnsɪdənt]
gevecht (het)	fight, brawl	[faɪt], [brɔ:l]
Help!	Help!	[help]

slachtoffer (het)	victim	['vɪktɪm]
beschadigen (ww)	to damage (vt)	[tə 'dæmɪdʒ]
schade (de)	damage	['dæmɪdʒ]
lijk (het)	dead body	[ded 'bɒdɪ]
zwaar (~ misdrijf)	grave	[greɪv]

aanvallen (ww)	to attack (vt)	[tə ə'tæk]
slaan (iemand ~)	to beat (vt)	[tə biːt]
in elkaar slaan (toetakelen)	to beat ... up	[tə biːt ... ʌp]
ontnemen (beroven)	to take (vt)	[tə teɪk]
steken (met een mes)	to stab to death	[tə stæb tə deθ]
verminken (ww)	to maim (vt)	[tə meɪm]
verwonden (ww)	to wound (vt)	[tə wuːnd]

chantage (de)	blackmail	['blæk‚meɪl]
chanteren (ww)	to blackmail (vt)	[tə 'blæk‚meɪl]
chanteur (de)	blackmailer	['blæk‚meɪlə(r)]

afpersing (de)	protection racket	[prə'tekʃən 'rækɪt]
afperser (de)	racketeer	[‚rækə'tɪə(r)]
gangster (de)	gangster	['gæŋstə(r)]
maffia (de)	mafia	['mæfɪə]

kruimeldief (de)	pickpocket	['pɪk‚pɒkɪt]
inbreker (de)	burglar	['bɜːglə]
smokkelen (het)	smuggling	['smʌglɪŋ]
smokkelaar (de)	smuggler	['smʌglə(r)]

namaak (de)	forgery	['fɔːdʒərɪ]
namaken (ww)	to forge (vt)	[tə fɔːdʒ]
namaak-, vals (bn)	fake, forged	[feɪk], [fɔːdʒd]

192. De wet overtreden. Criminelen. Deel 2

verkrachting (de)	rape	[reɪp]
verkrachten (ww)	to rape (vt)	[tə reɪp]
verkrachter (de)	rapist	['reɪpɪst]
maniak (de)	maniac	['meɪnɪæk]

prostituee (de)	prostitute	['prɒstɪtjuːt]
prostitutie (de)	prostitution	[‚prɒstɪ'tjuːʃən]
pooier (de)	pimp	[pɪmp]

| drugsverslaafde (de) | drug addict | ['drʌg‚ædɪkt] |
| drugshandelaar (de) | drug dealer | ['drʌg ‚diːlə(r)] |

opblazen (ww)	to blow up (vt)	[tə bləʊ ʌp]
explosie (de)	explosion	[ɪk'spləʊʒən]
in brand steken (ww)	to set fire	[tə set 'faɪə(r)]
brandstichter (de)	arsonist	['ɑːsənɪst]

terrorisme (het)	terrorism	['terərɪzəm]
terrorist (de)	terrorist	['terərɪst]
gijzelaar (de)	hostage	['hɒstɪdʒ]

bedriegen (ww)	to swindle (vt)	[tə 'swɪndəl]
bedrog (het)	swindle, deception	['swɪndəl], [dɪ'sepʃən]
oplichter (de)	swindler	['swɪndlə(r)]

omkopen (ww)	to bribe (vt)	[tə braɪb]
omkoperij (de)	bribery	['braɪbərɪ]
smeergeld (het)	bribe	[braɪb]

vergif (het)	poison	['pɔɪzən]
vergiftigen (ww)	to poison (vt)	[tə 'pɔɪzən]
vergif innemen (ww)	to poison oneself	[tə 'pɔɪzən wʌn'self]

zelfmoord (de)	suicide	['suːɪsaɪd]
zelfmoordenaar (de)	suicide	['suːɪsaɪd]

bedreigen (bijv. met een pistool)	to threaten (vt)	[tə 'θretən]
bedreiging (de)	threat	[θret]
een aanslag plegen	to make an attempt	[tə meɪk ən ə'tempt]
aanslag (de)	attempt	[ə'tempt]

stelen (een auto)	to steal (vt)	[tə stiːl]
kapen (een vliegtuig)	to hijack (vt)	[tə 'haɪdʒæk]

wraak (de)	revenge	[rɪ'vendʒ]
wreken (ww)	to avenge (vt)	[tə ə'vendʒ]

martelen (gevangenen)	to torture (vt)	[tə 'tɔːtʃə(r)]
foltering (de)	torture	['tɔːtʃə(r)]
folteren (ww)	to torment (vt)	[tə tɔː'ment]

piraat (de)	pirate	['paɪrət]
straatschender (de)	hooligan	['huːlɪgən]
gewapend (bn)	armed	[ɑːmd]
geweld (het)	violence	['vaɪələns]
onwettig (strafbaar)	illegal	[ɪ'liːgəl]

spionage (de)	spying	['spaɪɪŋ]
spioneren (ww)	to spy (vi)	[tə spaɪ]

193. Politie. Wet. Deel 1

gerecht (het)	justice	['dʒʌstɪs]
gerechtshof (het)	court	[kɔːt]

rechter (de)	judge	[dʒʌdʒ]
jury (de)	jurors	['dʒʋərəz]
juryrechtspraak (de)	jury trial	['dʒʋərɪ 'traɪəl]
berechten (ww)	to judge (vt)	[tə dʒʌdʒ]

advocaat (de)	lawyer, barrister	['lɔːjə(r)], ['bærɪstə(r)]
beklaagde (de)	accused	[ə'kjuːzd]
beklaagdenbank (de)	dock	[dɒk]
beschuldiging (de)	charge	[tʃɑːdʒ]

beschuldigde (de)	accused	[ə'kju:zd]
vonnis (het)	sentence	['sentəns]
veroordelen (in een rechtszaak)	to sentence (vt)	[tə 'sentəns]

straffen (ww)	to punish (vt)	[tə 'pʌnɪʃ]
bestraffing (de)	punishment	['pʌnɪʃmənt]

boete (de)	fine	[faɪn]
levenslange opsluiting (de)	life imprisonment	[laɪf ɪm'prɪzənmənt]
doodstraf (de)	death penalty	['deθ ˌpenəltɪ]
elektrische stoel (de)	electric chair	[ɪ'lektrɪk 'tʃeə(r)]
schavot (het)	gallows	['gæləʊz]

executeren (ww)	to execute (vt)	[tə 'eksɪkju:t]
executie (de)	execution	[ˌeksɪ'kju:ʃən]

gevangenis (de)	prison, jail	['prɪzən], [dʒeɪl]
cel (de)	cell	[sel]

konvooi (het)	escort	['eskɔ:t]
gevangenisbewaker (de)	prison officer	['prɪzən 'ɒfɪsə(r)]
gedetineerde (de)	prisoner	['prɪzənə(r)]

handboeien (mv.)	handcuffs	['hændkʌfs]
handboeien omdoen	to handcuff (vt)	[tə 'hændkʌf]

ontsnapping (de)	prison break	['prɪzən breɪk]
ontsnappen (ww)	to break out (vi)	[tə breɪk 'aʊt]
verdwijnen (ww)	to disappear (vi)	[tə ˌdɪsə'pɪə(r)]
vrijlaten (uit de gevangenis)	to release (vt)	[tə rɪ'li:s]
amnestie (de)	amnesty	['æmnəstɪ]

politie (de)	police	[pə'li:s]
politieagent (de)	police officer	[pə'li:s 'ɒfɪsə(r)]
politiebureau (het)	police station	[pə'li:s 'steɪʃən]
knuppel (de)	truncheon	['trʌntʃən]
megafoon (de)	loudspeaker	[ˌlaʊd'spi:kə(r)]

patrouilleerwagen (de)	patrol car	[pə'trəʊl kɑ:(r)]
sirene (de)	siren	['saɪərən]
de sirene aansteken	to turn on the siren	[tə tɜ:n ˌɒn ðə 'saɪərən]
geloei (het) van de sirene	siren call	['saɪərən kɔ:l]

plaats delict (de)	crime scene	[kraɪm si:n]
getuige (de)	witness	['wɪtnɪs]
vrijheid (de)	freedom	['fri:dəm]
handlanger (de)	accomplice	[ə'kʌmplɪs]
spoor (het)	trace	[treɪs]

194. Politie. Wet. Deel 2

opsporing (de)	search	[sɜ:tʃ]
opsporen (ww)	to look for ...	[tə lʊk fɔ:(r)]

verdenking (de)	**suspicion**	[sə'spɪʃən]
verdacht (bn)	**suspicious**	[sə'spɪʃəs]
aanhouden (stoppen)	**to stop** (vt)	[tə stɒp]
tegenhouden (ww)	**to detain** (vt)	[tə dɪ'teɪn]

strafzaak (de)	**case**	[keɪs]
onderzoek (het)	**investigation**	[ɪn‚vestɪ'geɪʃən]
detective (de)	**detective**	[dɪ'tektɪv]
onderzoeksrechter (de)	**investigator**	[ɪn'vestɪ‚geɪtə(r)]
versie (de)	**hypothesis**	[haɪ'pɒθɪsɪs]

motief (het)	**motive**	['məʊtɪv]
verhoor (het)	**interrogation**	[ɪn‚terə'geɪʃən]
ondervragen (door de politie)	**to interrogate** (vt)	[tə ɪn'terəgeɪt]
ondervragen (omstanders ~)	**to question** (vt)	[tə 'kwestʃən]
controle (de)	**check**	[tʃek]

razzia (de)	**round-up**	[raʊndʌp]
huiszoeking (de)	**search**	[sɜːtʃ]
achtervolging (de)	**chase**	[tʃeɪs]
achtervolgen (ww)	**to pursue, to chase**	[tə pə'sjuː], [tə tʃeɪs]
opsporen (ww)	**to track** (vt)	[tə træk]

arrest (het)	**arrest**	[ə'rest]
arresteren (ww)	**to arrest** (vt)	[tə ə'rest]
vangen, aanhouden (een dief, enz.)	**to catch** (vt)	[tə kætʃ]
aanhouding (de)	**capture**	['kæptʃə(r)]

document (het)	**document**	['dɒkjʊmənt]
bewijs (het)	**proof**	[pruːf]
bewijzen (ww)	**to prove** (vt)	[tə pruːv]
voetspoor (het)	**footprint**	['fʊtprɪnt]
vingerafdrukken (mv.)	**fingerprints**	['fɪŋɡəprɪnts]
bewijs (het)	**piece of evidence**	[piːs ɒf 'evɪdəns]

alibi (het)	**alibi**	['ælɪbaɪ]
onschuldig (bn)	**innocent**	['ɪnəsənt]
onrecht (het)	**injustice**	[ɪn'dʒʌstɪs]
onrechtvaardig (bn)	**unjust, unfair**	[‚ʌn'dʒʌst], [‚ʌn'feə(r)]

crimineel (bn)	**criminal**	['krɪmɪnəl]
confisqueren (in beslag nemen)	**to confiscate** (vt)	[tə 'kɒnfɪskeɪt]
drug (de)	**drug**	[drʌɡ]
wapen (het)	**weapon, gun**	['wepən], [ɡʌn]
ontwapenen (ww)	**to disarm** (vt)	[tə dɪs'ɑːm]
bevelen (ww)	**to order** (vt)	[tə 'ɔːdə(r)]
verdwijnen (ww)	**to disappear** (vi)	[tə ‚dɪsə'pɪə(r)]

wet (de)	**law**	[lɔː]
wettelijk (bn)	**legal, lawful**	['liːɡəl], ['lɔːfʊl]
onwettelijk (bn)	**illegal, illicit**	[ɪ'liːɡəl], [ɪ'lɪsɪt]

verantwoordelijkheid (de)	**responsibility**	[rɪ‚spɒnsə'bɪlɪti]
verantwoordelijk (bn)	**responsible**	[rɪ'spɒnsəbəl]

NATUUR

De Aarde. Deel 1

195. De kosmische ruimte

kosmos (de)	cosmos	['kɒzmɒs]
kosmisch (bn)	space	[speɪs]
kosmische ruimte (de)	outer space	['aʊtə speɪs]
sterrenstelsel (het)	galaxy	['gæləksɪ]
ster (de)	star	[stɑː(r)]
sterrenbeeld (het)	constellation	[ˌkɒnstə'leɪʃən]
planeet (de)	planet	['plænɪt]
satelliet (de)	satellite	['sætəlaɪt]
meteoriet (de)	meteorite	['miːtjəraɪt]
komeet (de)	comet	['kɒmɪt]
asteroïde (de)	asteroid	['æstərɔɪd]
baan (de)	orbit	['ɔːbɪt]
draaien (om de zon, enz.)	to rotate (vi)	[tə rəʊ'teɪt]
atmosfeer (de)	atmosphere	['ætməˌsfɪə(r)]
Zon (de)	the Sun	[sʌn]
zonnestelsel (het)	solar system	['səʊlə 'sɪstəm]
zonsverduistering (de)	solar eclipse	['səʊlə ɪ'klɪps]
Aarde (de)	the Earth	[ðɪ ɜːθ]
Maan (de)	the Moon	[ðə muːn]
Mars (de)	Mars	[mɑːz]
Venus (de)	Venus	['viːnəs]
Jupiter (de)	Jupiter	['dʒuːpɪtə(r)]
Saturnus (de)	Saturn	['sætən]
Mercurius (de)	Mercury	['mɜːkjʊrɪ]
Uranus (de)	Uranus	['jʊərənəs]
Neptunus (de)	Neptune	['neptjuːn]
Pluto (de)	Pluto	['pluːtəʊ]
Melkweg (de)	Milky Way	['mɪlkɪ weɪ]
Grote Beer (de)	Great Bear	[greɪt 'beə(r)]
Poolster (de)	North Star	[nɔːθ stɑː(r)]
marsmannetje (het)	Martian	['mɑːʃən]
buitenaards wezen (het)	extraterrestrial	[ˌekstrətə'restrɪəl]
bovenaards (het)	alien	['eɪljən]

vliegende schotel (de)	**flying saucer**	[ˈflaɪɪŋ ˈsɔːsə(r)]
ruimtevaartuig (het)	**spaceship**	[ˈspeɪsʃɪp]

ruimtestation (het)	**space station**	[speɪs ˈsteɪʃən]
start (de)	**blast-off**	[blɑːst ɒf]

motor (de)	**engine**	[ˈendʒɪn]
straalpijp (de)	**nozzle**	[ˈnɒzəl]
brandstof (de)	**fuel**	[fjʊəl]

cabine (de)	**cockpit**	[ˈkɒkpɪt]
antenne (de)	**aerial**	[ˈeərɪəl]
patrijspoort (de)	**porthole**	[ˈpɔːθəʊl]
zonnebatterij (de)	**solar battery**	[ˈsəʊlə ˈbætərɪ]
ruimtepak (het)	**spacesuit**	[ˈspeɪssuːt]

gewichtloosheid (de)	**weightlessness**	[ˈweɪtlɪsnɪs]
zuurstof (de)	**oxygen**	[ˈɒksɪdʒən]

koppeling (de)	**docking**	[ˈdɒkɪŋ]
koppeling maken	**to dock** (vi, vt)	[tə dɒk]

observatorium (het)	**observatory**	[əbˈzɜːvətrɪ]
telescoop (de)	**telescope**	[ˈtelɪskəʊp]

waarnemen (ww)	**to observe** (vt)	[tə əbˈzɜːv]
exploreren (ww)	**to explore** (vt)	[tə ɪkˈsplɔː(r)]

196. De Aarde

Aarde (de)	**the Earth**	[ðɪ ɜːθ]
aardbol (de)	**globe**	[gləʊb]
planeet (de)	**planet**	[ˈplænɪt]

atmosfeer (de)	**atmosphere**	[ˈætməˌsfɪə(r)]
aardrijkskunde (de)	**geography**	[dʒɪˈɒgrəfɪ]
natuur (de)	**nature**	[ˈneɪtʃə(r)]

wereldbol (de)	**globe**	[gləʊb]
kaart (de)	**map**	[mæp]
atlas (de)	**atlas**	[ˈætləs]

Europa (het)	**Europe**	[ˈjʊərəp]
Azië (het)	**Asia**	[ˈeɪʒə]

Afrika (het)	**Africa**	[ˈæfrɪkə]
Australië (het)	**Australia**	[ɒˈstreɪljə]

Amerika (het)	**America**	[əˈmerɪkə]
Noord-Amerika (het)	**North America**	[nɔːθ əˈmerɪkə]
Zuid-Amerika (het)	**South America**	[saʊθ əˈmerɪkə]

Antarctica (het)	**Antarctica**	[æntˈɑːktɪkə]
Arctis (de)	**the Arctic**	[ðə ˈɑrktɪk]

197. Windrichtingen

noorden (het)	north	[nɔːθ]
naar het noorden	to the north	[tə ðə nɔːθ]
in het noorden	in the north	[ɪn ðə nɔːθ]
noordelijk (bn)	northern	['nɔːðən]
zuiden (het)	south	[saʊθ]
naar het zuiden	to the south	[tə ðə saʊθ]
in het zuiden	in the south	[ɪn ðə saʊθ]
zuidelijk (bn)	southern	['sʌðən]
westen (het)	west	[west]
naar het westen	to the west	[tə ðə west]
in het westen	in the west	[ɪn ðə west]
westelijk (bn)	western	['westən]
oosten (het)	east	[iːst]
naar het oosten	to the east	[tə ðɪ iːst]
in het oosten	in the east	[ɪn ðɪ iːst]
oostelijk (bn)	eastern	['iːstən]

198. Zee. Oceaan

zee (de)	sea	[siː]
oceaan (de)	ocean	['əʊʃən]
golf (baai)	gulf	[gʌlf]
straat (de)	straits	[streɪts]
grond (vaste grond)	solid ground	['sɒlɪd graʊnd]
continent (het)	continent	['kɒntɪnənt]
eiland (het)	island	['aɪlənd]
schiereiland (het)	peninsula	[pə'nɪnsjʊlə]
archipel (de)	archipelago	[ˌɑːkɪ'pelɪgəʊ]
baai, bocht (de)	bay	[beɪ]
haven (de)	harbour	['hɑːbə(r)]
lagune (de)	lagoon	[lə'guːn]
kaap (de)	cape	[keɪp]
atol (de)	atoll	['ætɒl]
rif (het)	reef	[riːf]
koraal (het)	coral	['kɒrəl]
koraalrif (het)	coral reef	['kɒrəl riːf]
diep (bn)	deep	[diːp]
diepte (de)	depth	[depθ]
diepzee (de)	abyss	[ə'bɪs]
trog (bijv. Marianentrog)	trench	[trentʃ]
stroming (de)	current	['kʌrənt]
omspoelen (ww)	to surround (vt)	[tə sə'raʊnd]
oever (de)	shore	[ʃɔː(r)]

kust (de)	coast	[kəʊst]
vloed (de)	high tide	[haɪ taɪd]
eb (de)	low tide	[ləʊ taɪd]
ondiepte (ondiep water)	sandbank	['sændbæŋk]
bodem (de)	bottom	['bɒtəm]
golf (hoge ~)	wave	[weɪv]
golfkam (de)	crest	[krest]
schuim (het)	froth	[frɒθ]
storm (de)	storm	[stɔ:m]
orkaan (de)	hurricane	['hʌrɪkən]
tsunami (de)	tsunami	[tsu:'nɑ:mɪ]
windstilte (de)	calm	[kɑ:m]
kalm (bijv. ~e zee)	quiet, calm	['kwaɪət], [kɑ:m]
pool (de)	pole	[pəʊl]
polair (bn)	polar	['pəʊlə(r)]
breedtegraad (de)	latitude	['lætɪtju:d]
lengtegraad (de)	longitude	['lɒndʒɪtju:d]
parallel (de)	parallel	['pærəlel]
evenaar (de)	equator	[ɪ'kweɪtə(r)]
hemel (de)	sky	[skaɪ]
horizon (de)	horizon	[hə'raɪzən]
lucht (de)	air	[eə]
vuurtoren (de)	lighthouse	['laɪthaʊs]
duiken (ww)	to dive (vi)	[tə daɪv]
zinken (ov. een boot)	to sink (vi)	[tə sɪŋk]
schatten (mv.)	treasures	['treʒəz]

199. Namen van zeeën en oceanen

Atlantische Oceaan (de)	Atlantic Ocean	[ət'læntɪk 'əʊʃən]
Indische Oceaan (de)	Indian Ocean	['ɪndɪən 'əʊʃən]
Stille Oceaan (de)	Pacific Ocean	[pə'sɪfɪk 'əʊʃən]
Noordelijke IJszee (de)	Arctic Ocean	['ɑrktɪk 'əʊʃən]
Zwarte Zee (de)	Black Sea	[blæk si:]
Rode Zee (de)	Red Sea	[red si:]
Gele Zee (de)	Yellow Sea	[jeləʊ 'si:]
Witte Zee (de)	White Sea	[waɪt si:]
Kaspische Zee (de)	Caspian Sea	['kæspɪən si:]
Dode Zee (de)	Dead Sea	[ˌded 'si:]
Middellandse Zee (de)	Mediterranean Sea	[ˌmedɪtə'reɪnɪən si:]
Egeïsche Zee (de)	Aegean Sea	[i:'dʒi:ən si:]
Adriatische Zee (de)	Adriatic Sea	[ˌeɪdrɪ'ætɪk si:]
Arabische Zee (de)	Arabian Sea	[ə'reɪbɪən si:]
Japanse Zee (de)	Sea of Japan	['si: əv dʒə'pæn]

| Beringzee (de) | **Bering Sea** | ['berɪŋ si:] |
| Zuid-Chinese Zee (de) | **South China Sea** | [saʊθ 'tʃaɪnə si:] |

Koraalzee (de)	**Coral Sea**	['kɒrəl si:]
Tasmanzee (de)	**Tasman Sea**	['tæzmən si:]
Caribische Zee (de)	**Caribbean Sea**	['kæ'rɪbɪən si:]

| Barentszzee (de) | **Barents Sea** | ['bærənts si:] |
| Karische Zee (de) | **Kara Sea** | ['kɑːrə si:] |

Noordzee (de)	**North Sea**	[nɔ:θ si:]
Baltische Zee (de)	**Baltic Sea**	['bɔ:ltɪk si:]
Noorse Zee (de)	**Norwegian Sea**	[nɔ:'wi:dʒən si:]

200. Bergen

berg (de)	**mountain**	['maʊntɪn]
bergketen (de)	**mountain range**	['maʊntɪn reɪndʒ]
gebergte (het)	**mountain ridge**	['maʊntɪn rɪdʒ]

bergtop (de)	**summit, top**	['sʌmɪt], [tɒp]
bergpiek (de)	**peak**	[pi:k]
voet (ov. de berg)	**foot**	[fʊt]
helling (de)	**slope**	[sleʊp]

vulkaan (de)	**volcano**	[vɒl'keneʊ]
actieve vulkaan (de)	**active volcano**	['æktɪv vɒl'keneʊ]
uitgedoofde vulkaan (de)	**dormant volcano**	['dɔ:mənt vɒl'keneʊ]

uitbarsting (de)	**eruption**	[ɪ'rʌpʃən]
krater (de)	**crater**	['kreɪtə(r)]
magma (het)	**magma**	['mægmə]
lava (de)	**lava**	['lɑ:və]
gloeiend (~e lava)	**molten**	['meʊltən]

kloof (canyon)	**canyon**	['kænjən]
bergkloof (de)	**gorge**	[gɔ:dʒ]
spleet (de)	**crevice**	['krevɪs]
afgrond (de)	**abyss**	[ə'bɪs]

bergpas (de)	**pass, col**	[pɑ:s], [kɒl]
plateau (het)	**plateau**	['plæteʊ]
klip (de)	**cliff**	[klɪf]
heuvel (de)	**hill**	[hɪl]

gletsjer (de)	**glacier**	['glæsjə(r)]
waterval (de)	**waterfall**	['wɔ:təfɔ:l]
geiser (de)	**geyser**	['gi:zə(r)]
meer (het)	**lake**	[leɪk]

vlakte (de)	**plain**	[pleɪn]
landschap (het)	**landscape**	['lændskeɪp]
echo (de)	**echo**	['ekeʊ]
alpinist (de)	**alpinist**	['ælpɪnɪst]

bergbeklimmer (de)	rock climber	[rɒk 'klaɪmə(r)]
trotseren (berg ~)	conquer (vt)	['kɒŋkə(r)]
beklimming (de)	climb	[klaɪm]

201. Bergen namen

Alpen (de)	Alps	[ælps]
Mont Blanc (de)	Mont Blanc	[ˌmɔ̃'blɑ̃]
Pyreneeën (de)	Pyrenees	[ˌpɪrə'niːz]

Karpaten (de)	Carpathians	[kɑːˈpeɪθɪənz]
Oeralgebergte (het)	Ural Mountains	['jʊərəl 'maʊntɪnz]
Kaukasus (de)	Caucasus	['kɔːkəsəs]
Elbroes (de)	Elbrus	[ˌelbə'ruːs]

Altaj (de)	Altai	[ˌɑːl'taɪ]
Tiensjan (de)	Tien Shan	[tjɛn'ʃaːn]
Pamir (de)	Pamir Mountains	[pə'mɪə 'maʊntɪnz]
Himalaya (de)	Himalayas	[ˌhɪmə'leɪəz]
Everest (de)	Everest	['evərɪst]

| Andes (de) | Andes | ['ændiːz] |
| Kilimanjaro (de) | Kilimanjaro | [ˌkɪlɪmən'dʒɑːrəʊ] |

202. Rivieren

rivier (de)	river	['rɪvə(r)]
bron (~ van een rivier)	spring	[sprɪŋ]
rivierbedding (de)	riverbed	['rɪvəbed]
rivierbekken (het)	basin	['beɪsən]
uitmonden in ...	to flow into ...	[tə fləʊ 'ɪntʊ]

| zijrivier (de) | tributary | ['trɪbjʊtrɪ] |
| oever (de) | bank | [bæŋk] |

stroming (de)	current, stream	['kʌrənt], [striːm]
stroomafwaarts (bw)	downstream	['daʊnˌstriːm]
stroomopwaarts (bw)	upstream	[ˌʌp'striːm]

overstroming (de)	inundation	[ˌɪnʌn'deɪʃən]
overstroming (de)	flooding	['flʌdɪŋ]
buiten zijn oevers treden	to overflow (vi)	[tə ˌəʊvə'fləʊ]
overstromen (ww)	to flood (vt)	[tə flʌd]

| zandbank (de) | shallows | ['ʃæləʊz] |
| stroomversnelling (de) | rapids | ['ræpɪdz] |

dam (de)	dam	[dæm]
kanaal (het)	canal	[kə'næl]
spaarbekken (het)	artificial lake	[ˌɑːtɪ'fɪʃəl leɪk]
sluis (de)	sluice, lock	[sluːs], [lɒk]
waterlichaam (het)	water body	['wɔːtə 'bɒdɪ]

moeras (het)	swamp, bog	[swɒmp], [bɒg]
broek (het)	marsh	[mɑːʃ]
draaikolk (de)	whirlpool	[ˈwɜːlpuːl]

stroom (de)	stream	[striːm]
drink- (abn)	drinking	[ˈdrɪŋkɪŋ]
zoet (~ water)	fresh	[freʃ]

| IJs (het) | ice | [aɪs] |
| bevriezen (rivier, enz.) | to freeze over | [tə friːz ˈəʊvə(r)] |

203. Namen van rivieren

| Seine (de) | Seine | [seɪn] |
| Loire (de) | Loire | [lwɑːr] |

Theems (de)	Thames	[temz]
Rijn (de)	Rhine	[raɪn]
Donau (de)	Danube	[ˈdænjuːb]

Wolga (de)	Volga	[ˈvɒlgə]
Don (de)	Don	[dɒn]
Lena (de)	Lena	[ˈleɪnə]

Gele Rivier (de)	Yellow River	[jeləʊ ˈrɪvə(r)]
Blauwe Rivier (de)	Yangtze	[ˈjæŋtsɪ]
Mekong (de)	Mekong	[ˈmiːkɒŋ]
Ganges (de)	Ganges	[ˈgændʒiːz]

Nijl (de)	Nile	[naɪl]
Kongo (de)	Congo	[ˈkɒŋgəʊ]
Okavango (de)	Okavango	[ˌɔkəˈvæŋgəʊ]
Zambezi (de)	Zambezi	[zæmˈbiːzɪ]
Limpopo (de)	Limpopo	[lɪmˈpəʊpəʊ]

204. Bos

| bos (het) | forest | [ˈfɒrɪst] |
| bos- (abn) | forest | [ˈfɒrɪst] |

oerwoud (dicht bos)	thick forest	[θɪk ˈfɒrɪst]
bosje (klein bos)	grove	[grəʊv]
open plek (de)	clearing	[ˈklɪərɪŋ]

| struikgewas (het) | thicket | [ˈθɪkɪt] |
| struiken (mv.) | scrubland | [ˈskrʌblænd] |

| paadje (het) | footpath | [ˈfʊtpɑːθ] |
| ravijn (het) | gully | [ˈgʌlɪ] |

| boom (de) | tree | [triː] |
| blad (het) | leaf | [liːf] |

gebladerte (het)	leaves	[li:vz]
vallende bladeren (mv.)	fall of leaves	[fɔ:l əv li:vz]
vallen (ov. de bladeren)	to fall (vi)	[tə fɔ:l]
boomtop (de)	top	[tɒp]
tak (de)	branch	[brɑ:ntʃ]
ent (de)	bough	[baʊ]
knop (de)	bud	[bʌd]
naald (de)	needle	['ni:dəl]
dennenappel (de)	fir cone	[fɜ: kəʊn]
boom holte (de)	hollow	['hɒləʊ]
nest (het)	nest	[nest]
hol (het)	burrow, animal hole	['bʌrəʊ], ['ænɪməl həʊl]
stam (de)	trunk	[trʌŋk]
wortel (bijv. boom~s)	root	[ru:t]
schors (de)	bark	[bɑ:k]
mos (het)	moss	[mɒs]
ontwortelen (een boom)	to uproot (vt)	[tə ˌʌp'ru:t]
kappen (een boom ~)	to chop down	[tə tʃɒp daʊn]
ontbossen (ww)	to deforest (vt)	[tə ˌdi:'fɒrɪst]
stronk (de)	tree stump	[tri: stʌmp]
kampvuur (het)	campfire	['kæmpˌfaɪə(r)]
bosbrand (de)	forest fire	['fɒrɪst 'faɪə(r)]
blussen (ww)	to extinguish (vt)	[tə ɪk'stɪŋgwɪʃ]
boswachter (de)	forest ranger	['fɒrɪst 'reɪndʒə]
bescherming (de)	protection	[prə'tekʃən]
beschermen	to protect (vt)	[tə prə'tekt]
(bijv. de natuur ~)		
stroper (de)	poacher	['pəʊtʃə(r)]
val (de)	trap	[træp]
plukken (vruchten, enz.)	to gather, to pick (vt)	[tə 'gæðə(r)], [tə pɪk]
verdwalen (de weg kwijt zijn)	to lose one's way	[tə lu:z wʌnz weɪ]

205. Natuurlijke hulpbronnen

natuurlijke rijkdommen (mv.)	natural resources	['nætʃərəl rɪ'sɔ:sɪz]
delfstoffen (mv.)	minerals	['mɪnərəlz]
lagen (mv.)	deposits	[dɪ'pɒzɪts]
veld (bijv. olie~)	field	[fi:ld]
winnen (uit erts ~)	to mine (vt)	[tə maɪn]
winning (de)	mining	['maɪnɪŋ]
erts (het)	ore	[ɔ:(r)]
mijn (bijv. kolenmijn)	mine	[maɪn]
mijnschacht (de)	mine shaft, pit	[maɪn ʃɑ:ft], [pɪt]
mijnwerker (de)	miner	['maɪnə(r)]
gas (het)	gas	[gæs]
gasleiding (de)	gas pipeline	[gæs 'paɪplaɪn]

olie (aardolie)	oil, petroleum	[ɔɪl], [pɪˈtrəʊlɪəm]
olieleiding (de)	oil pipeline	[ɔɪl ˈpaɪplaɪn]
oliebron (de)	oil well	[ɔɪl wel]
boortoren (de)	derrick	[ˈderɪk]
tanker (de)	tanker	[ˈtæŋkə(r)]

zand (het)	sand	[sænd]
kalksteen (de)	limestone	[ˈlaɪmstəʊn]
grind (het)	gravel	[ˈgrævəl]
veen (het)	peat	[pi:t]
klei (de)	clay	[kleɪ]
steenkool (de)	coal	[kəʊl]

IJzer (het)	iron	[ˈaɪən]
goud (het)	gold	[gəʊld]
zilver (het)	silver	[ˈsɪlvə(r)]
nikkel (het)	nickel	[ˈnɪkəl]
koper (het)	copper	[ˈkɒpə(r)]

zink (het)	zinc	[zɪŋk]
mangaan (het)	manganese	[ˈmæŋgəni:z]
kwik (het)	mercury	[ˈmɜ:kjʊrɪ]
lood (het)	lead	[led]

mineraal (het)	mineral	[ˈmɪnərəl]
kristal (het)	crystal	[ˈkrɪstəl]
marmer (het)	marble	[ˈmɑ:bəl]
uraan (het)	uranium	[jʊˈreɪnjəm]

De Aarde. Deel 2

206. Weer

weer (het)	**weather**	['weðə(r)]
weersvoorspelling (de)	**weather forecast**	['weðə 'fɔːkɑːst]
temperatuur (de)	**temperature**	['temprətʃə(r)]
thermometer (de)	**thermometer**	[θə'mɒmɪtə(r)]
barometer (de)	**barometer**	[bə'rɒmɪtə(r)]
vochtig (bn)	**humid**	['hjuːmɪd]
vochtigheid (de)	**humidity**	[hjuː'mɪdətɪ]
hitte (de)	**heat**	[hiːt]
heet (bn)	**hot**	[hɒt]
het is heet	**it's hot**	[ɪts hɒt]
het is warm	**it's warm**	[ɪts wɔːm]
warm (bn)	**warm**	[wɔːm]
het is koud	**it's cold**	[ɪts kəʊld]
koud (bn)	**cold**	[kəʊld]
zon (de)	**sun**	[sʌn]
schijnen (de zon)	**to shine** (vi)	[tə ʃaɪn]
zonnig (~e dag)	**sunny**	['sʌnɪ]
opgaan (ov. de zon)	**to come up** (vi)	[tə kʌm ʌp]
ondergaan (ww)	**to set** (vi)	[tə set]
wolk (de)	**cloud**	[klaʊd]
bewolkt (bn)	**cloudy**	['klaʊdɪ]
regenwolk (de)	**rain cloud**	[reɪn klaʊd]
somber (bn)	**sombre**	['sɒmbə(r)]
regen (de)	**rain**	[reɪn]
het regent	**it's raining**	[ˌɪt ɪz 'reɪnɪŋ]
regenachtig (bn)	**rainy**	['reɪnɪ]
motregenen (ww)	**to drizzle** (vi)	[tə 'drɪzəl]
plensbui (de)	**pouring rain**	['pɔːrɪŋ reɪn]
stortbui (de)	**downpour**	['daʊnpɔː(r)]
hard (bn)	**heavy**	['hevɪ]
plas (de)	**puddle**	['pʌdəl]
nat worden (ww)	**to get wet**	[tə get wet]
mist (de)	**fog, mist**	[fɒg], [mɪst]
mistig (bn)	**foggy**	['fɒgɪ]
sneeuw (de)	**snow**	[snəʊ]
het sneeuwt	**it's snowing**	[ɪts snəʊɪŋ]

207. Zwaar weer. Natuurrampen

noodweer (storm)	thunderstorm	['θʌndəstɔ:m]
bliksem (de)	lightning	['laɪtnɪŋ]
flitsen (ww)	to flash (vi)	[tə flæʃ]
donder (de)	thunder	['θʌndə(r)]
donderen (ww)	to thunder (vi)	[tə 'θʌndə(r)]
het dondert	it's thundering	[ɪts 'θʌndərɪŋ]
hagel (de)	hail	[heɪl]
het hagelt	it's hailing	[ɪts heɪlɪŋ]
overstromen (ww)	to flood (vt)	[tə flʌd]
overstroming (de)	flood	[flʌd]
aardbeving (de)	earthquake	['ɜ:θkweɪk]
aardschok (de)	tremor, quake	['tremə(r)], [kweɪk]
epicentrum (het)	epicentre	['epɪsentə(r)]
uitbarsting (de)	eruption	[ɪ'rʌpʃən]
lava (de)	lava	['lɑ:və]
wervelwind (de)	twister	['twɪstə(r)]
tyfoon (de)	typhoon	[taɪ'fu:n]
orkaan (de)	hurricane	['hʌrɪkən]
storm (de)	storm	[stɔ:m]
tsunami (de)	tsunami	[tsu:'nɑ:mɪ]
cycloon (de)	cyclone	['saɪkləʊn]
onweer (het)	bad weather	[bæd 'weðə(r)]
brand (de)	fire	['faɪə(r)]
ramp (de)	disaster	[dɪ'zɑ:stə(r)]
meteoriet (de)	meteorite	['mi:tjəraɪt]
lawine (de)	avalanche	['ævəlɑ:nʃ]
sneeuwverschuiving (de)	snowslide	['snəʊslaɪd]
sneeuwjacht (de)	blizzard	['blɪzəd]
sneeuwstorm (de)	snowstorm	['snəʊstɔ:m]

208. Geluiden. Geluiden

stilte (de)	quiet, silence	['kwaɪət], ['saɪləns]
geluid (het)	sound	[saʊnd]
lawaai (het)	noise	[nɔɪz]
lawaai maken (ww)	to make noise	[tə ˌmeɪk 'nɔɪz]
lawaaierig (bn)	noisy	['nɔɪzɪ]
luid (~ spreken)	loudly	['laʊdlɪ]
luid (bijv. ~e stem)	loud	[laʊd]
aanhoudend (voortdurend)	constant	['kɒnstənt]
schreeuw (de)	shout	[ʃaʊt]

schreeuwen (ww)	to shout (vi)	[tə ʃaʊt]
gefluister (het)	whisper	[ˈwɪspə(r)]
fluisteren (ww)	to whisper (vi, vt)	[tə ˈwɪspə(r)]

| geblaf (het) | barking | [ˈbɑːkɪŋ] |
| blaffen (ww) | to bark (vi) | [tə bɑːk] |

gekreun (het)	groan	[grəʊn]
kreunen (ww)	to groan (vi)	[tə grəʊn]
hoest (de)	cough	[kɒf]
hoesten (ww)	to cough (vi)	[tə kɒf]

gefluit (het)	whistle	[ˈwɪsəl]
fluiten (op het fluitje blazen)	to whistle (vi)	[tə ˈwɪsəl]
geklop (het)	knock	[nɒk]
kloppen (aan een deur)	to knock (vi)	[tə nɒk]

| kraken (hout, ijs) | to crack (vi) | [tə kræk] |
| gekraak (het) | crack | [kræk] |

sirene (de)	siren	[ˈsaɪərən]
fluit (stoom ~)	whistle	[ˈwɪsəl]
fluiten (schip, trein)	to whistle (vi)	[tə ˈwɪsəl]
toeter (de)	honk	[hɒŋk]
toeteren (ww)	to honk (vi)	[tə hɒŋk]

209. Winter

winter (de)	winter	[ˈwɪntə(r)]
winter- (abn)	winter	[ˈwɪntə(r)]
in de winter (bw)	in winter	[ɪn ˈwɪntə(r)]

sneeuw (de)	snow	[snəʊ]
het sneeuwt	it's snowing	[ɪts snəʊɪŋ]
sneeuwval (de)	snowfall	[ˈsnəʊfɔːl]
sneeuwhoop (de)	snowdrift	[ˈsnəʊdrɪft]

sneeuwvlok (de)	snowflake	[ˈsnəʊfleɪk]
sneeuwbal (de)	snowball	[ˈsnəʊbɔːl]
sneeuwman (de)	snowman	[ˈsnəʊmæn]
IJspegel (de)	icicle	[ˈaɪsɪkəl]

december (de)	December	[dɪˈsembə(r)]
januari (de)	January	[ˈdʒænjʊərɪ]
februari (de)	February	[ˈfebrʊərɪ]

| vorst (de) | severe frost | [sɪˈvɪə frɒst] |
| vries- (abn) | frosty | [ˈfrɒstɪ] |

onder nul (bw)	below zero	[bɪˈləʊ ˈzɪərəʊ]
eerste vorst (de)	first frost	[fɜːst frɒst]
rijp (de)	hoarfrost	[ˈhɔːˌfrɒst]
koude (de)	cold	[kəʊld]
het is koud	it's cold	[ɪts kəʊld]

bontjas (de)	**fur coat**	['fɜːˌkəʊt]
wanten (mv.)	**mittens**	['mɪtənz]
ziek worden (ww)	**to fall ill**	[tə fɔːl 'ɪl]
verkoudheid (de)	**cold**	[kəʊld]
verkouden raken (ww)	**to catch a cold**	[tə kætʃ ə 'kəʊld]
IJs (het)	**ice**	[aɪs]
IJzel (de)	**black ice**	[blæk 'aɪs]
bevriezen (rivier, enz.)	**to freeze over**	[tə friːz 'əʊvə(r)]
IJsschol (de)	**ice floe**	['aɪs fləʊ]
ski's (mv.)	**skis**	[skiːz]
skiër (de)	**skier**	['skiːə(r)]
skiën (ww)	**to ski** (vi)	[tə skiː]
schaatsen (ww)	**to skate** (vi)	[tə skeɪt]

Fauna

210. Zoogdieren. Roofdieren

roofdier (het)	predator	['predətə(r)]
tijger (de)	tiger	['taɪgə(r)]
leeuw (de)	lion	['laɪən]
wolf (de)	wolf	[wʊlf]
vos (de)	fox	[fɒks]
jaguar (de)	jaguar	['dʒægjʊə(r)]
luipaard (de)	leopard	['lepəd]
jachtluipaard (de)	cheetah	['tʃiːtə]
panter (de)	black panther	[blæk 'pænθə(r)]
poema (de)	puma	['pjuːmə]
sneeuwluipaard (de)	snow leopard	[snəʊ 'lepəd]
lynx (de)	lynx	[lɪnks]
coyote (de)	coyote	[kɔɪ'əʊtɪ]
jakhals (de)	jackal	['dʒækəl]
hyena (de)	hyena	[haɪ'iːnə]

211. Wilde dieren

dier (het)	animal	['ænɪməl]
beest (het)	beast	[biːst]
eekhoorn (de)	squirrel	['skwɪrəl]
egel (de)	hedgehog	['hedʒhɒg]
haas (de)	hare	[heə(r)]
konijn (het)	rabbit	['ræbɪt]
das (de)	badger	['bædʒə(r)]
wasbeer (de)	raccoon	[rə'kuːn]
hamster (de)	hamster	['hæmstə(r)]
marmot (de)	marmot	['mɑːmət]
mol (de)	mole	[məʊl]
muis (de)	mouse	[maʊs]
rat (de)	rat	[ræt]
vleermuis (de)	bat	[bæt]
hermelijn (de)	ermine	['ɜːmɪn]
sabeldier (het)	sable	['seɪbəl]
marter (de)	marten	['mɑːtɪn]
wezel (de)	weasel	['wiːzəl]
nerts (de)	mink	[mɪŋk]

| bever (de) | beaver | ['bi:və(r)] |
| otter (de) | otter | ['ɒtə(r)] |

paard (het)	horse	[hɔːs]
eland (de)	moose	[muːs]
hert (het)	deer	[dɪə(r)]
kameel (de)	camel	['kæməl]

bizon (de)	bison	['baɪsən]
oeros (de)	aurochs	['ɔːrɒks]
buffel (de)	buffalo	['bʌfələʊ]

zebra (de)	zebra	['zebrə]
antilope (de)	antelope	['æntɪləʊp]
ree (de)	roe deer	[rəʊ dɪə(r)]
damhert (het)	fallow deer	['fæləʊ dɪə(r)]
gems (de)	chamois	['ʃæmwɑː]
everzwijn (het)	wild boar	[ˌwaɪld 'bɔː(r)]

walvis (de)	whale	[weɪl]
rob (de)	seal	[siːl]
walrus (de)	walrus	['wɔːlrəs]
zeehond (de)	fur seal	['fɜːˌsiːl]
dolfijn (de)	dolphin	['dɒlfɪn]

beer (de)	bear	[beə]
IJsbeer (de)	polar bear	['pəʊlə ˌbeə(r)]
panda (de)	panda	['pændə]

aap (de)	monkey	['mʌŋkɪ]
chimpansee (de)	chimpanzee	[ˌtʃɪmpæn'ziː]
orang-oetan (de)	orangutan	[ɒˌræŋuː'tæn]
gorilla (de)	gorilla	[gə'rɪlə]
makaak (de)	macaque	[mə'kɑːk]
gibbon (de)	gibbon	['gɪbən]

olifant (de)	elephant	['elɪfənt]
neushoorn (de)	rhinoceros	[raɪ'nɒsərəs]
giraffe (de)	giraffe	[dʒɪ'rɑːf]
nijlpaard (het)	hippopotamus	[ˌhɪpə'pɒtəməs]

| kangoeroe (de) | kangaroo | [ˌkæŋgə'ruː] |
| koala (de) | koala | [kəʊ'ɑːlə] |

mangoest (de)	mongoose	['mɒŋguːs]
chinchilla (de)	chinchilla	[ˌtʃɪn'tʃɪlə]
stinkdier (het)	skunk	[skʌŋk]
stekelvarken (het)	porcupine	['pɔːkjʊpaɪn]

212. Huisdieren

poes (de)	cat	[kæt]
kater (de)	tomcat	['tɒmkæt]
hond (de)	dog	[dɒg]

paard (het)	horse	[hɔ:s]
hengst (de)	stallion	['stælɪən]
merrie (de)	mare	[meə(r)]

koe (de)	cow	[kaʊ]
stier (de)	bull	[bʊl]
os (de)	ox	[ɒks]

schaap (het)	sheep	[ʃi:p]
ram (de)	ram	[ræm]
geit (de)	goat	[gəʊt]
bok (de)	he-goat	['hi:-gəʊt]

| ezel (de) | donkey | ['dɒŋkɪ] |
| muilezel (de) | mule | [mju:l] |

varken (het)	pig	[pɪg]
biggetje (het)	piglet	['pɪglɪt]
konijn (het)	rabbit	['ræbɪt]

| kip (de) | hen | [hen] |
| haan (de) | cock | [kɒk] |

eend (de)	duck	[dʌk]
woerd (de)	drake	[dreɪk]
gans (de)	goose	[gu:s]

| kalkoen haan (de) | stag turkey | [stæg 'tɜ:kɪ] |
| kalkoen (de) | turkey | ['tɜ:kɪ] |

huisdieren (mv.)	domestic animals	[də'mestɪk 'ænɪməlz]
tam (bijv. hamster)	tame	[teɪm]
temmen (tam maken)	to tame (vt)	[tə teɪm]
fokken (bijv. paarden ~)	to breed (vt)	[tə bri:d]

boerderij (de)	farm	[fɑ:m]
gevogelte (het)	poultry	['pəʊltrɪ]
rundvee (het)	cattle	['kætəl]
kudde (de)	herd	[hɜ:d]

paardenstal (de)	stable	['steɪbəl]
zwijnenstal (de)	pigsty	['pɪgstaɪ]
koeienstal (de)	cowshed	['kaʊʃed]
konijnenhok (het)	rabbit hutch	['ræbɪt ˌhʌtʃ]
kippenhok (het)	hen house	['hen ˌhaʊs]

213. Honden. Hondenrassen

hond (de)	dog	[dɒg]
herdershond (de)	sheepdog	['ʃi:pdɒg]
Duitse herdershond (de)	German shepherd dog	['dʒɜ:mən 'ʃepəd dɒg]
poedel (de)	poodle	['pu:dəl]
teckel (de)	dachshund	['dækshʊnd]
buldog (de)	bulldog	['bʊldɒg]

boxer (de)	boxer	['bɒksə(r)]
mastiff (de)	mastiff	['mæstɪf]
rottweiler (de)	rottweiler	['rɒt͵vaɪlə(r)]
doberman (de)	Doberman	['dəʊbəmən]

basset (de)	basset	['bæsɪt]
bobtail (de)	bobtail	['bɒbteɪl]
dalmatiër (de)	Dalmatian	[dæl'meɪʃən]
cockerspaniël (de)	cocker spaniel	['kɒkə 'spænjəl]

| newfoundlander (de) | Newfoundland | ['njuːfəndlənd] |
| sint-bernard (de) | Saint Bernard | [seɪnt 'bɜːnəd] |

poolhond (de)	husky	['hʌskɪ]
chowchow (de)	Chow Chow	[tʃaʊ-tʃaʊ]
spits (de)	spitz	[spɪts]
mopshond (de)	pug	[pʌg]

214. Dierengeluiden

geblaf (het)	barking	['bɑːkɪŋ]
blaffen (ww)	to bark (vi)	[tə bɑːk]
miauwen (ww)	to miaow (vi)	[tə mi:'aʊ]
spinnen (katten)	to purr (vi)	[tə pɜː(r)]

loeien (ov. een koe)	to moo (vi)	[tə muː]
brullen (stier)	to bellow (vi)	[tə 'beləʊ]
grommen (ov. de honden)	to growl (vi)	[tə graʊl]

gehuil (het)	howl	[haʊl]
huilen (wolf, enz.)	to howl (vi)	[tə haʊl]
janken (ov. een hond)	to whine (vi)	[tə waɪn]

mekkeren (schapen)	to bleat (vi)	[tə bliːt]
knorren (varkens)	to grunt (vi)	[tə grʌnt]
gillen (bijv. varken)	to squeal (vi)	[tə skwiːl]

kwaken (kikvorsen)	to croak (vi)	[tə krəʊk]
zoemen (hommel, enz.)	to buzz (vi)	[tə bʌz]
tjirpen (sprinkhanen)	to chirp (vi)	[tə tʃɜːp]

215. Jonge dieren

jong (het)	cub	[kʌb]
poesje (het)	kitten	['kɪtən]
muisje (het)	baby mouse	['beɪbɪ maʊs]
puppy (de)	pup, puppy	[pʌp], ['pʌpɪ]

jonge haas (de)	leveret	['levərɪt]
konijntje (het)	baby rabbit	['beɪbɪ 'ræbɪt]
wolfje (het)	wolf cub	['wʊlf kʌb]
vosje (het)	fox cub	[fɒks kʌb]

beertje (het) | bear cub | [beə kʌb]
leeuwenjong (het) | lion cub | ['laɪən kʌb]
tijgertje (het) | tiger cub | ['taɪɡə kʌb]
olifantenjong (het) | elephant calf | ['elɪfənt 'kɑ:f]

biggetje (het) | piglet | ['pɪɡlɪt]
kalf (het) | calf | [kɑ:f]
geitje (het) | kid | [kɪd]
lam (het) | lamb | [læm]
reekalf (het) | fawn | [fɔ:n]
jonge kameel (de) | young camel | [jʌŋ 'kæməl]

slangenjong (het) | baby snake | ['beɪbɪ sneɪk]
kikkertje (het) | baby frog | ['beɪbɪ frɒɡ]

vogeltje (het) | nestling | ['neslɪŋ]
kuiken (het) | chick | [tʃɪk]
eendje (het) | duckling | ['dʌklɪŋ]

216. Vogels

vogel (de) | bird | [bɜ:d]
duif (de) | pigeon | ['pɪdʒɪn]
mus (de) | sparrow | ['spærəʊ]
koolmees (de) | tit | [tɪt]
ekster (de) | magpie | ['mæɡpaɪ]

raaf (de) | raven | ['reɪvən]
kraai (de) | crow | [krəʊ]
kauw (de) | jackdaw | ['dʒækdɔ:]
roek (de) | rook | [rʊk]

eend (de) | duck | [dʌk]
gans (de) | goose | [ɡu:s]
fazant (de) | pheasant | ['fezənt]

arend (de) | eagle | ['i:ɡəl]
havik (de) | hawk | [hɔ:k]
valk (de) | falcon | ['fɔ:lkən]
gier (de) | vulture | ['vʌltʃə]
condor (de) | condor | ['kɒndɔ:(r)]

zwaan (de) | swan | [swɒn]
kraanvogel (de) | crane | [kreɪn]
ooievaar (de) | stork | [stɔ:k]

papegaai (de) | parrot | ['pærət]
kolibrie (de) | hummingbird | ['hʌmɪŋˌbɜ:d]
pauw (de) | peacock | ['pi:kɒk]

struisvogel (de) | ostrich | ['ɒstrɪtʃ]
reiger (de) | heron | ['herən]
flamingo (de) | flamingo | [flə'mɪŋɡəʊ]
pelikaan (de) | pelican | ['pelɪkən]

| nachtegaal (de) | nightingale | ['naɪtɪŋgeɪl] |
| zwaluw (de) | swallow | ['swɒləʊ] |

lijster (de)	thrush	[θrʌʃ]
zanglijster (de)	song thrush	[sɒŋ θrʌʃ]
merel (de)	blackbird	['blæk‚bɜːd]

gierzwaluw (de)	swift	[swɪft]
leeuwerik (de)	lark	[lɑːk]
kwartel (de)	quail	[kweɪl]

specht (de)	woodpecker	['wʊd‚pekə(r)]
koekoek (de)	cuckoo	['kʊkuː]
uil (de)	owl	[aʊl]
oehoe (de)	eagle owl	['iːgəl aʊl]
auerhoen (het)	wood grouse	[wʊd graʊs]
korhoen (het)	black grouse	[blæk graʊs]
patrijs (de)	partridge	['pɑːtrɪdʒ]

spreeuw (de)	starling	['stɑːlɪŋ]
kanarie (de)	canary	[kə'neərɪ]
hazelhoen (het)	hazel grouse	['heɪzəl graʊs]
vink (de)	chaffinch	['tʃæfɪntʃ]
goudvink (de)	bullfinch	['bʊlfɪntʃ]

meeuw (de)	seagull	['siːgʌl]
albatros (de)	albatross	['ælbətrɒs]
pinguïn (de)	penguin	['peŋgwɪn]

217. Vogels. Zingen en geluiden

fluiten, zingen (ww)	to sing (vi)	[tə sɪŋ]
schreeuwen (dieren, vogels)	to call (vi)	[tə kɔːl]
kraaien (ov. een haan)	to crow (vi)	[tə krəʊ]
kukeleku	cock-a-doodle-doo	[‚kɒkəduː'dəl'duː]

klokken (hen)	to cluck (vi)	[tə klʌk]
krassen (kraai)	to caw (vi)	[tə kɔː]
kwaken (eend)	to quack (vi)	[tə kwæk]
piepen (kuiken)	to cheep (vi)	[tə tʃiːp]
tjilpen (bijv. een mus)	to chirp, to twitter	[tə tʃɜːp], [tə 'twɪtə(r)]

218. Vis. Zeedieren

brasem (de)	bream	[briːm]
karper (de)	carp	[kɑːp]
baars (de)	perch	[pɜːtʃ]
meerval (de)	catfish	['kætfɪʃ]
snoek (de)	pike	[paɪk]

| zalm (de) | salmon | ['sæmən] |
| steur (de) | sturgeon | ['stɜːdʒən] |

haring (de)	herring	['herɪŋ]
atlantische zalm (de)	Atlantic salmon	[ət'læntɪk 'sæmən]
makreel (de)	mackerel	['mækərəl]
platvis (de)	flatfish	['flætfɪʃ]

snoekbaars (de)	pike perch	[paɪk pɜːtʃ]
kabeljauw (de)	cod	[kɒd]
tonijn (de)	tuna	['tjuːnə]
forel (de)	trout	[traʊt]

paling (de)	eel	[iːl]
sidderrog (de)	electric ray	[ɪ'lektrɪk reɪ]
murene (de)	moray eel	['mɒreɪ iːl]
piranha (de)	piranha	[pɪ'rɑːnə]

haai (de)	shark	[ʃɑːk]
dolfijn (de)	dolphin	['dɒlfɪn]
walvis (de)	whale	[weɪl]

krab (de)	crab	[kræb]
kwal (de)	jellyfish	['dʒelɪfɪʃ]
octopus (de)	octopus	['ɒktəpəs]

zeester (de)	starfish	['stɑːfɪʃ]
zee-egel (de)	sea urchin	[siː ˈɜːtʃɪn]
zeepaardje (het)	seahorse	['siːhɔːs]

oester (de)	oyster	['ɔɪstə(r)]
garnaal (de)	prawn	[prɔːn]
kreeft (de)	lobster	['lɒbstə(r)]
langoest (de)	spiny lobster	['spaɪnɪ 'lɒbstə(r)]

219. Amfibieën. Reptielen

| slang (de) | snake | [sneɪk] |
| giftig (slang) | venomous | ['venəməs] |

adder (de)	viper	['vaɪpə(r)]
cobra (de)	cobra	['kəʊbrə]
python (de)	python	['paɪθən]
boa (de)	boa	['bəʊə]

ringslang (de)	grass snake	['grɑːsˌsneɪk]
ratelslang (de)	rattle snake	['rætəl sneɪk]
anaconda (de)	anaconda	[ænə'kɒndə]

hagedis (de)	lizard	['lɪzəd]
leguaan (de)	iguana	[ɪ'gwɑːnə]
varaan (de)	monitor lizard	['mɒnɪtə 'lɪzəd]
salamander (de)	salamander	['sæləˌmændə(r)]
kameleon (de)	chameleon	[kə'miːlɪən]
schorpioen (de)	scorpion	['skɔːpɪən]
schildpad (de)	turtle, tortoise	['tɜːtəl], ['tɔːtəs]
kikker (de)	frog	[frɒg]

pad (de)	toad	[təʊd]
krokodil (de)	crocodile	[ˈkrɒkədaɪl]

220. Insecten

insect (het)	insect	[ˈɪnsekt]
vlinder (de)	butterfly	[ˈbʌtəflaɪ]
mier (de)	ant	[ænt]
vlieg (de)	fly	[flaɪ]
mug (de)	mosquito	[məˈskiːtəʊ]
kever (de)	beetle	[ˈbiːtəl]

wesp (de)	wasp	[wɒsp]
bij (de)	bee	[biː]
hommel (de)	bumblebee	[ˈbʌmbəlbiː]
horzel (de)	gadfly	[ˈgædflaɪ]

spin (de)	spider	[ˈspaɪdə(r)]
spinnenweb (het)	spider's web	[ˈspaɪdəz web]

libel (de)	dragonfly	[ˈdrægənflaɪ]
sprinkhaan (de)	grasshopper	[ˈgrɑːsˌhɒpə(r)]
nachtvlinder (de)	moth	[mɒθ]

kakkerlak (de)	cockroach	[ˈkɒkrəʊtʃ]
mijt (de)	tick	[tɪk]
vlo (de)	flea	[fliː]
kriebelmug (de)	midge	[mɪdʒ]

treksprinkhaan (de)	locust	[ˈləʊkəst]
slak (de)	snail	[sneɪl]
krekel (de)	cricket	[ˈkrɪkɪt]
glimworm (de)	firefly	[ˈfaɪəflaɪ]
lieveheersbeestje (het)	ladybird	[ˈleɪdɪbɜːd]
meikever (de)	cockchafer	[ˈkɒkˌtʃeɪfə(r)]

bloedzuiger (de)	leech	[liːtʃ]
rups (de)	caterpillar	[ˈkætəpɪlə(r)]
aardworm (de)	earthworm	[ˈɜːθwɜːm]
larve (de)	larva	[ˈlɑːvə]

221. Dieren. Lichaamsdelen

snavel (de)	beak	[biːk]
vleugels (mv.)	wings	[wɪŋz]
poot (ov. een vogel)	foot	[fʊt]
verenkleed (het)	feathering	[ˈfeðərɪŋ]
veer (de)	feather	[ˈfeðə(r)]
kuifje (het)	crest	[krest]

kieuwen (mv.)	gills	[dʒɪls]
kuit, dril (de)	spawn	[spɔːn]

larve (de)	**larva**	['lɑ:və]
vin (de)	**fin**	[fɪn]
schubben (mv.)	**scales**	[skeɪlz]

slagtand (de)	**fang**	[fæŋ]
poot (bijv. ~ van een kat)	**paw**	[pɔ:]
muil (de)	**muzzle**	['mʌzəl]
bek (mond van dieren)	**mouth**	[maʊθ]
staart (de)	**tail**	[teɪl]
snorharen (mv.)	**whiskers**	['wɪskəz]

hoef (de)	**hoof**	[hu:f]
hoorn (de)	**horn**	[hɔ:n]

schild (schildpad, enz.)	**carapace**	['kærəpeɪs]
schelp (de)	**shell**	[ʃel]
eierschaal (de)	**shell**	[ʃel]

vacht (de)	**hair**	[heə(r)]
huid (de)	**pelt**	[pelt]

222. Acties van de dieren

vliegen (ww)	**to fly** (vi)	[tə flaɪ]
cirkelen (vogel)	**to fly in circles**	[tə flaɪ ɪn 'sɜ:kəlz]

wegvliegen (ww)	**to fly away**	[tə flaɪ ə'weɪ]
klapwieken (ww)	**to flap the wings**	[tə flæp ðə wɪŋz]

pikken (vogels)	**to peck** (vi)	[tə pek]
broeden (de eend zit te ~)	**to sit on eggs**	[tə sɪt ɒn egz]

uitbroeden (ww)	**to hatch out** (vi)	[tə hætʃ aʊt]
een nest bouwen	**to build the nest**	[tə bɪld ðə nest]

kruipen (ww)	**to slither, to crawl** (vi)	[tə 'slɪðə(r)], [tə krɔ:l]
steken (bij)	**to sting, to bite**	[tə stɪŋ], [tə baɪt]
bijten (de hond, enz.)	**to bite** (vt)	[tə baɪt]

snuffelen (ov. de dieren)	**to sniff** (vt)	[tə snɪf]
blaffen (ww)	**to bark** (vi)	[tə bɑ:k]
sissen (slang)	**to hiss** (vi)	[tə hɪs]

doen schrikken (ww)	**to scare** (vt)	[tə skeə(r)]
aanvallen (ww)	**to attack** (vt)	[tə ə'tæk]

knagen (ww)	**to gnaw** (vt)	[tə nɔ:]
schrammen (ww)	**to scratch** (vt)	[tə skrætʃ]
zich verbergen (ww)	**to hide** (vi)	[tə haɪd]

spelen (ww)	**to play** (vi)	[tə pleɪ]
jagen (ww)	**to hunt** (vi, vt)	[tə hʌnt]
winterslapen	**to hibernate** (vi)	[tə 'haɪbəneɪt]
uitsterven (dinosauriërs, enz.)	**to go extinct**	[tə gəʊ ɪk'stɪŋkt]

223. Dieren. Leefomgevingen

leefgebied (het)	habitat	['hæbɪtæt]
migratie (de)	migration	[maɪ'greɪʃən]
berg (de)	mountain	['maʊntɪn]
rif (het)	reef	[ri:f]
klip (de)	cliff	[klɪf]
bos (het)	forest	['fɒrɪst]
jungle (de)	jungle	['dʒʌŋgəl]
savanne (de)	savanna	[sə'vænə]
toendra (de)	tundra	['tʌndrə]
steppe (de)	steppe	[step]
woestijn (de)	desert	['dezət]
oase (de)	oasis	[əʊ'eɪsɪs]
zee (de)	sea	[si:]
meer (het)	lake	[leɪk]
oceaan (de)	ocean	['əʊʃən]
moeras (het)	swamp	[swɒmp]
zoetwater- (abn)	freshwater	['freʃˌwɔ:tə(r)]
vijver (de)	pond	[pɒnd]
rivier (de)	river	['rɪvə(r)]
berenhol (het)	den	[den]
nest (het)	nest	[nest]
boom holte (de)	hollow	['hɒləʊ]
hol (het)	burrow	['bʌrəʊ]
mierenhoop (de)	anthill	['ænthɪl]

224. Dierverzorging

dierentuin (de)	zoo	[zu:]
natuurreservaat (het)	nature reserve	['neɪtʃə rɪ'zɜ:v]
fokkerij (de)	breed club	['bri:d ˌklʌb]
openluchtkooi (de)	open-air cage	['əʊpən-eə keɪdʒ]
kooi (de)	cage	[keɪdʒ]
hondenhok (het)	kennel	['kenəl]
duiventil (de)	dovecot	['dʌvkɒt]
aquarium (het)	aquarium	[ə'kweərɪəm]
dolfinarium (het)	dolphinarium	[ˌdɒlfɪ'neərɪəm]
fokken (bijv. honden ~)	to breed (vt)	[tə bri:d]
nakomelingen (mv.)	brood, litter	[bru:d], ['lɪtə(r)]
temmen (tam maken)	to tame (vt)	[tə teɪm]
voeding (de)	feed	[fi:d]
voederen (ww)	to feed (vt)	[tə fi:d]
dresseren (ww)	to train (vt)	[tə treɪn]

dierenwinkel (de)	pet shop	['pet ʃɒp]
muilkorf (de)	muzzle	['mʌzəl]
halsband (de)	collar	['kɒlə(r)]
naam (ov. een dier)	name	[neɪm]
stamboom (honden met ~)	pedigree	['pedɪgri:]

225. Dieren. Diversen

meute (wolven)	pack	[pæk]
zwerm (vogels)	flock	[flɒk]
school (vissen)	shoal	[ʃəʊl]
kudde (wilde paarden)	herd of horses	[hɜ:d əv hɔ:sɪz]

| mannetje (het) | male | [meɪl] |
| vrouwtje (het) | female | ['fi:meɪl] |

hongerig (bn)	hungry	['hʌŋgrɪ]
wild (bn)	wild	[waɪld]
gevaarlijk (bn)	dangerous	['deɪndʒərəs]

226. Paarden

| paard (het) | horse | [hɔ:s] |
| ras (het) | breed | [bri:d] |

| veulen (het) | foal, colt | [fəʊl], [kəʊlt] |
| merrie (de) | mare | [meə(r)] |

mustang (de)	mustang	['mʌstæŋ]
pony (de)	pony	['pəʊnɪ]
koudbloed (de)	draught horse	[drɑ:ft hɔ:s]

| manen (mv.) | mane | [meɪn] |
| staart (de) | tail | [teɪl] |

hoef (de)	hoof	[hu:f]
hoefijzer (het)	horseshoe	['hɔ:sʃu:]
beslaan (ww)	to shoe (vt)	[tə ʃu:]
paardensmid (de)	blacksmith	['blæk,smɪθ]

zadel (het)	saddle	['sædəl]
stijgbeugel (de)	stirrup	['stɪrəp]
breidel (de)	bridle	['braɪdəl]
leidsels (mv.)	reins	[reɪns]
zweep (de)	whip	[wɪp]

ruiter (de)	rider	['raɪdə(r)]
inrijden (ww)	to break in (vt)	[tə breɪk ɪn]
zadelen (ww)	to saddle up (vt)	[tə 'sædəl ʌp]
een paard bestijgen	to mount a horse	[tə maʊnt ə hɔ:s]
galop (de)	gallop	['gæləp]
galopperen (ww)	to gallop (vi)	[tə 'gæləp]

draf (de)	trot	[trɒt]
in draf (bw)	at a trot	[ət ə trɒt]
draven (ww)	to go at a trot	[tə gəʊ ət ə trɒt]

| renpaard (het) | racehorse | ['reɪshɔːs] |
| paardenrace (de) | horse racing | [hɔːs 'reɪsɪŋ] |

paardenstal (de)	stable	['steɪbəl]
voederen (ww)	to feed (vt)	[tə fiːd]
hooi (het)	hay	[heɪ]
water geven (ww)	to water (vt)	[tə 'wɔːtə(r)]
wassen (paard ~)	to wash (vt)	[tə wɒʃ]
kluisteren (met hobbles)	to hobble (vt)	[tə 'hɒbəl]

paardenkar (de)	horse-drawn cart	[hɔːs drɔːn kɑːt]
grazen (gras eten)	to graze (vi)	[tə greɪz]
hinniken (ww)	to neigh (vi)	[tə neɪ]
een trap geven	to kick (vi)	[tə kɪk]

Flora

227. Bomen

boom (de)	**tree**	[triː]
loof- (abn)	**deciduous**	[dɪ'sɪdjʊəs]
dennen- (abn)	**coniferous**	[kə'nɪfərəs]
groenblijvend (bn)	**evergreen**	['evəgriːn]
appelboom (de)	**apple tree**	['æpəl ˌtriː]
perenboom (de)	**pear tree**	['peə ˌtriː]
pruimelaar (de)	**plum tree**	['plʌm triː]
berk (de)	**birch**	[bɜːtʃ]
eik (de)	**oak**	[əʊk]
linde (de)	**linden tree**	['lɪndən triː]
esp (de)	**aspen**	['æspən]
esdoorn (de)	**maple**	['meɪpəl]
spar (de)	**spruce**	[spruːs]
den (de)	**pine**	[paɪn]
lariks (de)	**larch**	[lɑːtʃ]
zilverspar (de)	**fir**	[fɜː(r)]
ceder (de)	**cedar**	['siːdə(r)]
populier (de)	**poplar**	['pɒplə(r)]
lijsterbes (de)	**rowan**	['rəʊən]
wilg (de)	**willow**	['wɪləʊ]
els (de)	**alder**	['ɔːldə(r)]
beuk (de)	**beech**	[biːtʃ]
iep (de)	**elm**	[elm]
es (de)	**ash**	[æʃ]
kastanje (de)	**chestnut**	['tʃesnʌt]
magnolia (de)	**magnolia**	[mæg'nəʊlɪə]
palm (de)	**palm tree**	[pɑːm triː]
cipres (de)	**cypress**	['saɪprəs]
mangrove (de)	**mangrove**	['mæŋgrəʊv]
baobab (apenbroodboom)	**baobab**	['beɪəʊˌbæb]
eucalyptus (de)	**eucalyptus**	[ˌjuːkə'lɪptəs]
mammoetboom (de)	**sequoia**	[sɪ'kwɔɪə]

228. Heesters

struik (de)	**bush**	[bʊʃ]
heester (de)	**shrub**	[ʃrʌb]

| wijnstok (de) | grapevine | ['greɪpvaɪn] |
| wijngaard (de) | vineyard | ['vɪnjəd] |

frambozenstruik (de)	raspberry bush	['rɑːzbərɪ bʊʃ]
rode bessenstruik (de)	redcurrant bush	['redkʌrənt bʊʃ]
kruisbessenstruik (de)	gooseberry bush	['gʊzbərɪ ˌbʊʃ]

acacia (de)	acacia	[ə'keɪʃə]
zuurbes (de)	barberry	['bɑːbərɪ]
jasmijn (de)	jasmine	['dʒæzmɪn]

jeneverbes (de)	juniper	['dʒuːnɪpə(r)]
rozenstruik (de)	rosebush	['rəʊzbʊʃ]
hondsroos (de)	dog rose	['dɒg ˌrəʊz]

229. Champignons

paddenstoel (de)	mushroom	['mʌʃrʊm]
eetbare paddenstoel (de)	edible mushroom	['edɪbəl 'mʌʃrʊm]
giftige paddenstoel (de)	toadstool	['təʊdstuːl]
hoed (de)	cap	[kæp]
steel (de)	stipe	[staɪp]

gewoon eekhoorntjesbrood (het)	cep, penny bun	[sep], ['penɪ bʌn]
rosse populierenboleet (de)	orange-cap boletus	['ɒrɪndʒ kæp bə'liːtəs]
berkenboleet (de)	birch bolete	[bɜːtʃ bə'liːtə]
cantharel (de)	chanterelle	[ʃɒntə'rel]
russula (de)	russula	['rʌsjʊlə]

morille (de)	morel	[mə'rel]
vliegenzwam (de)	fly agaric	[flaɪ 'ægərɪk]
groene knolzwam (de)	death cap	['deθ ˌkæp]

230. Vruchten. Bessen

vrucht (de)	fruit	[fruːt]
vruchten (mv.)	fruits	[fruːts]
appel (de)	apple	['æpəl]
peer (de)	pear	[peə(r)]
pruim (de)	plum	[plʌm]

| aardbei (de) | strawberry | ['strɔːbərɪ] |
| druif (de) | grape | [greɪp] |

framboos (de)	raspberry	['rɑːzbərɪ]
zwarte bes (de)	blackcurrant	[ˌblæk'kʌrənt]
rode bes (de)	redcurrant	['redkʌrənt]
kruisbes (de)	gooseberry	['gʊzbərɪ]
veenbes (de)	cranberry	['krænbərɪ]
sinaasappel (de)	orange	['ɒrɪndʒ]
mandarijn (de)	tangerine	[ˌtændʒə'riːn]

ananas (de)	pineapple	['paɪnˌæpəl]
banaan (de)	banana	[bə'nɑ:nə]
dadel (de)	date	[deɪt]

citroen (de)	lemon	['lemən]
abrikoos (de)	apricot	['eɪprɪkɒt]
perzik (de)	peach	[pi:tʃ]
kiwi (de)	kiwi	['ki:wi:]
grapefruit (de)	grapefruit	['greɪpfru:t]

bes (de)	berry	['berɪ]
bessen (mv.)	berries	['berɪ:z]
vossenbes (de)	cowberry	['kaʊberɪ]
bosaardbei (de)	wild strawberry	[ˌwaɪld 'strɔ:berɪ]
bosbes (de)	bilberry	['bɪlberɪ]

231. Bloemen. Planten

| bloem (de) | flower | ['flaʊə(r)] |
| boeket (het) | bouquet | [bʊ'keɪ] |

roos (de)	rose	[rəʊz]
tulp (de)	tulip	['tju:lɪp]
anjer (de)	carnation	[kɑ:'neɪʃən]
gladiool (de)	gladiolus	[ˌglædɪ'əʊləs]

korenbloem (de)	cornflower	['kɔ:nflaʊə(r)]
klokje (het)	bluebell	['blu:bel]
paardenbloem (de)	dandelion	['dændɪlaɪən]
kamille (de)	camomile	['kæməmaɪl]

aloë (de)	aloe	['æləʊ]
cactus (de)	cactus	['kæktəs]
ficus (de)	rubber plant, ficus	['rʌbə plɑ:nt], ['faɪkəs]

lelie (de)	lily	['lɪlɪ]
geranium (de)	geranium	[dʒɪ'reɪnjəm]
hyacint (de)	hyacinth	['haɪəsɪnθ]

mimosa (de)	mimosa	[mɪ'məʊzə]
narcis (de)	narcissus	[nɑ:'sɪsəs]
Oostindische kers (de)	nasturtium	[nəs'tɜ:ʃəm]

orchidee (de)	orchid	['ɔ:kɪd]
pioenroos (de)	peony	['pi:ənɪ]
viooltje (het)	violet	['vaɪələt]

driekleurig viooltje (het)	pansy	['pænzɪ]
vergeet-mij-nietje (het)	forget-me-not	[fə'get mi ˌnɒt]
madeliefje (het)	daisy	['deɪzɪ]

papaver (de)	poppy	['pɒpɪ]
hennep (de)	hemp	[hemp]
munt (de)	mint	[mɪnt]

| lelietje-van-dalen (het) | lily of the valley | ['lɪlɪ əv ðə 'vælɪ] |
| sneeuwklokje (het) | snowdrop | ['snəʊdrɒp] |

brandnetel (de)	nettle	['netəl]
veldzuring (de)	sorrel	['sɒrəl]
waterlelie (de)	water lily	['wɔːtə 'lɪlɪ]
varen (de)	fern	[fɜːn]
korstmos (het)	lichen	['laɪkən]

oranjerie (de)	tropical glasshouse	['trɒpɪkəl 'glɑːshaʊs]
gazon (het)	lawn	[lɔːn]
bloemperk (het)	flowerbed	['flaʊəbed]

plant (de)	plant	[plɑːnt]
gras (het)	grass	[grɑːs]
grasspriet (de)	blade of grass	[bleɪd əv grɑːs]

blad (het)	leaf	[liːf]
bloemblad (het)	petal	['petəl]
stengel (de)	stem	[stem]
knol (de)	tuber	['tjuːbə(r)]

| scheut (de) | young plant | [jʌŋ plɑːnt] |
| doorn (de) | thorn | [θɔːn] |

bloeien (ww)	to blossom (vi)	[tə 'blɒsəm]
verwelken (ww)	to fade (vi)	[tə feɪd]
geur (de)	smell	[smel]
snijden (bijv. bloemen ~)	to cut (vt)	[tə kʌt]
plukken (bloemen ~)	to pick (vt)	[tə pɪk]

232. Granen, graankorrels

graan (het)	grain	[greɪn]
graangewassen (mv.)	cereal crops	['sɪərɪəl krɒps]
aar (de)	ear	[ɪə(r)]

tarwe (de)	wheat	[wiːt]
rogge (de)	rye	[raɪ]
haver (de)	oats	[əʊts]

| gierst (de) | millet | ['mɪlɪt] |
| gerst (de) | barley | ['bɑːlɪ] |

maïs (de)	maize	[meɪz]
rijst (de)	rice	[raɪs]
boekweit (de)	buckwheat	['bʌkwiːt]

| erwt (de) | pea | [piː] |
| boon (de) | kidney bean | ['kɪdnɪ biːn] |

soja (de)	soya	['sɔɪə]
linze (de)	lentil	['lentɪl]
bonen (mv.)	beans	[biːnz]

233. Groenten. Groene groenten

| groenten (mv.) | vegetables | ['vedʒtəbəlz] |
| verse kruiden (mv.) | greens | [gri:nz] |

tomaat (de)	tomato	[tə'mɑ:təʊ]
augurk (de)	cucumber	['kju:kʌmbə(r)]
wortel (de)	carrot	['kærət]
aardappel (de)	potato	[pə'teɪtəʊ]
ui (de)	onion	['ʌnjən]
knoflook (de)	garlic	['gɑ:lɪk]

kool (de)	cabbage	['kæbɪdʒ]
bloemkool (de)	cauliflower	['kɒlɪˌflaʊə(r)]
spruitkool (de)	Brussels sprouts	['brʌsəlz ˌspraʊts]
broccoli (de)	broccoli	['brɒkəlɪ]

rode biet (de)	beetroot	['bi:tru:t]
aubergine (de)	aubergine	['əʊbəʒi:n]
courgette (de)	marrow	['mærəʊ]
pompoen (de)	pumpkin	['pʌmpkɪn]
knolraap (de)	turnip	['tɜ:nɪp]

peterselie (de)	parsley	['pɑ:slɪ]
dille (de)	dill	[dɪl]
sla (de)	lettuce	['letɪs]
selderij (de)	celery	['selərɪ]
asperge (de)	asparagus	[ə'spærəgəs]
spinazie (de)	spinach	['spɪnɪdʒ]

erwt (de)	pea	[pi:]
bonen (mv.)	beans	[bi:nz]
maïs (de)	maize	[meɪz]
boon (de)	kidney bean	['kɪdnɪ bi:n]

peper (de)	pepper	['pepə(r)]
radijs (de)	radish	['rædɪʃ]
artisjok (de)	artichoke	['ɑ:tɪtʃəʊk]

REGIONALE AARDRIJKSKUNDE

Landen. Nationaliteiten

234. West-Europa

Europa (het)	Europe	['jʊərəp]
Europese Unie (de)	European Union	[jʊərə'piːən 'juːnɪən]
Europeaan (de)	European	[jʊərə'piːən]
Europees (bn)	European	[jʊərə'piːən]
Oostenrijk (het)	Austria	['ɒstrɪə]
Oostenrijker (de)	Austrian	['ɒstrɪən]
Oostenrijkse (de)	Austrian	['ɒstrɪən]
Oostenrijks (bn)	Austrian	['ɒstrɪən]
Groot-Brittannië (het)	Great Britain	[greɪt 'brɪtən]
Engeland (het)	England	['ɪŋglənd]
Engelsman (de)	British	['brɪtɪʃ]
Engelse (de)	British	['brɪtɪʃ]
Engels (bn)	English, British	['ɪŋglɪʃ], ['brɪtɪʃ]
België (het)	Belgium	['beldʒəm]
Belg (de)	Belgian	['beldʒən]
Belgische (de)	Belgian	['beldʒən]
Belgisch (bn)	Belgian	['beldʒən]
Duitsland (het)	Germany	['dʒɜːmənɪ]
Duitser (de)	German	['dʒɜːmən]
Duitse (de)	German	['dʒɜːmən]
Duits (bn)	German	['dʒɜːmən]
Nederland (het)	Netherlands	['neðələndz]
Holland (het)	Holland	['hɒlənd]
Nederlander (de)	Dutchman	['dʌtʃmən]
Nederlandse (de)	Dutchwoman	['dʌtʃˌwʊmən]
Nederlands (bn)	Dutch	[dʌtʃ]
Griekenland (het)	Greece	[griːs]
Griek (de)	Greek	[griːk]
Griekse (de)	Greek	[griːk]
Grieks (bn)	Greek	[griːk]
Denemarken (het)	Denmark	['denmɑːk]
Deen (de)	Dane	[deɪn]
Deense (de)	Dane	[deɪn]
Deens (bn)	Danish	['deɪnɪʃ]
Ierland (het)	Ireland	['aɪələnd]
Ier (de)	Irishman	['aɪrɪʃmən]

| Ierse (de) | Irishwoman | [ˈaɪrɪʃˌwʊmən] |
| Iers (bn) | Irish | [ˈaɪrɪʃ] |

IJsland (het)	Iceland	[ˈaɪslənd]
IJslander (de)	Icelander	[ˈaɪsləndə(r)]
IJslandse (de)	Icelander	[ˈaɪsləndə(r)]
IJslands (bn)	Icelandic	[aɪsˈlændɪk]

Spanje (het)	Spain	[speɪn]
Spanjaard (de)	Spaniard	[ˈspænjəd]
Spaanse (de)	Spaniard	[ˈspænjəd]
Spaans (bn)	Spanish	[ˈspænɪʃ]

Italië (het)	Italy	[ˈɪtəlɪ]
Italiaan (de)	Italian	[ɪˈtæljən]
Italiaanse (de)	Italian	[ɪˈtæljən]
Italiaans (bn)	Italian	[ɪˈtæljən]

Cyprus (het)	Cyprus	[ˈsaɪprəs]
Cyprioot (de)	Cypriot	[ˈsɪprɪət]
Cypriotische (de)	Cypriot	[ˈsɪprɪət]
Cypriotisch (bn)	Cypriot	[ˈsɪprɪət]

Malta (het)	Malta	[ˈmɔːltə]
Maltees (de)	Maltese	[ˌmɔːlˈtiːz]
Maltese (de)	Maltese	[ˌmɔːlˈtiːz]
Maltees (bn)	Maltese	[ˌmɔːlˈtiːz]

Noorwegen (het)	Norway	[ˈnɔːweɪ]
Noor (de)	Norwegian	[nɔːˈwiːdʒən]
Noorse (de)	Norwegian	[nɔːˈwiːdʒən]
Noors (bn)	Norwegian	[nɔːˈwiːdʒən]

Portugal (het)	Portugal	[ˈpɔːtʃʊgəl]
Portugees (de)	Portuguese	[ˌpɔːtʃʊˈgiːz]
Portugese (de)	Portuguese	[ˌpɔːtʃʊˈgiːz]
Portugees (bn)	Portuguese	[ˌpɔːtʃʊˈgiːz]

Finland (het)	Finland	[ˈfɪnlənd]
Fin (de)	Finn	[fɪn]
Finse (de)	Finn	[fɪn]
Fins (bn)	Finnish	[ˈfɪnɪʃ]

Frankrijk (het)	France	[frɑːns]
Fransman (de)	Frenchman	[ˈfrentʃmən]
Française (de)	Frenchwoman	[ˈfrentʃˌwʊmən]
Frans (bn)	French	[frentʃ]

Zweden (het)	Sweden	[ˈswiːdən]
Zweed (de)	Swede	[swiːd]
Zweedse (de)	Swede	[swiːd]
Zweeds (bn)	Swedish	[ˈswiːdɪʃ]

Zwitserland (het)	Switzerland	[ˈswɪtsələnd]
Zwitser (de)	Swiss	[swɪs]
Zwitserse (de)	Swiss	[swɪs]

Zwitsers (bn)	**Swiss**	[swɪs]
Schotland (het)	**Scotland**	['skɒtlənd]
Schot (de)	**Scottish**	['skɒtɪʃ]
Schotse (de)	**Scottish**	['skɒtɪʃ]
Schots (bn)	**Scottish**	['skɒtɪʃ]
Vaticaanstad (de)	**Vatican**	['vætɪkən]
Liechtenstein (het)	**Liechtenstein**	['lɪktənstaɪn]
Luxemburg (het)	**Luxembourg**	['lʌksəmbɜːg]
Monaco (het)	**Monaco**	['mɒnəkəʊ]

235. Centraal- en Oost-Europa

Albanië (het)	**Albania**	[æl'beɪnɪə]
Albanees (de)	**Albanian**	[æl'beɪnɪən]
Albanese (de)	**Albanian**	[æl'beɪnɪən]
Albanees (bn)	**Albanian**	[æl'beɪnɪən]
Bulgarije (het)	**Bulgaria**	[bʌl'geərɪə]
Bulgaar (de)	**Bulgarian**	[bʌl'geərɪən]
Bulgaarse (de)	**Bulgarian**	[bʌl'geərɪən]
Bulgaars (bn)	**Bulgarian**	[bʌl'geərɪən]
Hongarije (het)	**Hungary**	['hʌŋgərɪ]
Hongaar (de)	**Hungarian**	[hʌŋ'geərɪən]
Hongaarse (de)	**Hungarian**	[hʌŋ'geərɪən]
Hongaars (bn)	**Hungarian**	[hʌŋ'geərɪən]
Letland (het)	**Latvia**	['lætvɪə]
Let (de)	**Latvian**	['lætvɪən]
Letse (de)	**Latvian**	['lætvɪən]
Lets (bn)	**Latvian**	['lætvɪən]
Litouwen (het)	**Lithuania**	[ˌlɪθjʊ'eɪnjə]
Litouwer (de)	**Lithuanian**	[ˌlɪθjʊ'eɪnjən]
Litouwse (de)	**Lithuanian**	[ˌlɪθjʊ'eɪnjən]
Litouws (bn)	**Lithuanian**	[ˌlɪθjʊ'eɪnjən]
Polen (het)	**Poland**	['pəʊlənd]
Pool (de)	**Pole**	[pəʊl]
Poolse (de)	**Pole**	[pəʊl]
Pools (bn)	**Polish**	['pəʊlɪʃ]
Roemenië (het)	**Romania**	[ru:'meɪnɪə]
Roemeen (de)	**Romanian**	[ru:'meɪnɪən]
Roemeense (de)	**Romanian**	[ru:'meɪnɪən]
Roemeens (bn)	**Romanian**	[ru:'meɪnɪən]
Servië (het)	**Serbia**	['sɜːbɪə]
Serviër (de)	**Serbian**	['sɜːbɪən]
Servische (de)	**Serbian**	['sɜːbɪən]
Servisch (bn)	**Serbian**	['sɜːbɪən]
Slowakije (het)	**Slovakia**	[slə'vækɪə]
Slowaak (de)	**Slovak**	['sləʊvæk]

| Slowaakse (de) | Slovak | ['sləʊvæk] |
| Slowaakse (bn) | Slovak | ['sləʊvæk] |

Kroatië (het)	Croatia	[krəʊ'eɪʃə]
Kroaat (de)	Croatian	[krəʊ'eɪʃən]
Kroatische (de)	Croatian	[krəʊ'eɪʃən]
Kroatisch (bn)	Croatian	[krəʊ'eɪʃən]

Tsjechië (het)	Czech Republic	[tʃek rɪ'pʌblɪk]
Tsjech (de)	Czech	[tʃek]
Tsjechische (de)	Czech	[tʃek]
Tsjechisch (bn)	Czech	[tʃek]

Estland (het)	Estonia	[e'stəʊnjə]
Est (de)	Estonian	[e'stəʊnjən]
Estse (de)	Estonian	[e'stəʊnjən]
Ests (bn)	Estonian	[e'stəʊnjən]

Bosnië en Herzegovina (het)	Bosnia-Herzegovina	['bɒznɪə-ˌheətsəgə'vi:nə]
Macedonië (het)	Macedonia	[ˌmæsɪ'dəʊnɪə]
Slovenië (het)	Slovenia	[slə'vi:nɪə]
Montenegro (het)	Montenegro	[ˌmɒntɪ'ni:grəʊ]

236. Voormalige USSR landen

Azerbeidzjan (het)	Azerbaijan	[ˌæzəbaɪ'dʒɑ:n]
Azerbeidzjaan (de)	Azerbaijani	[ˌæzəbaɪ'dʒɑ:nɪ]
Azerbeidjaanse (de)	Azerbaijani	[ˌæzəbaɪ'dʒɑ:nɪ]
Azerbeidjaans (bn)	Azerbaijani	[ˌæzəbaɪ'dʒɑ:nɪ]

Armenië (het)	Armenia	[ɑ:'mi:nɪə]
Armeen (de)	Armenian	[ɑ:'mi:nɪən]
Armeense (de)	Armenian	[ɑ:'mi:nɪən]
Armeens (bn)	Armenian	[ɑ:'mi:nɪən]

Wit-Rusland (het)	Belarus	[ˌbelə'ru:s]
Wit-Rus (de)	Belarusian	[ˌbelə'rʌʃən]
Wit-Russische (de)	Belarusian	[ˌbelə'rʌʃən]
Wit-Russisch (bn)	Belarusian	[ˌbelə'rʌʃən]

Georgië (het)	Georgia	['dʒɔ:dʒjə]
Georgiër (de)	Georgian	['dʒɔ:dʒjən]
Georgische (de)	Georgian	['dʒɔ:dʒjən]
Georgisch (bn)	Georgian	['dʒɔ:dʒjən]

Kazakstan (het)	Kazakhstan	[ˌkæzæk'stɑ:n]
Kazak (de)	Kazakh	['kæzæk]
Kazakse (de)	Kazakh	['kæzæk]
Kazakse (bn)	Kazakh	['kæzæk]

Kirgizië (het)	Kirghizia	[kɜ:'gɪzɪə]
Kirgiziër (de)	Kirghiz	[kɜ:'gɪz]
Kirgizische (de)	Kirghiz	[kɜ:'gɪz]
Kirgizische (bn)	Kirghiz	[kɜ:'gɪz]

Moldavië (het)	Moldavia	[mɒl'deɪvɪə]
Moldaviër (de)	Moldavian	[mɒl'deɪvɪən]
Moldavische (de)	Moldavian	[mɒl'deɪvɪən]
Moldavisch (bn)	Moldavian	[mɒl'deɪvɪən]

Rusland (het)	Russia	['rʌʃə]
Rus (de)	Russian	['rʌʃən]
Russin (de)	Russian	['rʌʃən]
Russisch (bn)	Russian	['rʌʃən]

Tadzjikistan (het)	Tajikistan	[tɑːˌdʒɪkɪ'stɑːn]
Tadzjiek (de)	Tajik	[tɑː'dʒɪːk]
Tadzjiekse (de)	Tajik	[tɑː'dʒɪːk]
Tadzjieks (bn)	Tajik	[tɑː'dʒɪːk]

Turkmenistan (het)	Turkmenistan	[ˌtɜːkmenɪ'stɑːn]
Turkmeen (de)	Turkmen	['tɜːkmən]
Turkmeense (de)	Turkmen	['tɜːkmən]
Turkmeens (bn)	Turkmenian	[ˌtɜːk'menɪən]

Oezbekistan (het)	Uzbekistan	[ʊzˌbekɪ'stɑːn]
Oezbeek (de)	Uzbek	['ʊzbek]
Oezbeekse (de)	Uzbek	['ʊzbek]
Oezbeeks (bn)	Uzbek	['ʊzbek]

Oekraïne (het)	Ukraine	[juː'kreɪn]
Oekraïner (de)	Ukrainian	[juː'kreɪnjən]
Oekraïense (de)	Ukrainian	[juː'kreɪnjən]
Oekraïens (bn)	Ukrainian	[juː'kreɪnjən]

237. Azië

| Azië (het) | Asia | ['eɪʒə] |
| Aziatisch (bn) | Asian | ['eɪʒən] |

Vietnam (het)	Vietnam	[ˌvjet'næm]
Vietnamees (de)	Vietnamese	[ˌvjetnə'miːz]
Vietnamese (de)	Vietnamese	[ˌvjetnə'miːz]
Vietnamees (bn)	Vietnamese	[ˌvjetnə'miːz]

India (het)	India	['ɪndɪə]
Indiër (de)	Indian	['ɪndɪən]
Indische (de)	Indian	['ɪndɪən]
Indisch (bn)	Indian	['ɪndɪən]

Israël (het)	Israel	['ɪzreɪəl]
Israëliër (de)	Israeli	[ɪz'reɪlɪ]
Israëlische (de)	Israeli	[ɪz'reɪlɪ]
Israëlisch (bn)	Israeli	[ɪz'reɪlɪ]

Jood (etniciteit)	Jew	[dʒuː]
Jodin (de)	Jewess	['dʒuːɪs]
Joods (bn)	Jewish	['dʒuːɪʃ]
China (het)	China	['tʃaɪnə]

Chinees (de)	Chinese	[ˌtʃaɪˈniːz]
Chinese (de)	Chinese	[ˌtʃaɪˈniːz]
Chinees (bn)	Chinese	[ˌtʃaɪˈniːz]

Koreaan (de)	Korean	[kəˈrɪən]
Koreaanse (de)	Korean	[kəˈrɪən]
Koreaans (bn)	Korean	[kəˈrɪən]

Libanon (het)	Lebanon	[ˈlebənən]
Libanees (de)	Lebanese	[ˌlebəˈniːz]
Libanese (de)	Lebanese	[ˌlebəˈniːz]
Libanees (bn)	Lebanese	[ˌlebəˈniːz]

Mongolië (het)	Mongolia	[mɒŋˈɡəʊlɪə]
Mongool (de)	Mongolian	[mɒŋˈɡəʊlɪən]
Mongoolse (de)	Mongolian	[mɒŋˈɡəʊlɪən]
Mongools (bn)	Mongolian	[mɒŋˈɡəʊlɪən]

Maleisië (het)	Malaysia	[məˈleɪzɪə]
Maleisiër (de)	Malaysian	[məˈleɪzɪən]
Maleisische (de)	Malaysian	[məˈleɪzɪən]
Maleisisch (bn)	Malaysian	[məˈleɪzɪən]

Pakistan (het)	Pakistan	[ˌpɑːkɪˈstɑːn]
Pakistaan (de)	Pakistani	[ˌpɑːkɪˈstɑːnɪ]
Pakistaanse (de)	Pakistani	[ˌpɑːkɪˈstɑːnɪ]
Pakistaans (bn)	Pakistani	[ˌpɑːkɪˈstɑːnɪ]

Saoedi-Arabië (het)	Saudi Arabia	[ˈsaʊdɪ əˈreɪbɪə]
Arabier (de)	Arab	[ˈærəb]
Arabische (de)	Arab	[ˈærəb]
Arabisch (bn)	Arabian	[əˈreɪbɪən]

Thailand (het)	Thailand	[ˈtaɪlænd]
Thai (de)	Thai	[taɪ]
Thaise (de)	Thai	[taɪ]
Thai (bn)	Thai	[taɪ]

Taiwan (het)	Taiwan	[ˌtaɪˈwɑːn]
Taiwanees (de)	Taiwanese	[ˌtaɪwəˈniːz]
Taiwanese (de)	Taiwanese	[ˌtaɪwəˈniːz]
Taiwanees (bn)	Taiwanese	[ˌtaɪwəˈniːz]

Turkije (het)	Turkey	[ˈtɜːkɪ]
Turk (de)	Turk	[tɜːk]
Turkse (de)	Turk	[tɜːk]
Turks (bn)	Turkish	[ˈtɜːkɪʃ]

Japan (het)	Japan	[dʒəˈpæn]
Japanner (de)	Japanese	[ˌdʒæpəˈniːz]
Japanse (de)	Japanese	[ˌdʒæpəˈniːz]
Japans (bn)	Japanese	[ˌdʒæpəˈniːz]

Afghanistan (het)	Afghanistan	[æfˈɡænɪˌstæn]
Bangladesh (het)	Bangladesh	[ˌbæŋɡləˈdeʃ]
Indonesië (het)	Indonesia	[ˌɪndəˈniːzjə]

Jordanië (het)	Jordan	[ˈdʒɔːdən]
Irak (het)	Iraq	[ɪˈrɑːk]
Iran (het)	Iran	[ɪˈrɑːn]
Cambodja (het)	Cambodia	[kæmˈbəʊdjə]
Koeweit (het)	Kuwait	[kʊˈweɪt]

Laos (het)	Laos	[laʊs]
Myanmar (het)	Myanmar	[ˌmaɪænˈmɑː(r)]
Nepal (het)	Nepal	[nɪˈpɔːl]
Verenigde Arabische Emiraten	United Arab Emirates	[juːˈnaɪtɪd ˈærəb ˈemərəts]

Syrië (het)	Syria	[ˈsɪrɪə]
Palestijnse autonomie (de)	Palestine	[ˈpæləˌstaɪn]
Zuid-Korea (het)	South Korea	[saʊθ kəˈrɪə]
Noord-Korea (het)	North Korea	[nɔːθ kəˈrɪə]

238. Noord-Amerika

Verenigde Staten van Amerika	United States of America	[juːˈnaɪtɪd steɪts əv əˈmerɪkə]
Amerikaan (de)	American	[əˈmerɪkən]
Amerikaanse (de)	American	[əˈmerɪkən]
Amerikaans (bn)	American	[əˈmerɪkən]

Canada (het)	Canada	[ˈkænədə]
Canadees (de)	Canadian	[kəˈneɪdjən]
Canadese (de)	Canadian	[kəˈneɪdjən]
Canadees (bn)	Canadian	[kəˈneɪdjən]

Mexico (het)	Mexico	[ˈmeksɪkəʊ]
Mexicaan (de)	Mexican	[ˈmeksɪkən]
Mexicaanse (de)	Mexican	[ˈmeksɪkən]
Mexicaans (bn)	Mexican	[ˈmeksɪkən]

239. Midden- en Zuid-Amerika

Argentinië (het)	Argentina	[ˌɑːdʒənˈtiːnə]
Argentijn (de)	Argentinian	[ˌɑːdʒənˈtɪnɪən]
Argentijnse (de)	Argentinian	[ˌɑːdʒənˈtɪnɪən]
Argentijns (bn)	Argentinian	[ˌɑːdʒənˈtɪnɪən]

Brazilië (het)	Brazil	[brəˈzɪl]
Braziliaan (de)	Brazilian	[brəˈzɪljən]
Braziliaanse (de)	Brazilian	[brəˈzɪljən]
Braziliaans (bn)	Brazilian	[brəˈzɪljən]

Colombia (het)	Colombia	[kəˈlɒmbɪə]
Colombiaan (de)	Colombian	[kəˈlɒmbɪən]
Colombiaanse (de)	Colombian	[kəˈlɒmbɪən]
Colombiaans (bn)	Colombian	[kəˈlɒmbɪən]
Cuba (het)	Cuba	[ˈkjuːbə]

Cubaan (de)	Cuban	['kju:bən]
Cubaanse (de)	Cuban	['kju:bən]
Cubaans (bn)	Cuban	['kju:bən]

Chili (het)	Chile	['tʃɪlɪ]
Chileen (de)	Chilean	['tʃɪlɪən]
Chileense (de)	Chilean	['tʃɪlɪən]
Chileens (bn)	Chilean	['tʃɪlɪən]

Bolivia (het)	Bolivia	[bə'lɪvɪə]
Venezuela (het)	Venezuela	[ˌvenɪ'zweɪlə]
Paraguay (het)	Paraguay	['pærəgwaɪ]
Peru (het)	Peru	[pə'ru:]
Suriname (het)	Suriname	[ˌsʊərɪ'næm]
Uruguay (het)	Uruguay	['jʊərəgwaɪ]
Ecuador (het)	Ecuador	['ekwədɔ:(r)]

Bahama's (mv.)	The Bahamas	[ðə bə'hɑ:məz]
Haïti (het)	Haiti	['heɪtɪ]
Dominicaanse Republiek (de)	Dominican Republic	[də'mɪnɪkən rɪ'pʌblɪk]
Panama (het)	Panama	['pænəmɑ:]
Jamaica (het)	Jamaica	[dʒə'meɪkə]

240. Afrika

Egypte (het)	Egypt	['i:dʒɪpt]
Egyptenaar (de)	Egyptian	[ɪ'dʒɪpʃən]
Egyptische (de)	Egyptian	[ɪ'dʒɪpʃən]
Egyptisch (bn)	Egyptian	[ɪ'dʒɪpʃən]

Marokko (het)	Morocco	[mə'rɒkəʊ]
Marokkaan (de)	Moroccan	[mə'rɒkən]
Marokkaanse (de)	Moroccan	[mə'rɒkən]
Marokkaans (bn)	Moroccan	[mə'rɒkən]

Tunesië (het)	Tunisia	[tju:'nɪzɪə]
Tunesiër (de)	Tunisian	[tju:'nɪzɪən]
Tunesische (de)	Tunisian	[tju:'nɪzɪən]
Tunesisch (bn)	Tunisian	[tju:'nɪzɪən]

Ghana (het)	Ghana	['gɑ:nə]
Zanzibar (het)	Zanzibar	[ˌzænzɪ'bɑ:(r)]
Kenia (het)	Kenya	['kenjə]
Libië (het)	Libya	['lɪbɪə]
Madagaskar (het)	Madagascar	[ˌmædə'gæskə(r)]

Namibië (het)	Namibia	[nə'mɪbɪə]
Senegal (het)	Senegal	[ˌsenɪ'gɔ:l]
Tanzania (het)	Tanzania	[ˌtænzə'nɪə]
Zuid-Afrika (het)	South Africa	[saʊθ 'æfrɪkə]

Afrikaan (de)	African	['æfrɪkən]
Afrikaanse (de)	African	['æfrɪkən]
Afrikaans (bn)	African	['æfrɪkən]

241. Australië. Oceanië

Australië (het)	Australia	[ɒ'streɪljə]
Australiër (de)	Australian	[ɒ'streɪljən]
Australische (de)	Australian	[ɒ'streɪljən]
Australisch (bn)	Australian	[ɒ'streɪljən]
Nieuw-Zeeland (het)	New Zealand	[nju: 'zi:lənd]
Nieuw-Zeelander (de)	New Zealander	[nju: 'zi:ləndə]
Nieuw-Zeelandse (de)	New Zealander	[nju: 'zi:ləndə]
Nieuw-Zeelands (bn)	New Zealand	[nju: 'zi:lənd]
Tasmanië (het)	Tasmania	[tæz'meɪnjə]
Frans-Polynesië	French Polynesia	[frentʃ ˌpɒlɪ'ni:zjə]

242. Steden

Amsterdam	Amsterdam	[ˌæmstə'dæm]
Ankara	Ankara	['æŋkərə]
Athene	Athens	['æθɪnz]
Bagdad	Baghdad	[bæg'dæd]
Bangkok	Bangkok	[ˌbæŋ'kɒk]
Barcelona	Barcelona	[ˌbɑːsɪ'ləʊnə]
Beiroet	Beirut	[ˌbeɪ'ru:t]
Berlijn	Berlin	[bɜ:'lɪn]
Boedapest	Budapest	[ˌbju:də'pest]
Boekarest	Bucharest	[ˌbu:kə'rest]
Bombay, Mumbai	Bombay, Mumbai	[ˌbɒm'beɪ], [mʊm'baɪ]
Bonn	Bonn	[bɒn]
Bordeaux	Bordeaux	[bɔ:'dəʊ]
Bratislava	Bratislava	[ˌbrætɪ'slɑ:və]
Brussel	Brussels	['brʌsəlz]
Caïro	Cairo	['kaɪərəʊ]
Calcutta	Calcutta	[kæl'kʌtə]
Chicago	Chicago	[ʃɪ'kɑ:gəʊ]
Dar Es Salaam	Dar-es-Salaam	[ˌdɑ:ressə'lɑ:m]
Delhi	Delhi	['delɪ]
Den Haag	The Hague	[ðə heɪg]
Dubai	Dubai	[ˌdu:'baɪ]
Dublin	Dublin	['dʌblɪn]
Düsseldorf	Düsseldorf	[ˌdju:səl'dɔ:f]
Florence	Florence	['flɒrəns]
Frankfort	Frankfurt	['fræŋkfɜt]
Genève	Geneva	[dʒɪ'ni:və]
Hamburg	Hamburg	['hæmbɜ:g]
Hanoi	Hanoi	[hæ'nɔɪ]
Havana	Havana	[hə'vænə]
Helsinki	Helsinki	[hel'sɪŋkɪ]

Hiroshima	Hiroshima	[hɪˈrɒʃɪmə]
Hongkong	Hong Kong	[ˌhɒŋˈkɒŋ]
Istanbul	Istanbul	[ˌɪstænˈbʊl]
Jeruzalem	Jerusalem	[dʒəˈruːsələm]
Kiev	Kiev	[ˈkiːev]

Kopenhagen	Copenhagen	[ˌkəʊpənˈheɪgən]
Kuala Lumpur	Kuala Lumpur	[ˌkwɑːləˈlʊmˌpʊə(r)]
Lissabon	Lisbon	[ˈlɪzbən]
Londen	London	[ˈlʌndən]
Los Angeles	Los Angeles	[lɒsˈændʒɪliːz]

Lyon	Lyons	[liˈɔ̃]
Madrid	Madrid	[məˈdrɪd]
Marseille	Marseille	[mɑːˈseɪ]
Mexico-Stad	Mexico City	[ˈmeksɪkəʊ ˈsɪtɪ]
Miami	Miami	[maɪˈæmɪ]

Montreal	Montreal	[ˌmɒntrɪˈɔːl]
Moskou	Moscow	[ˈmɒskəʊ]
München	Munich	[ˈmjuːnɪk]
Nairobi	Nairobi	[naɪˈrəʊbɪ]
Napels	Naples	[ˈneɪpəlz]

New York	New York	[njuː ˈjɔːk]
Nice	Nice	[niːs]
Oslo	Oslo	[ˈɒzləʊ]
Ottawa	Ottawa	[ˈɒtəwə]
Parijs	Paris	[ˈpærɪs]

Peking	Beijing	[ˌbeɪˈdʒɪŋ]
Praag	Prague	[prɑːg]
Rio de Janeiro	Rio de Janeiro	[ˈriːəʊ də dʒəˈnɪərəʊ]
Rome	Rome	[rəʊm]
Seoel	Seoul	[səʊl]
Singapore	Singapore	[ˌsɪŋəˈpɔː(r)]

Sint-Petersburg	Saint Petersburg	[sənt ˈpiːtəzbɜːg]
Sjanghai	Shanghai	[ʃæŋˈhaɪ]
Stockholm	Stockholm	[ˈstɒkhəʊm]
Sydney	Sydney	[ˈsɪdnɪ]
Taipei	Taipei	[taɪˈpeɪ]
Tokio	Tokyo	[ˈtəʊkjəʊ]

Toronto	Toronto	[təˈrɒntəʊ]
Venetië	Venice	[ˈvenɪs]
Warschau	Warsaw	[ˈwɔːsɔː]
Washington	Washington	[ˈwɒʃɪŋtən]
Wenen	Vienna	[vɪˈenə]

243. Politiek. Overheid. Deel 1

| politiek (de) | politics | [ˈpɒlətɪks] |
| politiek (bn) | political | [pəˈlɪtɪkəl] |

politicus (de)	politician	[ˌpɒlɪ'tɪʃən]
staat (land)	state	[steɪt]
burger (de)	citizen	['sɪtɪzən]
staatsburgerschap (het)	citizenship	['sɪtɪzənʃɪp]
nationaal wapen (het)	national emblem	['næʃənəl 'embləm]
volkslied (het)	national anthem	['næʃənəl 'ænθəm]
regering (de)	government	['gʌvənmənt]
staatshoofd (het)	head of state	[hed əv steɪt]
parlement (het)	parliament	['pɑ:ləmənt]
partij (de)	party	['pɑ:tɪ]
kapitalisme (het)	capitalism	['kæpɪtəlɪzəm]
kapitalistisch (bn)	capitalist	['kæpɪtəlɪst]
socialisme (het)	socialism	['səʊʃəlɪzəm]
socialistisch (bn)	socialist	['səʊʃəlɪst]
communisme (het)	communism	['kɒmjʊnɪzəm]
communistisch (bn)	communist	['kɒmjʊnɪst]
communist (de)	communist	['kɒmjʊnɪst]
democratie (de)	democracy	[dɪ'mɒkrəsɪ]
democraat (de)	democrat	['deməkræt]
democratisch (bn)	democratic	[ˌdemə'krætɪk]
democratische partij (de)	Democratic party	[ˌdemə'krætɪk 'pɑ:tɪ]
liberaal (de)	liberal	['lɪbərəl]
liberaal (bn)	liberal	['lɪbərəl]
conservator (de)	conservative	[kən'sɜ:vətɪv]
conservatief (bn)	conservative	[kən'sɜ:vətɪv]
republiek (de)	republic	[rɪ'pʌblɪk]
republikein (de)	republican	[rɪ'pʌblɪkən]
Republikeinse Partij (de)	Republican party	[rɪ'pʌblɪkən 'pɑ:tɪ]
verkiezing (de)	poll, elections	[pəʊl], [ɪ'lekʃənz]
kiezen (ww)	to elect (vt)	[tə ɪ'lekt]
kiezer (de)	elector, voter	[ɪ'lektə(r)], ['vəʊtə(r)]
verkiezingscampagne (de)	election campaign	[ɪ'lekʃən kæm'peɪn]
stemming (de)	voting	['vəʊtɪŋ]
stemmen (ww)	to vote (vi)	[tə vəʊt]
stemrecht (het)	right to vote	['raɪt tə ˌvəʊt]
kandidaat (de)	candidate	['kændɪdət]
zich kandideren	to be a candidate	[tə bi ə 'kændɪdət]
campagne (de)	campaign	[kæm'peɪn]
oppositie- (abn)	opposition	[ˌɒpə'zɪʃən]
oppositie (de)	opposition	[ˌɒpə'zɪʃən]
bezoek (het)	visit	['vɪzɪt]
officieel bezoek (het)	official visit	[ə'fɪʃəl 'vɪzɪt]
internationaal (bn)	international	[ˌɪntə'næʃənəl]

onderhandelingen (mv.)	negotiations	[nɪˌgəʊʃɪˈeɪʃənz]
onderhandelen (ww)	to negotiate (vi)	[tə nɪˈgəʊʃɪeɪt]

244. Politiek. Overheid. Deel 2

maatschappij (de)	society	[səˈsaɪətɪ]
grondwet (de)	constitution	[ˌkɒnstɪˈtjuːʃən]
macht (politieke ~)	power	[ˈpaʊə(r)]
corruptie (de)	corruption	[kəˈrʌpʃən]

wet (de)	law	[lɔː]
wettelijk (bn)	legal	[ˈliːgəl]

rechtvaardigheid (de)	justice	[ˈdʒʌstɪs]
rechtvaardig (bn)	just, fair	[dʒʌst], [feə(r)]

comité (het)	committee	[kəˈmɪtɪ]
wetsvoorstel (het)	bill	[bɪl]
begroting (de)	budget	[ˈbʌdʒɪt]
beleid (het)	policy	[ˈpɒləsɪ]
hervorming (de)	reform	[rɪˈfɔːm]
radicaal (bn)	radical	[ˈrædɪkəl]

macht (vermogen)	power	[ˈpaʊə(r)]
machtig (bn)	powerful	[ˈpaʊəfʊl]
aanhanger (de)	supporter	[səˈpɔːtə(r)]
invloed (de)	influence	[ˈɪnfluəns]

regime (het)	regime	[reɪˈʒiːm]
conflict (het)	conflict	[ˈkɒnflɪkt]
samenzwering (de)	conspiracy	[kənˈspɪrəsɪ]
provocatie (de)	provocation	[ˌprɒvəˈkeɪʃən]

omverwerpen (ww)	to overthrow (vt)	[tə ˌəʊvəˈθrəʊ]
omverwerping (de)	overthrow	[ˈəʊvəθrəʊ]
revolutie (de)	revolution	[ˌrevəˈluːʃən]

staatsgreep (de)	coup d'état	[ˌkuː deɪˈtaː]
militaire coup (de)	military coup	[ˈmɪlɪtərɪ kuː]

crisis (de)	crisis	[ˈkraɪsɪs]
economische recessie (de)	economic recession	[ˌiːkəˈnɒmɪk rɪˈseʃən]
betoger (de)	demonstrator	[ˈdemənˌstreɪtə(r)]
betoging (de)	demonstration	[ˌdemənˈstreɪʃən]
krijgswet (de)	martial law	[ˈmɑːʃəl lɔː]
militaire basis (de)	military base	[ˈmɪlɪtərɪ beɪs]

stabiliteit (de)	stability	[stəˈbɪlətɪ]
stabiel (bn)	stable	[ˈsteɪbəl]

uitbuiting (de)	exploitation	[ˌeksplɔɪˈteɪʃən]
uitbuiten (ww)	to exploit (vt)	[tə ɪkˈsplɔɪt]
racisme (het)	racism	[ˈreɪsɪzəm]
racist (de)	racist	[ˈreɪsɪst]

fascisme (het)	fascism	['fæʃɪzəm]
fascist (de)	fascist	['fæʃɪst]

245. Landen. Diversen

vreemdeling (de)	foreigner	['fɒrənə(r)]
buitenlands (bn)	foreign	['fɒrən]
in het buitenland (bw)	abroad	[ə'brɔːd]
emigrant (de)	emigrant	['emɪgrənt]
emigratie (de)	emigration	[,emɪ'greɪʃən]
emigreren (ww)	to emigrate (vi)	[tə 'emɪgreɪt]
Westen (het)	the West	[ðə west]
Oosten (het)	the East	[ði iːst]
Verre Oosten (het)	the Far East	[ðə 'fɑːriːst]
beschaving (de)	civilisation	[,sɪvɪlaɪ'zeɪʃən]
mensheid (de)	humanity	[hjuː'mænətɪ]
wereld (de)	world	[wɜːld]
vrede (de)	peace	[piːs]
wereld- (abn)	worldwide	['wɜːldwaɪd]
vaderland (het)	homeland	['həʊmlænd]
volk (het)	people	['piːpəl]
bevolking (de)	population	[,pɒpjʊ'leɪʃən]
mensen (mv.)	people	['piːpəl]
natie (de)	nation	['neɪʃən]
generatie (de)	generation	[dʒenə'reɪʃən]
gebied (bijv. bezette ~en)	territory	['terətrɪ]
regio, streek (de)	region	['riːdʒən]
deelstaat (de)	state	[steɪt]
traditie (de)	tradition	[trə'dɪʃən]
gewoonte (de)	custom	['kʌstəm]
ecologie (de)	ecology	[ɪ'kɒlədʒɪ]
Indiaan (de)	Indian	['ɪndɪən]
zigeuner (de)	Gipsy	['dʒɪpsɪ]
zigeunerin (de)	Gipsy	['dʒɪpsɪ]
zigeuner- (abn)	Gipsy	['dʒɪpsɪ]
rijk (het)	empire	['empaɪə(r)]
kolonie (de)	colony	['kɒlənɪ]
slavernij (de)	slavery	['sleɪvərɪ]
invasie (de)	invasion	[ɪn'veɪʒən]
hongersnood (de)	famine	['fæmɪn]

246. Grote religieuze groepen. Bekentenissen

religie (de)	religion	[rɪ'lɪdʒən]
religieus (bn)	religious	[rɪ'lɪdʒəs]

geloof (het)	**belief**	[bɪ'li:f]
geloven (ww)	**to believe** (vi)	[tə bɪ'li:v]
gelovige (de)	**believer**	[bɪ'li:və(r)]
atheïsme (het)	**atheism**	['eɪθɪɪzəm]
atheïst (de)	**atheist**	['eɪθɪɪst]
christendom (het)	**Christianity**	[ˌkrɪstɪ'ænətɪ]
christen (de)	**Christian**	['krɪstʃən]
christelijk (bn)	**Christian**	['krɪstʃən]
katholicisme (het)	**Catholicism**	[kə'θɒlɪsɪzəm]
katholiek (de)	**Catholic**	['kæθlɪk]
katholiek (bn)	**Catholic**	['kæθlɪk]
protestantisme (het)	**Protestantism**	['prɒtɪstənˌtɪzəm]
Protestante Kerk (de)	**Protestant Church**	['prɒtɪstənt tʃɜ:tʃ]
protestant (de)	**Protestant**	['prɒtɪstənt]
orthodoxie (de)	**Orthodoxy**	['ɔ:θədɒksɪ]
Orthodoxe Kerk (de)	**Orthodox Church**	['ɔ:θədɒks tʃɜ:tʃ]
orthodox	**Orthodox**	['ɔ:θədɒks]
presbyterianisme (het)	**Presbyterianism**	[ˌprezbɪ'tɪərɪənɪzəm]
Presbyteriaanse Kerk (de)	**Presbyterian Church**	[ˌprezbɪ'tɪərɪən tʃɜ:tʃ]
presbyteriaan (de)	**Presbyterian**	[ˌprezbɪ'tɪərɪən]
lutheranisme (het)	**Lutheranism**	['lu:θərənɪzəm]
lutheraan (de)	**Lutheran**	['lu:θərən]
baptisme (het)	**Baptist Church**	['bæptɪst tʃɜ:tʃ]
baptist (de)	**Baptist**	['bæptɪst]
Anglicaanse Kerk (de)	**Anglican Church**	['æŋglɪkən tʃɜ:tʃ]
anglicaan (de)	**Anglican**	['æŋglɪkən]
mormonisme (het)	**Mormonism**	['mɔ:mənɪzəm]
mormoon (de)	**Mormon**	['mɔ:mən]
Jodendom (het)	**Judaism**	['dʒu:deɪˌɪzəm]
jood (aanhanger van het Jodendom)	**Jew**	[dʒu:]
boeddhisme (het)	**Buddhism**	['bʊdɪzəm]
boeddhist (de)	**Buddhist**	['bʊdɪst]
hindoeïsme (het)	**Hinduism**	['hɪndu:ɪzəm]
hindoe (de)	**Hindu**	['hɪndu:]
islam (de)	**Islam**	['ɪzlɑ:m]
islamiet (de)	**Muslim**	['mʊzlɪm]
islamitisch (bn)	**Muslim**	['mʊzlɪm]
sjiisme (het)	**Shiah Islam**	['ʃi:ə 'ɪzlɑ:m]
sjiiet (de)	**Shiite**	['ʃi:aɪt]
soennisme (het)	**Sunni Islam**	['sʌnɪ 'ɪzlɑ:m]
soenniet (de)	**Sunnite**	['sʌnaɪt]

247. Religies. Priesters

priester (de)	priest	[priːst]
paus (de)	the Pope	[ðə pəʊp]
monnik (de)	monk, friar	[mʌŋk], ['fraɪə(r)]
non (de)	nun	[nʌn]
pastoor (de)	pastor	['pɑːstə(r)]
abt (de)	abbot	['æbət]
vicaris (de)	vicar	['vɪkə(r)]
bisschop (de)	bishop	['bɪʃəp]
kardinaal (de)	cardinal	['kɑːdɪnəl]
predikant (de)	preacher	['priːtʃə(r)]
preek (de)	preaching	['priːtʃɪŋ]
kerkgangers (mv.)	parishioners	[pə'rɪʃənəz]
gelovige (de)	believer	[bɪ'liːvə(r)]
atheïst (de)	atheist	['eɪθɪɪst]

248. Geloof. Christendom. Islam

Adam	Adam	['ædəm]
Eva	Eve	[iːv]
God (de)	God	[gɒd]
Heer (de)	the Lord	[ðə lɔːd]
Almachtige (de)	the Almighty	[ðɪ ɔːl'maɪtɪ]
zonde (de)	sin	[sɪn]
zondigen (ww)	to sin (vi)	[tə sɪn]
zondaar (de)	sinner	['sɪnə(r)]
zondares (de)	sinner	['sɪnə(r)]
hel (de)	hell	[hel]
paradijs (het)	paradise	['pærədaɪs]
Jezus	Jesus	['dʒiːzəs]
Jezus Christus	Jesus Christ	['dʒiːzəs kraɪst]
Heilige Geest (de)	the Holy Spirit	[ðə 'həʊlɪ 'spɪrɪt]
Verlosser (de)	the Saviour	[ðə 'seɪvjə(r)]
Maagd Maria (de)	the Virgin Mary	[ðə 'vɜːdʒɪn 'meərɪ]
duivel (de)	the Devil	[ðə 'devəl]
duivels (bn)	devil's	['devəlz]
Satan	Satan	['seɪtən]
satanisch (bn)	satanic	[sə'tænɪk]
engel (de)	angel	['eɪndʒəl]
beschermengel (de)	guardian angel	['gɑːdjən 'eɪndʒəl]
engelachtig (bn)	angelic	[æn'dʒelɪk]

apostel (de)	apostle	[ə'pɒsəl]
aartsengel (de)	archangel	['ɑːkˌeɪndʒəl]
antichrist (de)	the Antichrist	[ði 'æntɪˌkraɪst]

Kerk (de)	Church	[tʃɜːtʃ]
bijbel (de)	Bible	['baɪbəl]
bijbels (bn)	biblical	['bɪblɪkəl]

Oude Testament (het)	Old Testament	[əʊld 'testəmənt]
Nieuwe Testament (het)	New Testament	[njuː 'testəmənt]
evangelie (het)	Gospel	['gɒspəl]
Heilige Schrift (de)	Holy Scripture	['həʊlɪ 'skrɪptʃə(r)]
Hemel, Hemelrijk (de)	heaven	['hevən]

gebod (het)	Commandment	[kə'mɑːndmənt]
profeet (de)	prophet	['prɒfɪt]
profetie (de)	prophecy	['prɒfɪsɪ]

Allah	Allah	['ælə]
Mohammed	Mohammed	[mə'hæmɪd]
Koran (de)	the Koran	[ðə kə'rɑːn]

moskee (de)	mosque	[mɒsk]
moellah (de)	mullah	['mʌlə]
gebed (het)	prayer	[preə(r)]
bidden (ww)	to pray (vi, vt)	[tə preɪ]

pelgrimstocht (de)	pilgrimage	['pɪlgrɪmɪdʒ]
pelgrim (de)	pilgrim	['pɪlgrɪm]
Mekka	Mecca	['mekə]

kerk (de)	church	[tʃɜːtʃ]
tempel (de)	temple	['tempəl]
kathedraal (de)	cathedral	[kə'θiːdrəl]
gotisch (bn)	Gothic	['gɒθɪk]
synagoge (de)	synagogue	['sɪnəgɒg]
moskee (de)	mosque	[mɒsk]

kapel (de)	chapel	['tʃæpəl]
abdij (de)	abbey	['æbɪ]
nonnenklooster (het)	convent	['kɒnvənt]
mannenklooster (het)	monastery	['mɒnəstərɪ]

klok (de)	bell	[bel]
klokkentoren (de)	bell tower	[bel 'taʊə(r)]
luiden (klokken)	to ring (vi)	[tə rɪŋ]

kruis (het)	cross	[krɒs]
koepel (de)	cupola	['kjuːpələ]
icoon (de)	icon	['aɪkɒn]

ziel (de)	soul	[səʊl]
lot, noodlot (het)	fate	[feɪt]
kwaad (het)	evil	['iːvəl]
goed (het)	good	[gʊd]
vampier (de)	vampire	['væmpaɪə(r)]

heks (de)	witch	[wɪtʃ]
demoon (de)	demon	[ˈdiːmən]
duivel (de)	devil	[ˈdevəl]
geest (de)	spirit	[ˈspɪrɪt]
verzoeningsleer (de)	redemption	[rɪˈdempʃən]
vrijkopen (ww)	to redeem (vt)	[tə rɪˈdiːm]
mis (de)	church service, mass	[tʃɜːtʃ ˈsɜːvɪs], [mæs]
de mis opdragen	to say mass	[tə seɪ mæs]
biecht (de)	confession	[kənˈfeʃən]
biechten (ww)	to confess (vi)	[tə kənˈfes]
heilige (de)	saint	[seɪnt]
heilig (bn)	sacred	[ˈseɪkrɪd]
wijwater (het)	holy water	[ˈhəʊlɪ ˈwɔːtə(r)]
ritueel (het)	ritual	[ˈrɪtʃʊəl]
ritueel (bn)	ritual	[ˈrɪtʃʊəl]
offerande (de)	sacrifice	[ˈsækrɪfaɪs]
bijgeloof (het)	superstition	[ˌsuːpəˈstɪʃən]
bijgelovig (bn)	superstitious	[ˌsuːpəˈstɪʃəs]
hiernamaals (het)	afterlife	[ˈɑːftəlaɪf]
eeuwige leven (het)	eternal life	[ɪˈtɜːnəl laɪf]

DIVERSEN

249. Diverse nuttige woorden

achtergrond (de)	background	['bækgraʊnd]
balans (de)	balance	['bæləns]
basis (de)	base	[beɪs]
begin (het)	beginning	[bɪ'gɪnɪŋ]
beurt (wie is aan de ~?)	turn	[tɜːn]
categorie (de)	category	['kætəgərɪ]
comfortabel (~ bed, enz.)	comfortable	['kʌmfətəbəl]
compensatie (de)	compensation	[ˌkɒmpen'seɪʃən]
deel (gedeelte)	part	[pɑːt]
deeltje (het)	particle	['pɑːtɪkəl]
ding (object, voorwerp)	thing	[θɪŋ]
dringend (bn, urgent)	urgent	['ɜːdʒənt]
dringend (bw, met spoed)	urgently	['ɜːdʒəntlɪ]
effect (het)	effect	[ɪ'fekt]
eigenschap (kwaliteit)	property, quality	['prɒpətɪ], ['kwɒlɪtɪ]
einde (het)	end	[end]
element (het)	element	['elɪmənt]
feit (het)	fact	[fækt]
fout (de)	mistake	[mɪ'steɪk]
geheim (het)	secret	['siːkrɪt]
graad (mate)	degree	[dɪ'griː]
groei (ontwikkeling)	growth	[grəʊθ]
hindernis (de)	barrier	['bærɪə(r)]
hinderpaal (de)	obstacle	['ɒbstəkəl]
hulp (de)	help	[help]
ideaal (het)	ideal	[aɪ'dɪəl]
inspanning (de)	effort	['efət]
keuze (een grote ~)	choice	[tʃɔɪs]
labyrint (het)	labyrinth	['læbərɪnθ]
manier (de)	way	[weɪ]
moment (het)	moment	['məʊmənt]
nut (bruikbaarheid)	utility	[juː'tɪlətɪ]
onderscheid (het)	difference	['dɪfrəns]
ontwikkeling (de)	development	[dɪ'veləpmənt]
oplossing (de)	solution	[sə'luːʃən]
origineel (het)	original	[ɒ'rɪdʒɪnəl]
pauze (de)	pause	[pɔːz]
positie (de)	position	[pə'zɪʃən]
principe (het)	principle	['prɪnsɪpəl]

probleem (het)	problem	['prɒbləm]
proces (het)	process	['prəʊses]
reactie (de)	reaction	[rɪ'ækʃən]

reden (om ~ van)	cause	[kɔːz]
risico (het)	risk	[rɪsk]
samenvallen (het)	coincidence	[kəʊ'ɪnsɪdəns]
serie (de)	series	['sɪəriːz]

situatie (de)	situation	[ˌsɪtjʊ'eɪʃən]
soort (bijv. ~ sport)	kind	[kaɪnd]
standaard (bn)	standard	['stændəd]
standaard (de)	standard	['stændəd]
stijl (de)	style	[staɪl]

stop (korte onderbreking)	stop, pause	[stɒp], [pɔːz]
systeem (het)	system	['sɪstəm]
tabel (bijv. ~ van Mendelejev)	table, chart	['teɪbəl], [tʃɑːt]
tempo (langzaam ~)	tempo, rate	['tempəʊ], [reɪt]
term (medische ~en)	term	[tɜːm]

type (soort)	type	[taɪp]
variant (de)	variant	['veərɪənt]
veelvuldig (bn)	frequent	['friːkwənt]
vergelijking (de)	comparison	[kəm'pærɪsən]
voorbeeld (het goede ~)	example	[ɪg'zɑːmpəl]

voortgang (de)	progress	['prəʊgres]
voorwerp (ding)	object	['ɒbdʒɪkt]
vorm (uiterlijke ~)	shape	[ʃeɪp]
waarheid (de)	truth	[truːθ]
zone (de)	zone	[zəʊn]

250. Beperkende bijwoorden. Bijvoeglijke naamwoorden. Deel 1

accuraat (uurwerk, enz.)	meticulous	[mɪ'tɪkjʊləs]
achter- (abn)	back, rear	[bæk], [rɪə(r)]
additioneel (bn)	additional	[ə'dɪʃənəl]

arm (bijv. ~e landen)	poor	[pʊə(r)]
begrijpelijk (bn)	clear	[klɪə(r)]
belangrijk (bn)	important	[ɪm'pɔːtənt]
belangrijkst (bn)	the most important	[ðə məʊst ɪm'pɔːtənt]

beleefd (bn)	polite	[pə'laɪt]
beperkt (bn)	limited	['lɪmɪtɪd]
betekenisvol (bn)	significant	[sɪg'nɪfɪkənt]
bijziend (bn)	short-sighted	[ʃɔːt 'saɪtɪd]
binnen- (abn)	interior	[ɪn'tɪərɪə(r)]

bitter (bn)	bitter	['bɪtə(r)]
blind (bn)	blind	[blaɪnd]
breed (een ~e straat)	wide	[waɪd]
breekbaar (porselein, glas)	fragile	['frædʒaɪl]

buiten- (abn)	exterior	[ɪk'stɪərɪə(r)]
buitenlands (bn)	foreign	['fɒrən]
burgerlijk (bn)	civil	['sɪvəl]
centraal (bn)	central	['sentrəl]
dankbaar (bn)	grateful	['greɪtfʊl]
dicht (~e mist)	dense	[dens]
dicht (bijv. ~e mist)	thick	[θɪk]
dicht (in de ruimte)	close	[kləʊs]
dichtbij (bn)	nearby	['nɪəbaɪ]
dichtstbijzijnd (bn)	the nearest	[ðə 'nɪərəst]
diepvries (~product)	frozen	['frəʊzən]
dik (bijv. muur)	thick	[θɪk]
dof (~ licht)	dim, faint	[dɪm], [feɪnt]
dom (dwaas)	stupid	['stju:pɪd]
donker (bijv. ~e kamer)	dark	[dɑ:k]
dood (bn)	dead	[ded]
doorzichtig (bn)	transparent	[træns'pærənt]
droevig (~ blik)	sad	[sæd]
droog (bn)	dry	[draɪ]
dun (persoon)	thin	[θɪn]
duur (bn)	expensive	[ɪk'spensɪv]
eender (bn)	the same, equal	[ðə seɪm], ['i:kwəl]
eenvoudig (bn)	easy	['i:zɪ]
eenvoudig (bn)	simple, easy	['sɪmpəl], ['i:zɪ]
eeuwenoude (~ beschaving)	ancient	['eɪnʃənt]
enorm (bn)	huge	[hju:dʒ]
geboorte- (stad, land)	native	['neɪtɪv]
gebruind (bn)	tanned	[tænd]
gelijkend (bn)	similar	['sɪmɪlə(r)]
gelukkig (bn)	happy	['hæpɪ]
gesloten (bn)	closed	[kləʊzd]
getaand (bn)	swarthy	['swɔ:ðɪ]
gevaarlijk (bn)	dangerous	['deɪndʒərəs]
gewoon (bn)	ordinary	['ɔ:dənrɪ]
gezamenlijk (~ besluit)	joint	[dʒɔɪnt]
glad (~ oppervlak)	smooth	[smu:ð]
glad (~ oppervlak)	even	['i:vən]
goed (bn)	good	[gʊd]
goedkoop (bn)	cheap	[tʃi:p]
gratis (bn)	free	[fri:]
groot (bn)	big	[bɪg]
hard (niet zacht)	hard	[hɑ:d]
heel (volledig)	whole	[həʊl]
heet (bn)	hot	[hɒt]
hongerig (bn)	hungry	['hʌŋgrɪ]
hoofd- (abn)	main, principal	[meɪn], ['prɪnsɪpəl]
hoogste (bn)	the highest	[ðə 'haɪəst]

228

| huidig (courant) | present | ['prezənt] |
| jong (bn) | young | [jʌŋ] |

juist, correct (bn)	right, correct	[raɪt], [kə'rekt]
kalm (bn)	calm, quiet	[kɑ:m], ['kwaɪət]
kinder- (abn)	children's	['tʃɪldrənz]
klein (bn)	small	[smɔ:l]
koel (~ weer)	cool	[ku:l]

kort (kortstondig)	short	[ʃɔ:t]
kort (niet lang)	short	[ʃɔ:t]
koud (~ water, weer)	cold	[kəʊld]
kunstmatig (bn)	artificial	[ˌɑ:tɪ'fɪʃəl]

laatst (bn)	last, final	[lɑ:st], ['faɪnəl]
lang (een ~ verhaal)	long	[lɒŋ]
langdurig (bn)	prolonged	[prə'lɒŋd]
lastig (~ probleem)	difficult	['dɪfɪkəlt]

leeg (glas, kamer)	empty	['emptɪ]
lekker (bn)	tasty	['teɪstɪ]
licht (kleur)	light	[laɪt]
licht (niet veel weegt)	light	[laɪt]

linker (bn)	left	[left]
luid (bijv. ~e stem)	loud	[laʊd]
mager (bn)	skinny	['skɪnɪ]
mat (bijv. ~ verf)	matt, matte	[mæt]
moe (bn)	tired	['taɪəd]

moeilijk (~ besluit)	difficult	['dɪfɪkəlt]
mogelijk (bn)	possible	['pɒsəbəl]
mooi (bn)	beautiful	['bju:tɪfʊl]
mysterieus (bn)	mysterious	[mɪ'stɪərɪəs]

naburig (bn)	neighbouring	['neɪbərɪŋ]
nalatig (bn)	careless	['keəlɪs]
nat (~te kleding)	wet	[wet]
nerveus (bn)	nervous	['nɜ:vəs]
niet groot (bn)	not big	[nɒt bɪg]

niet moeilijk (bn)	not difficult	[nɒt 'dɪfɪkəlt]
nieuw (bn)	new	[nju:]
nodig (bn)	needed	[ni:dəd]
normaal (bn)	normal	['nɔ:məl]

251. Beperkende bijwoorden. Bijvoeglijke naamwoorden. Deel 2

onbegrijpelijk (bn)	incomprehensible	[ˌɪnkɒmprɪ'hensəbəl]
onbelangrijk (bn)	insignificant	[ˌɪnsɪg'nɪfɪkənt]
onbeweeglijk (bn)	immobile	[ɪ'məʊbaɪl]
onbewolkt (bn)	cloudless	['klaʊdlɪs]
ondergronds (geheim)	clandestine	[klæn'destɪn]
ondiep (bn)	shallow	['ʃæləʊ]

onduidelijk (bn)	unclear	[ˌʌnˈkliə(r)]
onervaren (bn)	inexperienced	[ˌɪnɪkˈspɪərɪənst]
onmogelijk (bn)	impossible	[ɪmˈpɒsəbəl]
onontbeerlijk (bn)	indispensable	[ˌɪndɪˈspensəbəl]
onophoudelijk (bn)	continuous	[kənˈtɪnjuəs]
ontkennend (bn)	negative	[ˈnegətɪv]
open (bn)	open	[ˈəupən]
openbaar (bn)	public	[ˈpʌblɪk]
origineel (ongewoon)	original	[ɒˈrɪdʒɪnəl]
oud (~ huis)	old	[əuld]
overdreven (bn)	excessive	[ɪkˈsesɪv]
permanent (bn)	permanent	[ˈpɜːmənənt]
persoonlijk (bn)	personal	[ˈpɜːsənəl]
plat (bijv. ~ scherm)	flat	[flæt]
prachtig (~ paleis, enz.)	beautiful	[ˈbjuːtɪfʊl]
precies (bn)	exact	[ɪgˈzækt]
prettig (bn)	nice	[naɪs]
privé (bn)	private	[ˈpraɪvɪt]
punctueel (bn)	punctual	[ˈpʌŋktʃuəl]
rauw (niet gekookt)	raw	[rɔː]
recht (weg, straat)	straight	[streɪt]
rechter (bn)	right	[raɪt]
rijp (fruit)	ripe	[raɪp]
riskant (bn)	risky	[ˈrɪskɪ]
ruim (een ~ huis)	spacious	[ˈspeɪʃəs]
rustig (bn)	quiet	[ˈkwaɪət]
scherp (bijv. ~ mes)	sharp	[ʃɑːp]
schoon (niet vies)	clean	[kliːn]
slecht (bn)	bad	[bæd]
slim (verstandig)	clever	[ˈklevə(r)]
smal (~le weg)	narrow	[ˈnærəu]
snel (vlug)	fast, quick	[fɑːst], [kwɪk]
somber (bn)	gloomy	[ˈgluːmɪ]
speciaal (bn)	special	[ˈspeʃəl]
sterk (bn)	strong	[strɒŋ]
stevig (bn)	solid	[ˈsɒlɪd]
straatarm (bn)	destitute	[ˈdestɪtjuːt]
strak (schoenen, enz.)	tight	[taɪt]
teder (liefderijk)	tender	[ˈtendə(r)]
tegenovergesteld (bn)	opposite	[ˈɒpəzɪt]
tevreden (bn)	contented	[kənˈtentɪd]
tevreden (klant, enz.)	satisfied	[ˈsætɪsfaɪd]
treurig (bn)	sad	[sæd]
tweedehands (bn)	second hand	[ˈsekənd ˌhænd]
uitstekend (bn)	excellent	[ˈeksələnt]
uitstekend (bn)	superb	[suːˈpɜːb]
uniek (bn)	unique	[juːˈniːk]

| veilig (niet gevaarlijk) | safe | [seɪf] |
| ver (in de ruimte) | distant | ['dɪstənt] |

verenigbaar (bn)	compatible	[kəm'pætəbəl]
vermoeiend (bn)	tiring	['taɪərɪŋ]
verplicht (bn)	obligatory	[ə'blɪgətrɪ]
vers (~ brood)	fresh	[freʃ]

verst (meest afgelegen)	far	[fɑː(r)]
vettig (voedsel)	fatty	['fætɪ]
vijandig (bn)	hostile	['hɒstaɪl]
vloeibaar (bn)	liquid	['lɪkwɪd]
vochtig (bn)	humid	['hjuːmɪd]
vol (helemaal gevuld)	full	[fʊl]

volgend (~ jaar)	next	[nekst]
voorbij (bn)	past	[pɑːst]
voornaamste (bn)	principal	['prɪnsɪpəl]
vorig (~ jaar)	last	[lɑːst]
vorig (bijv. ~e baas)	previous	['priːvjəs]

vriendelijk (aardig)	nice	[naɪs]
vriendelijk (goedhartig)	good	[gʊd]
vrij (bn)	free	[friː]
vrolijk (bn)	cheerful	['tʃɪəfʊl]
vruchtbaar (~ land)	fertile	['fɜːtaɪl]

vuil (niet schoon)	dirty	['dɜːtɪ]
waarschijnlijk (bn)	probable	['prɒbəbəl]
warm (bn)	warm	[wɔːm]
wettelijk (bn)	legal	['liːgəl]
zacht (bijv. ~ kussen)	soft	[sɒft]

zacht (bn)	low	[ləʊ]
zeldzaam (bn)	rare	[reə(r)]
ziek (bn)	ill, sick	[ɪl], [sɪk]
zoet (~ water)	fresh	[freʃ]
zoet (bn)	sweet	[swiːt]

zonnig (~e dag)	sunny	['sʌnɪ]
zorgzaam (bn)	caring	['keərɪŋ]
zout (de soep is ~)	salty	['sɔːltɪ]
zuur (smaak)	sour	['saʊə(r)]
zwaar (~ voorwerp)	heavy	['hevɪ]

DE 500 BELANGRIJKSTE WERKWOORDEN

252. Werkwoorden A-C

aaien (bijv. een konijn ~)	to stroke (vt)	[tə strəʊk]
aanbevelen (ww)	to recommend (vt)	[tə ˌrekə'mend]
aandringen (ww)	to insist (vi, vt)	[tə ɪn'sɪst]
aankomen (ov. de treinen)	to arrive (vi)	[tə ə'raɪv]
aanleggen (bijv. bij de pier)	to berth, to moor	[tə bɜːθ], [tə mɔː(r)]
aanraken (met de hand)	to touch (vt)	[tə tʌtʃ]
aansteken (kampvuur, enz.)	to light (vt)	[tə laɪt]
aanstellen (in functie plaatsen)	to appoint (vt)	[tə ə'pɔɪnt]
aanvallen (mil.)	to attack (vt)	[tə ə'tæk]
aanvoelen (gevaar ~)	to sense (vt)	[tə sens]
aanvoeren (leiden)	to head (vt)	[tə hed]
aanwijzen (de weg ~)	to point (vt)	[tə pɔɪnt]
aanzetten (computer, enz.)	to switch on (vt)	[tə swɪtʃ ɒn]
ademen (ww)	to breathe (vi)	[tə briːð]
adverteren (ww)	to advertise (vt)	[tə 'ædvətaɪz]
adviseren (ww)	to advise (vt)	[tə əd'vaɪz]
afdalen (on.ww.)	to come down	[tə kʌm daʊn]
afgunstig zijn (ww)	to be envious	[tə bi 'envɪəs]
afhakken (ww)	to chop off	[tə tʃɒp ɒf]
afhangen van ...	to depend on ...	[tə dɪ'pend ɒn]
afluisteren (ww)	to eavesdrop (vi)	[tə 'iːvzdrɒp]
afnemen (verwijderen)	to take off (vt)	[tə teɪk ɒf]
afrukken (ww)	to tear off, to rip off (vt)	[tə teər ɒf], [tə rɪp ɒf]
afslaan (naar rechts ~)	to turn (vi)	[tə tɜːn]
afsnijden (ww)	to cut off	[tə kʌt 'ɒf]
afzeggen (ww)	to cancel (vt)	[tə 'kænsəl]
amputeren (ww)	to amputate (vt)	[tə 'æmpjuteɪt]
amuseren (ww)	to entertain (vt)	[tə ˌentə'teɪn]
antwoorden (ww)	to answer (vi, vt)	[tə 'ɑːnsə(r)]
applaudisseren (ww)	to applaud (vi, vt)	[tə ə'plɔːd]
aspireren (iets willen worden)	to aspire (vi)	[tə ə'spaɪə(r)]
assisteren (ww)	to assist (vt)	[tə ə'sɪst]
bang zijn (ww)	to be afraid	[tə bi ə'freɪd]
barsten (plafond, enz.)	to crack (vi)	[tə kræk]
bedienen (in restaurant)	to serve (vt)	[tə sɜːv]
bedreigen (bijv. met een pistool)	to threaten (vt)	[tə 'θretən]

bedriegen (ww)	to deceive (vi, vt)	[tə dɪ'si:v]
beduiden (betekenen)	to signify, to mean	[tə 'sɪgnɪfaɪ], [tə mi:n]
bedwingen (ww)	to restrain (vt)	[tə rɪ'streɪn]
beëindigen (ww)	to finish (vt)	[tə 'fɪnɪʃ]

begeleiden (vergezellen)	to accompany (vt)	[tə ə'kʌmpənɪ]
begieten (water geven)	to water (vt)	[tə 'wɔ:tə(r)]
beginnen (ww)	to start (vt)	[tə stɑ:t]
begrijpen (ww)	to understand (vt)	[tə,ʌndə'stænd]
behandelen (patiënt, ziekte)	to treat (vt)	[tə tri:t]

beheren (managen)	to manage (vt)	[tə 'mænɪdʒ]
beïnvloeden (ww)	to influence (vt)	[tə 'ɪnflʊəns]
bekennen (misdadiger)	to confess (vi)	[tə kən'fes]
beledigen (met scheldwoorden)	to insult (vt)	[tə ɪn'sʌlt]

beledigen (ww)	to offend (vt)	[tə ə'fend]
beloven (ww)	to promise (vt)	[tə 'prɒmɪs]
beperken (de uitgaven ~)	to limit (vt)	[tə 'lɪmɪt]
bereiken (doel ~, enz.)	to attain (vt)	[tə ə'teɪn]

bereiken (plaats van bestemming ~)	to reach (vt)	[tə ri:tʃ]
beschermen (bijv. de natuur ~)	to protect (vt)	[tə prə'tekt]
beschuldigen (ww)	to accuse (vt)	[tə ə'kju:z]
beslissen (~ iets te doen)	to decide (vt)	[tə dɪ'saɪd]

besmet worden (met ...)	to get infected with ...	[tə get ɪn'fektɪd wɪð]
besmetten (ziekte overbrengen)	to infect (vt)	[tə ɪn'fekt]
bespreken (spreken over)	to discuss (vt)	[tə dɪs'kʌs]
bestaan (een ~ voeren)	to live (vi)	[tə lɪv]

bestellen (eten ~)	to order (vi, vt)	[tə 'ɔ:də(r)]
bestraffen (een stout kind ~)	to punish (vt)	[tə 'pʌnɪʃ]
betalen (ww)	to pay (vi, vt)	[tə peɪ]
betekenen (beduiden)	to mean (vt)	[tə mi:n]

betreuren (ww)	to regret (vi)	[tə rɪ'gret]
bevallen (prettig vinden)	to fancy (vt)	[tə 'fænsɪ]
bevelen (mil.)	to order (vt)	[tə 'ɔ:də(r)]
bevredigen (ww)	to satisfy (vt)	[tə 'sætɪsfaɪ]

bevrijden (stad, enz.)	to liberate (vt)	[tə 'lɪbəreɪt]
bewaren (oude brieven, enz.)	to keep (vt)	[tə ki:p]
bewaren (vrede, leven)	to preserve (vt)	[tə prɪ'zɜ:v]
bewijzen (ww)	to prove (vt)	[tə pru:v]

bewonderen (ww)	to admire (vi)	[tə əd'maɪə(r)]
bezitten (ww)	to own (vt)	[tə əʊn]
bezorgd zijn (ww)	to be worried	[tə bi 'wʌrɪd]
bezorgd zijn (ww)	to worry (vi)	[tə 'wʌrɪ]
bidden (praten met God)	to pray (vi, vt)	[tə preɪ]
bijvoegen (ww)	to add (vt)	[tə æd]

binden (ww)	to tie up (vt)	[tə taɪ ʌp]
binnengaan (een kamer ~)	to enter (vt)	[tə 'entə(r)]
blazen (ww)	to blow (vi)	[tə bləʊ]
blozen (zich schamen)	to blush (vi)	[tə blʌʃ]
blussen (brand ~)	to extinguish (vt)	[tə ɪk'stɪŋgwɪʃ]
boos maken (ww)	to make angry	[tə meɪk 'æŋgrɪ]
boos zijn (ww)	to be angry with ...	[tə bi: 'æŋgrɪ wɪð]
breken	to snap (vi)	[tə snæp]
(on.ww., van een touw)		
breken (speelgoed, enz.)	to break (vt)	[tə breɪk]
brengen (iets ergens ~)	to bring sth	[tə brɪŋ]
charmeren (ww)	to charm (vt)	[tə tʃɑ:m]
citeren (ww)	to quote (vt)	[tə kwəʊt]
compenseren (ww)	to compensate (vt)	[tə 'kɒmpenseɪt]
compliceren (ww)	to complicate (vt)	[tə 'kɒmplɪkeɪt]
componeren (muziek ~)	to compose (vt)	[tə kəm'pəʊz]
compromitteren (ww)	to compromise (vt)	[tə 'kɒmprəmaɪz]
concurreren (ww)	to compete (vi)	[tə kəm'pi:t]
controleren (ww)	to control (vt)	[tə kən'trəʊl]
coöpereren (samenwerken)	to cooperate (vi)	[tə kəʊ'ɒpə,reɪt]
coördineren (ww)	to coordinate (vt)	[tə kəʊ'ɔ:dɪneɪt]
corrigeren (fouten ~)	to correct (vt)	[tə kə'rekt]
creëren (ww)	to create (vt)	[tə kri:'eɪt]

253. Werkwoorden D-K

danken (ww)	to thank (vt)	[tə θæŋk]
de was doen	to do the laundry	[tə du: ðə 'lɔ:ndrɪ]
de weg wijzen	to direct (vt)	[tə dɪ'rekt]
deelnemen (ww)	to participate (vi)	[tə pɑ:'tɪsɪpeɪt]
delen (wisk.)	to divide (vt)	[tə dɪ'vaɪd]
denken (ww)	to think (vi, vt)	[tə θɪŋk]
doden (ww)	to kill (vt)	[tə kɪl]
doen (ww)	to do (vt)	[tə du:]
dresseren (ww)	to train (vt)	[tə treɪn]
drinken (ww)	to drink (vi, vt)	[tə drɪŋk]
drogen (klederen, haar)	to dry (vt)	[tə draɪ]
dromen (in de slaap)	to dream (vi)	[tə dri:m]
dromen (over vakantie ~)	to dream (vi)	[tə dri:m]
duiken (ww)	to dive (vi)	[tə daɪv]
durven (ww)	to dare (vi)	[tə deə(r)]
duwen (ww)	to push (vt)	[tə pʊʃ]
een auto besturen	to drive a car	[tə draɪv ə kɑ:]
een bad geven	to give a bath	[tə gɪv ə bɑ:θ]
een bad nemen	to have a bath	[tə hæv ə bɑ:θ]
een conclusie trekken	to draw a conclusion	[tə drɔ: ə kən'klu:ʒən]

een foto maken (ww)	to take pictures	[tə ˌteɪk ˈpɪktʃəz]
eisen (met klem vragen)	to demand (vt)	[tə dɪˈmɑːnd]
erkennen (schuld)	to acknowledge (vt)	[tə əkˈnɒlɪdʒ]
erven (ww)	to inherit (vt)	[tə ɪnˈherɪt]
eten (ww)	to eat (vi, vt)	[tə iːt]
excuseren (vergeven)	to excuse (vt)	[tə ɪkˈskjuːz]
existeren (bestaan)	to exist (vi)	[tə ɪgˈzɪst]
feliciteren (ww)	to congratulate (vt)	[tə kənˈgrætʃʊleɪt]
gaan (te voet)	to go (vi)	[tə gəʊ]
gaan slapen	to go to bed	[tə gəʊ tə bed]
gaan zitten (ww)	to sit down (vi)	[tə sɪt daʊn]
gaan zwemmen	to go for a swim	[tə gəʊ fɔrə swɪm]
garanderen (garantie geven)	to guarantee (vt)	[tə ˌgærənˈtiː]
gebruiken (bijv. een potlood ~)	to make use of ...	[tə meɪk juːs əv]
gebruiken (woord, uitdrukking)	to use (vt)	[tə juːz]
geconserveerd zijn (ww)	to be preserved	[tə bi prɪˈzɜːvd]
gedateerd zijn (ww)	to date from	[tə deɪt frəm]
gehoorzamen (ww)	to obey (vi, vt)	[tə əˈbeɪ]
gelijken (op elkaar lijken)	to look like	[tə lʊk laɪk]
geloven (vinden)	to believe (vt)	[tə bɪˈliːv]
genoeg zijn (ww)	to be enough	[tə bi ɪˈnʌf]
gieten (in een beker ~)	to pour (vt)	[tə pɔː(r)]
glimlachen (ww)	to smile (vi)	[tə smaɪl]
glimmen (glanzen)	to shine (vi)	[tə ʃaɪn]
gluren (ww)	to peep, to spy on	[tə piːp], [spaɪ ɒn]
goed raden (ww)	to guess (vt)	[tə ges]
gooien (een steen, enz.)	to throw (vt)	[tə θrəʊ]
grappen maken (ww)	to joke, to be kidding	[tə dʒəʊk], [tə bi ˈkɪdɪŋ]
graven (tunnel, enz.)	to dig (vt)	[tə dɪg]
haasten (iemand ~)	to rush (vt)	[tə rʌʃ]
hebben (ww)	to have (vt)	[tə hæv]
helpen (hulp geven)	to help (vt)	[tə help]
herhalen (opnieuw zeggen)	to repeat (vt)	[tə rɪˈpiːt]
herinneren (ww)	to remember (vt)	[tə rɪˈmembə(r)]
herinneren aan ... (afspraak, opdracht)	to remind (vt)	[tə rɪˈmaɪnd]
herkennen (identificeren)	to recognize (vt)	[tə ˈrekəgnaɪz]
herstellen (repareren)	to repair (vt)	[tə rɪˈpeə(r)]
het haar kammen	to comb one's hair	[tə kəʊm wʌns heə]
hopen (ww)	to hope (vi, vt)	[tə həʊp]
horen (waarnemen met het oor)	to hear (vt)	[tə hɪə(r)]
houden van (muziek, enz.)	to love (vt)	[tə lʌv]
huilen (wenen)	to cry (vi)	[tə kraɪ]
huiveren (ww)	to shudder (vi)	[tə ˈʃʌdə(r)]
huren (een boot ~)	to hire (vt)	[tə ˈhaɪə(r)]

huren (huis, kamer)	to rent, to let (vt)	[tə rent], [tə let]
huren (personeel)	to hire (vt)	[tə 'haɪə(r)]
imiteren (ww)	to imitate (vt)	[tə 'ɪmɪteɪt]

importeren (ww)	to import (vt)	[tə ɪm'pɔ:t]
inenten (vaccineren)	to vaccinate (vt)	[tə 'væksɪneɪt]
informeren (informatie geven)	to inform (vt)	[tə ɪn'fɔ:m]
informeren naar ... (navraag doen)	to inquire (vt)	[tə ɪn'kwaɪə(r)]
inlassen (invoegen)	to insert (vt)	[tə ɪn'sɜ:t]

inpakken (in papier)	to wrap (vt)	[tə ræp]
inspireren (ww)	to inspire (vt)	[tə ɪn'spaɪə(r)]
instemmen (akkoord gaan)	to agree (vi)	[tə ə'gri:]
interesseren (ww)	to interest (vt)	[tə 'ɪntrəst]

irriteren (ww)	to irritate (vt)	[tə 'ɪrɪteɪt]
isoleren (ww)	to isolate (vt)	[tə 'aɪsəleɪt]
jagen (ww)	to hunt (vi, vt)	[tə hʌnt]
kalmeren (kalm maken)	to calm down (vt)	[tə kɑ:m daʊn]

kennen (kennis hebben van iemand)	to know (vt)	[tə nəʊ]
kennismaken (met ...)	to make the acquaintance	[tə meɪk ðə ə'kweɪntəns]
kiezen (ww)	to choose (vt)	[tə tʃu:z]
kijken (ww)	to look (vi)	[tə lʊk]

klaarmaken (een plan ~)	to prepare (vt)	[tə prɪ'peə(r)]
klaarmaken (het eten ~)	to make, to cook	[tə meɪk], [tə kʊk]
klagen (ww)	to complain (vi, vt)	[tə kəm'pleɪn]
kloppen (aan een deur)	to knock (vi)	[tə nɒk]

kopen (ww)	to buy (vt)	[tə baɪ]
kopieën maken	to make multiple copies	[tə meɪk 'mʌltɪpəl 'kɒpɪs]
kosten (ww)	to cost (vt)	[tə kɒst]
kunnen (ww)	can (v aux)	[kæn]
kweken (planten ~)	to grow (vt)	[tə grəʊ]

254. Werkwoorden L-R

lachen (ww)	to laugh (vi)	[tə lɑ:f]
laden (geweer, kanon)	to load (vt)	[tə ləʊd]
laden (vrachtwagen)	to load (vt)	[tə ləʊd]
laten vallen (ww)	to drop (vt)	[tə drɒp]

lenen (geld ~)	to borrow (vt)	[tə 'bɒrəʊ]
leren (lesgeven)	to teach (vt)	[tə ti:tʃ]
leven (bijv. in Frankrijk ~)	to live (vi)	[tə lɪv]
lezen (een boek ~)	to read (vi, vt)	[tə ri:d]

lid worden (ww)	to join (vt)	[tə dʒɔɪn]
liefhebben (ww)	to love (vt)	[tə lʌv]
liegen (ww)	to lie (vi)	[tə laɪ]
liggen (op de tafel ~)	to be lying	[tə bi 'laɪɪŋ]

liggen (persoon)	to lie (vi)	[tə laɪ]
lijden (pijn voelen)	to suffer (vi)	[tə 'sʌfə(r)]
losbinden (ww)	to untie (vt)	[tə ˌʌn'taɪ]
luisteren (ww)	to listen (vi)	[tə 'lɪsən]
lunchen (ww)	to have lunch	[tə hæv lʌntʃ]
markeren (op de kaart, enz.)	to mark (vt)	[tə mɑːk]
melden (nieuws ~)	to inform (vt)	[tə ɪn'fɔːm]
memoriseren (ww)	to memorize (vt)	[tə 'meməraɪz]
mengen (ww)	to mix (vt)	[tə mɪks]
mikken op (ww)	to aim (vt)	[tə eɪm]
minachten (ww)	to despise (vt)	[tə dɪ'spaɪz]
moeten (ww)	must (v aux)	[mʌst]
morsen (koffie, enz.)	to spill (vt)	[tə spɪl]
naderen (dichterbij komen)	to approach (vt)	[tə ə'prəʊtʃ]
neerlaten (ww)	to lower (vt)	[tə 'ləʊə(r)]
nemen (ww)	to take (vt)	[tə teɪk]
nodig zijn (ww)	to be needed	[tə bi 'niːdɪd]
noemen (ww)	to name, to call (vt)	[tə neɪm], [tə kɔːl]
noteren (opschrijven)	to note (vt)	[tə nəʊt]
omhelzen (ww)	to hug (vt)	[tə hʌg]
omkeren (steen, voorwerp)	to turn over (vt)	[tə 'tɜːnˌəʊvə(r)]
onderhandelen (ww)	to negotiate (vi)	[tə nɪ'gəʊʃɪeɪt]
ondernemen (ww)	to undertake (vt)	[tə ˌʌndə'teɪk]
onderschatten (ww)	to underestimate (vt)	[tə ˌʌndə'restɪmeɪt]
onderscheiden (een ereteken geven)	to award (vt)	[tə ə'wɔːd]
onderstrepen (ww)	to underline (vt)	[tə ˌʌndə'laɪn]
ondertekenen (ww)	to sign (vt)	[tə saɪn]
onderwijzen (ww)	to instruct (vt)	[tə ɪn'strʌkt]
onderzoeken (alle feiten, enz.)	to examine (vt)	[tə ɪg'zæmɪn]
ongerust maken (ww)	to worry (vt)	[tə 'wʌrɪ]
onmisbaar zijn (ww)	to be required	[tə bi rɪ'kwaɪəd]
ontbijten (ww)	to have breakfast	[tə hæv 'brekfəst]
ontdekken (bijv. nieuw land)	to discover (vt)	[tə dɪ'skʌvə(r)]
ontkennen (ww)	to deny (vt)	[tə dɪ'naɪ]
ontlopen (gevaar, taak)	to avoid (vt)	[tə ə'vɔɪd]
ontnemen (ww)	to deprive (vt)	[tə dɪ'praɪv]
ontwerpen (machine, enz.)	to design (vt)	[tə dɪ'zaɪn]
oorlog voeren (ww)	to be at war	[tə bi ət wɔː]
op orde brengen	to put in order	[tə pʊt ɪn 'ɔːdə(r)]
opbergen (in de kast, enz.)	to put away (vt)	[tə pʊt ə'weɪ]
opduiken (ov. een duikboot)	to surface (vi)	[tə 'sɜːfɪs]
openen (ww)	to open (vt)	[tə 'əʊpən]
ophangen (bijv. gordijnen ~)	to hang (vt)	[tə hæŋ]
ophouden (ww)	to stop (vt)	[tə stɒp]

237

oplossen (een probleem ~)	to solve (vt)	[tə sɒlv]
opmerken (zien)	to notice (vt)	[tə 'nəʊtɪs]
opmerken (zien)	to glimpse (vt)	[tə glɪmps]
opscheppen (ww)	to boast (vi)	[tə bəʊst]
opschrijven (op een lijst)	to enter (vt)	[tə 'entə(r)]
opschrijven (ww)	to write down	[tə ˌraɪt 'daʊn]
opstaan (uit je bed)	to get up	[tə get ʌp]
opstarten (project, enz.)	to launch (vt)	[tə lɔːntʃ]
opstijgen (vliegtuig)	to take off (vi)	[tə teɪk ɒf]
optreden (resoluut ~)	to act (vi)	[tə ækt]
organiseren (concert, feest)	to organize (vt)	[tə 'ɔːgənaɪz]
overdoen (ww)	to redo (vt)	[tə ˌriː'duː]
overheersen (dominant zijn)	to prevail (vt)	[tə prɪ'veɪl]
overschatten (ww)	to overestimate (vt)	[tə ˌəʊvər'estɪmeɪt]
overtuigd worden (ww)	to be convinced	[tə bi kən'vɪnst]
overtuigen (ww)	to convince (vt)	[tə kən'vɪns]
passen (jurk, broek)	to fit (vt)	[tə fɪt]
passeren (~ mooie dorpjes, enz.)	to pass through	[tə pɑːs θruː]
peinzen (lang nadenken)	to be lost in thought	[tə bi lɒst ɪn θɔːt]
penetreren (ww)	to penetrate (vt)	[tə 'penɪtreɪt]
plaatsen (ww)	to put (vt)	[tə pʊt]
plaatsen (zetten)	to place (vt)	[tə pleɪs]
plannen (ww)	to plan (vt)	[tə plæn]
plezier hebben (ww)	to enjoy oneself	[tə ɪn'dʒɔɪ wʌn'self]
plukken (bloemen ~)	to pick (vt)	[tə pɪk]
prefereren (verkiezen)	to prefer (vt)	[tə prɪ'fɜː(r)]
proberen (trachten)	to try (vt)	[tə traɪ]
proberen (trachten)	to have a try	[tə hæv ə traɪ]
protesteren (ww)	to protest (vi)	[tə 'prəʊtest]
provoceren (uitdagen)	to provoke (vt)	[tə prə'vəʊk]
raadplegen (dokter, enz.)	to consult with ...	[tə kən'sʌlt wɪð]
rapporteren (ww)	to report (vt)	[tə rɪ'pɔːt]
redden (ww)	to save (vt)	[tə seɪv]
regelen (conflict)	to settle (vt)	[tə 'setəl]
reinigen (schoonmaken)	to clean (vt)	[tə kliːn]
rekenen op ...	to count on ...	[tə kaʊnt ɒn]
rennen (ww)	to run (vi)	[tə rʌn]
reserveren (een hotelkamer ~)	to reserve, to book	[tə rɪ'zɜːv], [tə bʊk]
rijden (per auto, enz.)	to go (vi)	[tə gəʊ]
rillen (ov. de kou)	to shiver (vi)	[tə 'ʃɪvə(r)]
riskeren (ww)	to take a risk	[tə ˌteɪk ə 'rɪsk]
roepen (met je stem)	to call (vt)	[tə kɔːl]
roepen (om hulp)	to call (vt)	[tə kɔːl]
ruiken (bepaalde geur verspreiden)	to smell (vi)	[tə smel]

ruiken (rozen)	to smell (vt)	[tə smel]
rusten (verpozen)	to take a rest	[tə teɪk ə rest]

255. Verbs S-V

samenstellen, maken (een lijst ~)	to compile (vt)	[tə kəm'paɪl]
schieten (ww)	to shoot (vi)	[tə ʃuːt]
schoonmaken (bijv. schoenen ~)	to clean (vt)	[tə kliːn]
schoonmaken (ww)	to clean up	[tə kliːn ʌp]

schrammen (ww)	to scratch (vt)	[tə skrætʃ]
schreeuwen (ww)	to shout (vi)	[tə ʃaʊt]
schrijven (ww)	to write (vt)	[tə raɪt]
schudden (ww)	to shake (vt)	[tə ʃeɪk]

selecteren (ww)	to select (vt)	[tə sɪ'lekt]
simplificeren (ww)	to simplify (vt)	[tə 'sɪmplɪfaɪ]
slaan (een hond ~)	to beat (vt)	[tə biːt]
sluiten (ww)	to close (vt)	[tə kləʊz]

smeken (bijv. om hulp ~)	to implore (vt)	[tə ɪm'plɔː(r)]
souperen (ww)	to have dinner	[tə hæv 'dɪnə(r)]
spelen (bijv. filmacteur)	to play (vi, vt)	[tə pleɪ]
spelen (kinderen, enz.)	to play (vi)	[tə pleɪ]

spreken met ...	to talk to ...	[tə tɔːk tuː]
spuwen (ww)	to spit (vi)	[tə spɪt]
stelen (ww)	to steal (vt)	[tə stiːl]
stemmen (verkiezing)	to vote (vi)	[tə vəʊt]
steunen (een goed doel, enz.)	to support (vt)	[tə sə'pɔːt]

stoppen (pauzeren)	to stop (vt)	[tə stɒp]
storen (lastigvallen)	to disturb (vt)	[tə dɪ'stɜːb]
strijden (tegen een vijand)	to fight (vi)	[tə faɪt]
strijden (ww)	to battle (vi)	[tə 'bætəl]

strijken (met een strijkbout)	to iron (vt)	[tə 'aɪən]
studeren (bijv. wiskunde ~)	to study (vt)	[tə 'stʌdɪ]
sturen (zenden)	to send (vt)	[tə send]
tellen (bijv. geld ~)	to count (vt)	[tə kaʊnt]

terugkeren (ww)	to return (vi)	[tə rɪ'tɜːn]
terugsturen (ww)	to send back (vt)	[tə send bæk]
toebehoren aan ...	to belong to ...	[tə bɪ'lɒŋ tuː]
toegeven (zwichten)	to give in	[tə gɪv 'ɪn]

toenemen (on. ww)	to increase (vi)	[tə ɪn'kriːs]
toespreken (zich tot iemand richten)	to address (vt)	[tə ə'dres]
toestaan (goedkeuren)	to allow, to permit	[tə ə'laʊ], [tə pə'mɪt]
toestaan (ww)	to permit (vt)	[tə pə'mɪt]

toewijden (boek, enz.)	to dedicate (vt)	[tə 'dedɪkeɪt]
tonen (uitstallen, laten zien)	to show (vt)	[tə ʃəʊ]
trainen (ww)	to train (vt)	[tə treɪn]
transformeren (ww)	to transform (vt)	[tə træns'fɔːm]
trekken (touw)	to pull (vt)	[tə pʊl]
trouwen (ww)	to get married	[tə get 'mærɪd]
tussenbeide komen (ww)	to intervene (vi)	[tə ˌɪntə'viːn]
twijfelen (onzeker zijn)	to doubt (vi)	[tə daʊt]
uitdelen (pamfletten ~)	to hand out	[tə hænd aʊt]
uitdoen (licht)	to turn off (vt)	[tə tɜːn ɒf]
uitdrukken (opinie, gevoel)	to express (vt)	[tə ɪk'spres]
uitgaan (om te dineren, enz.)	to go out	[tə gəʊ aʊt]
uitlachen (bespotten)	to mock (vi, vt)	[tə mɒk]
uitnodigen (ww)	to invite (vt)	[tə ɪn'vaɪt]
uitrusten (ww)	to equip (vt)	[tə ɪ'kwɪp]
uitsluiten (wegsturen)	to expel (vt)	[təɪk'spel]
uitspreken (ww)	to pronounce (vt)	[tə prə'naʊns]
uittorenen (boven ...)	to tower (vi)	[tə 'taʊə(r)]
uitvaren tegen (ww)	to scold (vt)	[tə skəʊld]
uitvinden (machine, enz.)	to invent (vt)	[tə ɪn'vent]
uitwissen (ww)	to rub out (vt)	[tə rʌb aʊt]
vangen (ww)	to catch (vt)	[tə kætʃ]
vastbinden aan ...	to tie to ...	[tə taɪ tu]
vechten (ww)	to fight (vi)	[tə faɪt]
veranderen (bijv. mening ~)	to change (vt)	[tə tʃeɪndʒ]
verbaasd zijn (ww)	to be surprised	[tə bi sə'praɪzd]
verbazen (verwonderen)	to surprise (vt)	[tə sə'praɪz]
verbergen (ww)	to hide (vt)	[tə haɪd]
verbieden (ww)	to forbid (vt)	[tə fə'bɪd]
verblinden (andere chauffeurs)	to blind (vt)	[tə blaɪnd]
verbouwereerd zijn (ww)	to be perplexed	[tə bi pə'plekst]
verbranden (bijv. papieren ~)	to burn (vt)	[tə bɜːn]
verdedigen (je land ~)	to defend (vt)	[tə dɪ'fend]
verdenken (ww)	to suspect (vt)	[tə sə'spekt]
verdienen (een complimentje, enz.)	to deserve (vt)	[tə dɪ'zɜːv]
verdragen (tandpijn, enz.)	to stand (vt)	[tə stænd]
verdrinken (in het water omkomen)	to drown (vi)	[tə draʊn]
verdubbelen (ww)	to double (vt)	[tə 'dʌbəl]
verdwijnen (ww)	to disappear (vi)	[tə ˌdɪsə'pɪə(r)]
verenigen (ww)	to unite (vt)	[tə juː'naɪt]
vergelijken (ww)	to compare (vt)	[tə kəm'peə(r)]
vergeten (achterlaten)	to leave (vt)	[tə liːv]
vergeten (ww)	to forget (vi, vt)	[tə fə'get]
vergeven (ww)	to forgive (vt)	[tə fə'gɪv]

| vergroten (groter maken) | to increase (vt) | [tə ɪn'kriːs] |
| verklaren (uitleggen) | to explain (vt) | [tə ɪk'spleɪn] |

verklaren (volhouden)	to affirm (vt)	[tə ə'fɜːm]
verklikken (ww)	to denounce (vt)	[tə dɪ'naʊns]
verkopen (per stuk ~)	to sell (vt)	[tə sel]
verlaten (echtgenoot, enz.)	to leave, to abandon	[tə liːv], [tə ə'bændən]
verlichten (gebouw, straat)	to light up	[tə ˌlaɪt 'ʌp]

verlichten (gemakkelijker maken)	to make easier	[tə meɪk 'iːzɪə]
verliefd worden (ww)	to fall in love	[tə fɔːl ɪn lʌv]
verliezen (bagage, enz.)	to lose (vt)	[tə luːz]
vermelden (praten over)	to mention (vt)	[tə 'menʃən]

vermenigvuldigen (wisk.)	to multiply (vt)	[tə 'mʌltɪplaɪ]
verminderen (ww)	to reduce (vt)	[tə rɪ'djuːs]
vermoeid raken (ww)	to get tired	[tə get 'taɪəd]
vermoeien (ww)	to tire (vt)	[tə 'taɪə(r)]

256. Verbs V-Z

vernietigen (documenten, enz.)	to destroy (vt)	[tə dɪ'strɔɪ]
veronderstellen (ww)	to suppose (vt)	[tə sə'pəʊz]
verontwaardigd zijn (ww)	to be indignant	[tə bi ɪn'dɪgnənt]
veroordelen (in een rechtszaak)	to sentence (vt)	[tə 'sentəns]

veroorzaken ... (oorzaak zijn van ...)	to be a cause of ...	[tə bi ə kɔːz ɔv]
verplaatsen (ww)	to move (vt)	[tə muːv]
verpletteren (een insect, enz.)	to crush, to squash (vt)	[tə krʌʃ], [tə skwɒʃ]
verplichten (ww)	to force (vt)	[tə fɔːs]
verschijnen (bijv. boek)	to come out	[tə kʌm aʊt]

verschijnen (in zicht komen)	to appear (vi)	[tə ə'pɪə(r)]
verschillen (~ van iets anders)	to differ (vi)	[tə 'dɪfə(r)]
versieren (decoreren)	to decorate (vt)	[tə 'dekəreɪt]
verspreiden (pamfletten, enz.)	to distribute (vt)	[tə dɪ'strɪbjuːt]

verspreiden (reuk, enz.)	to emit (vt)	[tə ɪ'mɪt]
versterken (positie ~)	to reinforce (vt)	[tə ˌriːɪn'fɔːs]
verstommen (ww)	to stop talking	[tə stɒp 'tɔːkɪŋ]
vertalen (ww)	to translate (vt)	[tə træns'leɪt]

vertellen (verhaal ~)	to tell (vt)	[tə tel]
vertrekken (bijv. naar Mexico ~)	to leave (vi)	[tə liːv]
vertrouwen (ww)	to trust (vt)	[tə trʌst]
vervolgen (ww)	to continue (vt)	[tə kən'tɪnjuː]

verwachten (ww)	to expect (vt)	[tə ɪk'spekt]
verwarmen (ww)	to heat (vt)	[tə hi:t]
verwarren (met elkaar ~)	to confuse (vt)	[tə kən'fju:z]
verwelkomen (ww)	to greet (vt)	[tə gri:t]
verwezenlijken (ww)	to realize (vt)	[tə 'rɪəlaɪz]

verwijderen (een obstakel)	to remove (vt)	[tə rɪ'mu:v]
verwijderen (een vlek ~)	to remove (vt)	[tə rɪ'mu:v]
verwijten (ww)	to reproach (vt)	[tə rɪ'prəʊtʃ]
verwisselen (ww)	to change (vt)	[tə tʃeɪndʒ]
verzoeken (ww)	to ask (vt)	[tə ɑ:sk]

verzuimen (school, enz.)	to miss (vt)	[tə mɪs]
vies worden (ww)	to get dirty (vi)	[tə get 'dɜ:tɪ]
vinden (denken)	to think (vi, vt)	[tə θɪŋk]
vinden (ww)	to find (vt)	[tə faɪnd]

vissen (ww)	to fish (vi)	[tə fɪʃ]
vleien (ww)	to flatter (vt)	[tə 'flætə(r)]
vliegen (vogel, vliegtuig)	to fly (vi)	[tə flaɪ]
voederen (een dier voer geven)	to feed (vt)	[tə fi:d]

volgen (ww)	to follow ...	[tə 'fɒləʊ]
voorstellen (introduceren)	to present (vt)	[tə prɪ'zent]
voorstellen (Mag ik jullie ~)	to introduce (vt)	[tə ˌɪntrə'dju:s]
voorstellen (ww)	to propose (vt)	[tə prə'pəʊz]

voorzien (verwachten)	to expect (vt)	[tə ɪk'spekt]
vorderen (vooruitgaan)	to progress (vi)	[tə prə'gres]
vormen (samenstellen)	to form (vt)	[tə fɔ:m]
vullen (glas, fles)	to fill (vt)	[tə fɪl]

waarnemen (ww)	to observe (vt)	[tə əb'zɜ:v]
waarschuwen (ww)	to warn (vt)	[tə wɔ:n]
wachten (ww)	to wait (vt)	[tə weɪt]
wassen (ww)	to wash (vt)	[tə wɒʃ]

weerspreken (ww)	to object (vi, vt)	[tə əb'dʒekt]
wegdraaien (ww)	to turn away (vi)	[tə tɜ:n ə'weɪ]
wegdragen (ww)	to take away	[tə teɪk ə'weɪ]
wegen (gewicht hebben)	to weigh (vt)	[tə weɪ]

wegjagen (ww)	to drive sb away	[tə draɪv... ə'weɪ]
weglaten (woord, zin)	to omit (vt)	[tə ə'mɪt]
wegvaren (uit de haven vertrekken)	to cast off	[tə kɑ:st ɒf]
weigeren (iemand ~)	to refuse (vt)	[tə rɪ'fju:z]

wekken (ww)	to wake sb	[tə weɪk]
wensen (ww)	to desire (vt)	[tə dɪ'zaɪə(r)]
werken (ww)	to work (vi)	[tə wɜ:k]
weten (ww)	to know (vt)	[tə nəʊ]
willen (verlangen)	to want (vt)	[tə wɒnt]
wisselen (omruilen, iets ~)	to exchange sth	[tə ɪks'tʃeɪndʒ]
worden (bijv. oud ~)	to become, to get	[tə bɪ'kʌm], [tə get]

worstelen (sport)	to wrestle (vt)	[tə ˈresəl]
wreken (ww)	to avenge (vt)	[tə əˈvendʒ]
zaaien (zaad strooien)	to sow (vi, vt)	[tə səʊ]
zeggen (ww)	to say (vt)	[tə seɪ]
zich baseerd op	to be based	[tə bi ˈbeɪst]
zich bevrijden van ... (afhelpen)	to get rid of ...	[tə get rɪd əv]
zich concentreren (ww)	to concentrate (vi)	[tə ˈkɒnsəntreɪt]
zich ergeren (ww)	to get irritated	[tə get ˈɪrɪteɪtɪd]
zich gedragen (ww)	to behave (vi)	[tə bɪˈheɪv]
zich haasten (ww)	to hurry (vi)	[tə ˈhʌrɪ]
zich herinneren (ww)	to remember (vt)	[tə rɪˈmembə(r)]
zich herstellen (ww)	to recover (vi)	[tə rɪˈkʌvə(r)]
zich indenken (ww)	to imagine (vt)	[tə ɪˈmædʒɪn]
zich interesseren voor ...	to be interested in ...	[tə bi ˈɪntrestɪd ɪn]
zich scheren (ww)	to shave (vi)	[tə ʃeɪv]
zich trainen (ww)	to train (vi)	[tə treɪn]
zich verdedigen (ww)	to defend oneself	[tə dɪˈfend wʌnˈself]
zich vergissen (ww)	to make a mistake	[tə meɪk ə mɪˈsteɪk]
zich verontschuldigen	to apologize (vi)	[tə əˈpɒlədʒaɪz]
zich verspreiden (meel, suiker, enz.)	to spill out (vi)	[tə spɪl aʊt]
zich vervelen (ww)	to be bored	[tə bi bɔːd]
zijn (ww)	to be (vi)	[tə biː]
zinspelen (ww)	to insinuate (vt)	[tə ɪnˈsɪnjʊeɪt]
zitten (ww)	to sit (vi)	[tə sɪt]
zoeken (ww)	to look for ...	[tə lʊk fɔː(r)]
zondigen (ww)	to sin (vi)	[tə sɪn]
zuchten (ww)	to sigh (vi)	[tə saɪ]
zwaaien (met de hand)	to wave (vt)	[tə weɪv]
zwemmen (ww)	to swim (vi)	[tə swɪm]
zwijgen (ww)	to keep silent	[tə kiːp ˈsaɪlənt]